Baedeker

Allianz  Reiseführer

W0181192

Bodensee

www.baedeker.com

Verlag Karl Baedeker

TOP-REISEZIELE ✶ ✶

Die Liste der Sehenswürdigkeiten ist lang, doch wo liegen die Highlights am Bodensee? Egal, ob malerische Städtchen, bedeutende Kirchen und interessante Museen – wir haben Ihnen zusammengestellt, was Sie auf keinen Fall versäumen dürfen!

DEUTSCHLAND

8 Reichenau **2** Mainau **3** Uhldingen-Mühlhofen
4 Meersburg
9 Stein am Rhein **1** Konstanz **5** Friedrichshafen
©*Baedeker*
B o d e n s e e
SCHWEIZ
6 Lindau
10 km
ÖSTERRE
7 St. Gallen

1 ✶✶ Konstanz
Konstanz, die größte Stadt des Bodensees, gefällt den Besuchern wegen der malerischen Altstadt mit viel Atmosphäre.
▸ **Seite 151**

2 ✶✶ Mainau
Das Blumenparadies der Insel Mainau lässt von Frühjahr bis Herbst Blütenträume wahr werden.
▸ **Seite 193**

3 ✶✶ Uhldingen-Mühlhofen
Ein Besuchermagnet ersten Ranges ist das hochinteressante Pfahlbaumuseum, in dem auf sehr lebendige Weise das Leben der Menschen der Vorzeit veranschaulicht wird.

Die Wallfahrtskirche Birnau bei Uhldingen-Mühlhofen ist nicht nur die schönste Barockkirche am Bodensee, sondern beeindruckt auch durch eine schöne Lage mit weitem Blick über den See.
▸ **Seite 253**

Auf dem Seenachtfest in Konstanz

Der Marktplatz von Meersburg lädt mit seinen gemütlichen Gasthäusern zum Verweilen ein.

4 ✶✶ **Meersburg**

Mit seiner idyllischen Altstadt gehört Meersburg zu den meistbesuchten Städten am Bodensee. Die Meersburg, wo die Dichterin Annette von Droste-Hülshoff ihre letzten Lebensjahre verbracht hat, gibt einen anschaulichen Einblick in mittelalterliches Leben. ▸ **Seite 199**

5 ✶✶ **Friedrichshafen**

Die Hauptattraktion der »Zeppelinstadt« ist das schön gestaltete und interessante Zeppelin Museum, in dem sogar der Nachbau eines Luftschiffs zu sehen ist. ▸ **Seite 132**

6 ✶✶ **Lindau**

Das »Bayerische Venedig« mit seiner pittoresken Altstadt zeichnet sich durch eine herrliche Lage auf einer Insel im Bodensee aus. ▸ **Seite 186**

7 ✶✶ **St. Gallen**

Bücher von unschätzbarem Wert enthält die prächtige barocke Bibliothek der ehemaligen bedeutenden Benediktinerabtei, die ebenfalls in die Liste des Weltkulturerbes der UNESCO aufgenommen wurde. ▸ **Seite 229**

8 ✶✶ **Reichenau**

Eine kunsthistorische Kostbarkeit sind die romanischen Wandmalereien der Kirche St. Georg auf der Insel Reichenau, die zum Weltkulturerbe der UNESCO gehört. ▸ **Seite 210**

9 ✶✶ **Stein am Rhein**

Eine der am besten erhaltenen mittelalterlichen Städte der Schweiz. ▸ **Seite 240**

Die prächtige Stiftsbibliothek in St. Gallen besitzt äußerst wertvolle Handschriften.

DIE BESTEN BAEDEKER-TIPPS

Von allen Baedeker-Tipps in diesem Buch haben wir hier die interessantesten für Sie zusammengestellt! Erleben und genießen Sie den Bodensee von seiner schönsten Seite.

❗ Alltag in der Steinzeit

Einblick in den Alltag der Menschen der Vorzeit erhält man besonders an den Aktionstagen im Pfahlbaumuseum Unteruhldingen.
▶ **Seite 29**

Nicht versäumen: das hochinteressante Pfahlbaumuseum in Unteruhldingen!

❗ Trinkwasser für Millionen

Spannend für Technikfreunde dürfte die Besichtigung der Bodenseewasserversorgung bei Sipplingen sein. Hier wird Trinkwasser für Millionen Menschen aufbereitet.
▶ **Seite 121**

❗ Höhenweg

Eine der schönsten Wanderungen im Hegau: Höhenweg zwischen Engen und Singen.
▶ **Seite 142**

❗ Historischer Segler

Eine Sonnenuntergangsfahrt mit der Lädine St. Jodok in Immenstaad ist schon ein besonderes Erlebnis.
▶ **Seite 150**

❗ Köstliche Tropfen

Die ökologisch ausgerichtete Spitalkellerei in Konstanz, eine der ältesten deutschen Weinkellereien, empfiehlt sich für eine Weinprobe ihrer guten Einzellagen.
▶ **Seite 163**

❗ »Hopfenerlebnis«

Auf dem Hopfen-Erlebnispfad in Tettnang erfährt man einiges über die Pflanze, die als Bierwürze verwendet wird.
▶ **Seite 171**

❗ Feines Gebäck

Die Gebäckspezialität des Schweizer Ortes Gottlieben sind die Hüppen, edle Waffelröllchen. ▶ **Seite 174**

Die Meersburg in Meersburg:
ein Touristenziel ersten Ranges

🔖 Fürstliches Café

Eine herrliche Aussicht genießt man auf
der Terrasse des Cafés in der Meersburg in
Meersburg bei Kaffee und Kuchen.
▸ **Seite 203**

🔖 Nostalgische Bahnfahrt

Mit der einzigen Zahnradbahn am Bodensee, der Rorschach-Heiden-Bahn, kann
man eine nostalgische Bahnfahrt zum
hübschen Biedermeierdorf Heiden
unternehmen.
▸ **Seite 222**

🔖 Vollmondfahrt

Eine Vollmondfahrt auf den imposanten
Gipfel des Säntis – ein grandioses, un-
vergessliches Erlebnis.
▸ **Seite 236**

🔖 Hörgenuss

Ein kulturelles Highlight ist der Überlinger
Orgelsommer, wenn namhafte Interpreten
auf den hervorragenden Orgeln des
Münsters spielen.
▸ **Seite 250**

Begegnung der besonderen Art auf dem
stimmungsvollen abendlichen See

Zur Fasnachtszeit treiben vielerorts die Hexen ihr Unwesen.
▶ **Seite 78**

HINTERGRUND

PRAKTISCHE INFORMATIONEN VON A BIS Z

PREISKATEGORIEN

▶ **Hotels**
Luxus: über 130 €
Komfortabel: 90 – 130 €
Günstig: bis 90 €
Für eine Übernachtung im Doppelzimmer

▶ **Restaurants**
Fein und teuer: über 15 €
Erschwinglich: 10 – 15 €
Preiswert: bis 10 €
Für ein Hauptgericht

Touristisches Herz von Überlingen ist der Landungsplatz.
▶ **Seite 246**

TOUREN

REISEZIELE VON A BIS Z

Der Erfinder des Luftschiffs Graf Zeppelin

nachdenken · klimabewusst reisen
atmosfair

Hintergrund

KURZ UND KNAPP,
VERSTÄNDLICH GESCHRIEBEN
UND SCHNELL NACHZU-
SCHLAGEN: WISSENSWERTES
ÜBER IHRE REISEREGION,
ÜBER LAND UND LEUTE,
WIRTSCHAFT UND ALLTAGSLEBEN.

SEEZAUBER · BAROCKHIMMEL

Ob im glitzernden Sonnenschein oder bei aufsteigenden Nebelschwaden, der Bodensee ist als drittgrößtes Binnengewässer Europas zu jeder Jahreszeit faszinierend. Segeln, Radfahren und Bergwandern können Sie zu Wasser und zu Lande, aber das Lustwandeln im Paradies ist nur den Kirchenbesuchern mit Blick für die fantasiereichen Barockinszenierungen vergönnt.

Für welchen Teil der Europa-Trilogie Deutschland, Österreich oder Schweiz sich der Besucher auch entscheidet, horizonterweiternd ist der Aufenthalt am Bodensee mit seiner Uferlinie von 273 km allemal. International bedeutsam ist der Bodensee schon seit Römerzeiten, als er Lacus Brigantinus hieß, den man seit der Karolingerzeit als Bodamer See, nach der Pfalz Potoma in Bodman, bezeichnete, aus dem sich schließlich um 1200 Bodemsé ableitete. Den auswärtigen Teilnehmern des Konstanzer Konzils (1414 – 1418) war der Name unaussprechlich, so dass er in der englischen, französischen und italienischen Sprache nach dem Konzilsort Lake Constance, Lac de Constance und Lago di Costanza heißt. Vor mehr als 150 Jahren schrieb die Münsteranerin Annette von Droste-Hülshoff auf der Meersburg hoch überm See die Verse: »mir ist er gar ein trauter Freund / Der mit mir lächelt, mit mir weint / Ist wenn er grünlich golden ruht / Mir eine

Sipplingen
Wunderbare Abendstimmung verzaubert den See.

sanfte Zauberfluth ...« Sehr viel stürmischer dagegen empfindet Martin Walser den See von seinem Domizil Wasserburg aus, wie in seiner Erzählung »Ein fliehendes Pferd« nachzulesen ist. Hermann Hesse, der seine ersten Dichterjahre auf der Höri verlebte, Otto Dix als Maler des kritischen Realismus, der nach Hemmenhofen ins Exil ging, Henri Dunant, der Gründer des Roten Kreuzes, der in Heiden seinen Lebensabend verbrachte, sowie Graf Zeppelin und Claude Dornier, die die Luftschifffahrt revolutionierten, stehen für die kulturelle Vielfalt der Region. Auch der Freizeitspaß kommt nicht zu kurz. Das Badevergnügen im See findet neuerdings seine Entsprechung in den Wellnessangeboten der Thermen in Meersburg und Überlingen. Nicht nur die Waldgebiete auf dem Bodanrück mit der steilen Marienschlucht oder die alten Bäume und Blumenrabatten der sinnen-

Blumenpracht
Im Spätsommer blühen auf der Mainau die Dahlien in einer bezaubernden Farbpalette.

Malerische Altstädte
gibt es viele rund um den Bodensee – hier der Obermarkt in Konstanz.

Barocke Juwelen
Auch die Schlosskirche auf der Insel Mainau gehört zu den barocken Kostbarkeiten der Bodenseeregion.

Knackige Äpfel
Der Bodensee ist bekannt für gutes Obst. Im Frühjahr bieten die zahllosen blühenden Obstbäume ein zauberhaftes Bild.

Schiffsverkehr
Wichtige Verkehrsmittel am Bodensee sind die Schiffe der Weißen Flotte, die alle größeren Orte am See anlaufen.

Baumeisterfamilie Thumb
Die barocke Schlosskirche von Friedrichshafen ist ein Werk der bekannten Baumeister – hier ein Detail des reichgeschnitzten Chorgestühls.

freudigen Insel Mainau, sondern auch die gepflegten Uferpartien laden zum Spaziergehen oder Radwandern ein. Wie wär's mit einem Segeltörn vor Lindau? Abheben kann man mit dem neuen Zeppelin oder geruhsam mit einem Ausflugsdampfer das wunderschöne Panorama genießen. Arien vor nächtlicher Seekulisse bieten die Bregenzer Festspiele, und beim Konstanzer Seenachtfest erhellt prachtvoller Feuerzauber den Nachthimmel. Ungestüm, scheppernd und prasselnd ziehen Eckhexe, Blätzlesnarr und Hänsele während der schwäbisch-alemannischen Fasnet durch die Altstadtgassen.

Nicht nur Natur

Für Kulturbegeisterte gibt's Entdeckungsreisen in die Stein- und Bronzezeit im Pfahlbaumuseum Unteruhldingen, zu den Mönchen ins Mittelalter in den ehemaligen Klöstern der Insel Reichenau mit ihren wertvollen Wandmalereien, zu den kostbaren Handschriften der Stiftsbibliothek St. Gallen, zur Zisterzienserbaukunst in Salem sowie nach Konstanz als imposanter mittelalterlicher Bischofssitz, Konzilsort und Papstwahlstätte. Von der trutzigen Meersburg über Deutschlands größte Festungsruine auf dem Hohentwiel bis zu den pittoresken Altstadtzentren von Stein am Rhein und Lindau spannt sich der regionalgeschichtliche Bogen. Himmelan gerissen wird das Herz durch die zahlreichen barocken Rauminszenierungen, die die Vorarlberger Baumeisterfamilien Thumb und Beer kreierten. Alte Kunst und neue Technik begegnen sich auf spannende Weise im Zeppelin Museum in Friedrichshafen.

Hafen-promenade

Auch in Lindau ist die Hafen-promenade eine beliebte Anlaufstelle für Besucher.

Moderne Bauschöpfungen am See verdanken wir u. a. Peter Zumthor mit dem strengen Glaskubus in Bregenz und Friedensreich Hundertwasser mit der fantasievollen Markthalle in Altenrhein. Apropos Markt, die landwirtschaftlichen Produkte der Bodenseeregion sind weithin geschätzt. Im See tummeln sich allerlei Fische, Rinder und Schafe finden saftiges Weideland vor, die Rebhänge liefern qualitätsvolle Seeweine, Gemüsefelder reihen sich dicht an dicht auf der Reichenau, Obstplantagen liefern knackige Äpfel, und Tettnanger Hopfen veredelt das Bier. Lassen Sie sich von den Erzeugnissen der Region in den zahlreichen historischen Gasthäusern verwöhnen, von Kretzer, Felchen, Knöpfle und Reichenauer Gemüse bei einem guten Tropfen aus dem Staatsweingut Meersburg als Prosit auf den Bodensee!

Fakten

Wie groß und tief ist der Bodensee? Welche Regionen werden mit Wasser aus dem See versorgt? Was geschah auf dem Konstanzer Konzil? Welche Spuren der Vorzeit fand man am Bodensee?

Natur und Umwelt

Der Bodenseeraum ist Teil des nördlichen Alpenvorlands, das vom **Bodenseeraum**
Genfer See im Westen bis zum Wiener Becken im Osten reicht. Die
Entwicklungsgeschichte dieses Großraums ist aufs Engste mit jener
der Alpen verbunden, die nicht nur das Werden der Landschaft, das
Klima und die Vegetation des Alpenvorlands beeinflusst haben, son-
dern auch dessen Besiedlung und wirtschaftliche Entwicklung. Die
Nordgrenze des Bodenseeraumes markiert die Donau, die Ostgrenze
der Donauzufluss Iller. Die Südgrenze bildet eine Linie, die den
Flussläufen der Thur und der Sitter bis zum Alpenrhein folgt. Die
Westgrenze schließlich markieren der Rheinfall von Schaffhausen
und die Hegau-Vulkankegel. Herausragender Eckpunkt des Bodenseeraums im Norden ist der 767 m hohe **Bussen** bei Riedlingen,
Oberschwabens »heiliger Berg«. Im Südosten, bei Isny, ist die Ade-
legg mit dem 1118 m hohen **Schwarzen Grat** eine nach Norden weit
vorgeschobene Bastion der Voralpen. Im Süden des Bodenseeraums
erhebt sich das Alpstein-Massiv mit dem 2502 m hohen **Säntis** als
prägnante Felsenburg, und ganz im Westen gewahrt man die Hegau-
Vulkane als »des Herrgotts Kegelspiel«.

Erdgeschichte

Während der Tertiärzeit, die vor etwa 70 Mio. Jahren begann und
vor rund 2 Mio. Jahren endete, wurden die Alpen aufgefaltet. Ge-
steinsschichten, die zuvor mehr oder weniger flach lagerten, wurden
infolge plattentektonischer Bewegungen zusammengeschoben und
emporgehoben. Während sich die Alpen heraushoben, entstand weiter nördlich, d. h. zwischen Schwäbischer Alb und Alpen, ein tiefer
Trog, der zeitweise ein Randmeer des damaligen Mittelmeers und
zeitweise ein riesiger Süßwassersee war. Dieser Trog wurde wechsel-
weise mit Meeresablagerungen sowie Fluss- und Seeablagerungen
aufgefüllt. Im Spättertiär kam es nördlich und nordwestlich des heutigen Bodensees zu heftigem Vulkanismus, an den heute noch die
Vulkanberge des Hegaus erinnern.
Ebenfalls im späten Tertiär schlugen größere Steinmeteoriten auf die
Erdoberfläche. Dabei wurde nicht nur der Krater des Nördlinger Rie-
ses ausgesprengt, sondern wahrscheinlich auch das eigentliche Mo-
lassebecken, wie entsprechende geologische Befunde im Raum
St. Gallen nahelegen. Auf jeden Fall erfolgte am Ende der Tertiärzeit
eine tektonische Absenkung im Bodenseeraum. Während des letzten
Eiszeitalters, das vor ca. 720 000 Jahren begann und erst vor rund
10 000 Jahren zu Ende ging, stießen mehrmals mächtige Gletscher-
ströme von den Alpen kommend mehr oder weniger weit nach Nor-

*← Im Frühjahr verwandeln die Schwertlilien die Wiesen im
Eriskircher Ried in ein violettes Blütenmeer.*

den vor. Im süddeutschen Alpenvorland unterscheidet man vier Eiszeiten, die nach den Flüssen Günz, Mindel, Riß und Würm benannt sind. Das heutige Landschaftsbild des Bodenseeraums haben vor allem die beiden letzten Kaltzeiten, die Riß- und die Würmeiszeit, nachhaltig geprägt. In der **Rißeiszeit** stieß der Rheingletscher gar bis zum Südrand der Schwäbischen Alb vor, wie man an mehreren Stellen sehen kann. Auf seinem Weg von den Alpen zur Alb lagerte der rißeiszeitliche Gletscher enorme Mengen Schutt, Geröll, Sand und Lehm ab, die man als Moränen bezeichnet. Nach dem Abtauen des Eises der Rißkaltzeit blieben diese Moränen als Höhenzüge liegen. Nicht mehr ganz so weit nach Norden ist der würmeiszeitliche Rheingletscher vorgestoßen. Allerdings hat er zumindest bis zu einer Linie Pfullendorf – Bad Schussenried – Bad Waldsee die rißeiszeitliche Moränenlandschaft überformt.

Der Vorläufer des heutigen Bodensees war wesentlich größer. Nach Norden erstreckte er sich ins Schussental bis zum Moränenwall nördlich von Ravensburg, und im Süden nahm er wie ein Fjord das Tal des Alpenrheins bis in den Raum Chur ein. Mit einem Seitenarm hatte er Verbindung mit dem Walensee und dem Zürichsee.

Landschaftliche Gliederung

Bodensee Der Bodensee liegt in einer klimatisch begünstigten und wohl durch Meteoriteneinschlag vorgezeichneten tektonischen Senke. Die eiszeitlichen Gletscher haben ein bis zu 400 m tiefes Zungenbecken ausgehobelt, das später jedoch von den Zuflüssen wieder mit Schutt, Kies, Sand und Lehm teilweise aufgefüllt worden ist. Der 46 km lange, bis 14,8 km breite und bis 252 m tiefe **Obersee** reicht von Bregenz bis Konstanz. Zwischen Konstanz und Meersburg zweigt westlich der schmälere, geradezu fjordähnliche **Überlinger See** ab, der etwa 20 km lang, 2 bis 4 km breit und bis zu 147 m tief ist. Durch eine bei Konstanz vom Rhein durchschnittene Landbrücke ist der reich gegliederte **Untersee** vom Hauptbecken getrennt.

Der Untersee wird durch den Schiener Berg, die Halbinsel Höri und die schmale Landzunge der Mettnau bei Radolfzell fingerförmig in den Gnadensee, den Zeller See und den eigentlichen Untersee gegliedert. Der Spiegel des Bodensees liegt bei mittlerem **Wasserstand** bei 395 m ü. d. M. Der Wasserstand schwankt zwischen sommerlichem Höchststand und spätwinterlichem Niedrigstand um rund 2 m. Auf Grund der Erdwölbung ist auch der Seespiegel gewölbt. Aus diesem Grund kann man auch nicht von Lindau nach Konstanz sehen, denn der »Wasserberg« erreicht auf dieser ca. 45 km langen Distanz eine Höhe von rund 41 m. Der Pegel ist wegen des Klimawandels um ca. 1 m gesunken, wodurch die vorzeitli-

Zahlen und Fakten Bodensee

Berlin

©Baedeker

Bodensee

Lage
▶ Süddeutschland
▶ Anrainerstaaten:
  Deutschland, Schweiz, Österreich

Anwohnerzahl
▶ Ca. 2 Mio.

Fläche und Ausdehnung
▶ 572 km²
▶ Länge: 60 km
▶ Breite: 15 km
▶ Umfang: 273 km
▶ Tiefe: 254 m

Wirtschaft
▶ Wichtige Wirtschaftszweige:
  Landwirtschaft
    (Hauptanbauprodukte: Obst,
    Gemüse, Wein)
  Tourismus
  Schifffahrt
  Luftfahrtindustrie

chen Pfahlbauten bedroht sind. Die mit 254 m tiefste Stelle des Sees liegt zwischen Fischbach und Uttwil. Mit einem Volumen von fast 50 km³ ist er **Mitteleuropas größter Trinkwasserspeicher**. Bodenseewasser wird heute zur Versorgung der Bevölkerung bis in den Raum Stuttgart gepumpt. In allen drei Becken des Bodensees gibt es je eine Insel: Lindau am östlichen Ende des Obersees, die Blumeninsel Mainau am Eingang zum Überlinger See und die Gemüseinsel Reichenau inmitten des Untersees.

Das westliche Hinterland des Bodensees ist der Hegau, dessen Landschaftsbild von tertiärzeitlichen **Vulkankegeln** geprägt ist. Die beiden bekanntesten sind der 688 m hohe Hohentwiel bei Singen und der weiter nördlich 644 m aufragende Hohenkrähen. Der Hegau vermittelt zwischen dem Bodenseeraum, dem Hochrheingebiet, dem Schwarzwald, der Baar und der Südwestalb. Im östlichen Hegau befindet sich Deutschlands stärkste Quelle, der Aachtopf. In jeder Sekunde dringen aus dieser Quelle durchschnittlich 8500 l (bei Hochwasser bis 24 000 l) Wasser aus dem stark verkarsteten Untergrund und Einzugsbereich der jungen Donau an die Oberfläche.

Hegau

Südöstlich vom Bodensee erheben sich die hohen Berge des Bregenzer Waldes, dessen nordwestlichste Bastion der 1064 m hohe Pfänder

Bregenzer Wald

Der eiszeitliche Rheingletscher hat das Landschaftsbild des Bodenseeraums entscheidend geprägt.

bei Bregenz ist. Hier befindet man sich bereits mitten in der stark gefalteten Vorbergzone der Alpen.

Rheintal Zwischen den Bergen des Bregenzer Waldes im Osten und dem schweizerischen Alpsteinmassiv im Westen weitet sich das breite und relativ dicht besiedelte Tal des Alpenrheins, durch das einstmals der eiszeitliche Rheingletscher nach Norden vorstieß. Mit ungeheuren Mengen Sand und Schotter hat der Rhein inzwischen sein Tal aufgefüllt und ist im Begriff, ein mächtiges Delta in den südöstlichen Bodensee vorzuschieben.

Appenzeller Land Westlich des Alpenrheins erheben sich die landschaftlich mit dem Allgäu vergleichbaren Balkone des auch heute noch stark von der Weidewirtschaft geprägten Appenzeller Landes. Beherrscht wird diese Landschaft von der mächtigen Felsenburg des Alpsteinmassivs mit dem 2502 m hohen **Säntis** als dem höchsten und imposantesten Aussichtsberg des gesamten Bodenseeraumes.

St. Galler Land, Thurgau Nordwestlich vom Rorschacherberg erstreckt sich das Alpenvorland der Nordostschweiz mit dem stark industrialisierten städtischen Verdichtungsraum St. Gallen – Rorschach – Arbon. Im klimatisch begünstigten Hinterland des Thurgauer Bodenseeufers wird noch viel Obstbau, vereinzelt sogar Weinbau betrieben, was der Gegend zu dem Beinamen »Mostindien« verholfen hat.

Zwischen dem Tal der Thur und dem Untersee wölbt sich der als Wander- und Radlerrevier geschätzte Seerücken bis 612 m auf. Im Gegensatz zum nahen Bodenseeufer ist es hier oben oftmals recht kühl. Auch breiten sich hier noch einige größere Waldungen aus.

Seerücken

Kurz vor dem schweizerischen Bilderbuchstädtchen Stein am Rhein fließt der Rhein wieder aus dem Bodensee und in einem geologisch noch recht jungen Tal in nordwestlicher Richtung. Bei **Schaffhausen** stürzt er – quasi an der Nahtstelle von Schweizer und Schwäbischem Jura – über eine recht widerständige Kalksteintreppe in die Tiefe, um daraufhin als Hochrhein am Südrand von Hotzenwald und Schwarzwald weiterzufließen.

Seerhein

Pflanzen und Tiere

Ebenso vielgestaltig wie der Naturraum ist auch die Pflanzen- und Tierwelt rund um den Bodensee. Trotz der relativ dichten Besiedlung und der starken Nutzung der Landschaft durch Gartenbau, Land- und Forstwirtschaft gibt es noch zahlreiche Naturrefugien, in denen man eine ausgesprochen artenreiche Flora und Fauna sehen kann.

Vielfältige Pflanzen- und Tierwelt

Flora

Direkt am Seeufer gibt es Röhricht mit Schilfrohr, Seegras, Seggen bzw. Riedgräsern und Pfeifengras. Im Frühling blüht hier viel Vergissmeinnicht. Landeinwärts steht Feuchtigkeit liebender Bruchwald mit Weiden (auch Silberweiden), Pappeln (besonders Schwarz- und Silberpappeln), Birken, Erlen (vor allem Schwarzerlen) und sogar Kreuzdorn. In den ufernahen Riedbereichen, so z. B. im Wollmatinger Ried, findet man auch Lungenenzian und Knabenkraut. Das Eriskircher Ried ist bekannt für seine Irisblüte, die von Mitte Mai bis Mitte Juni dauert.

Seeufer

Im Gebirge gedeihen vielerlei Laub- und Nadelbäume, darunter vor allem Buchen, Eichen, Erlen, Eschen, Fichten und Kiefern. Je höher man kommt, desto kleinwüchsiger werden die Bäume und desto eher treten Nadelhölzer in den Vordergrund. Typische Gebirgsblütenpflanzen sind Anemone, Aurikel, Mehlprimel, Gelber und Blauer Enzian, Eisenhut, Alpenrose, Silberdistel und Türkenbund. Ferner findet man hier oben auch vielerlei Orchideen und Son-

> **!** *Baedeker* TIPP
>
> **»Naturschifffahrt«**
>
> Naurfreunde sollten eine naturkundliche Schifffahrt auf dem Untersee unternehmen. Auf der halbtägigen Rundtour mit einem Linienschiff und der Bodensee-S-Bahn »seehas« erhält man durch naturkundliche Erläuterungen Einblicke in Flora und Fauna des Gebiets. Information beim NABU-Naturschutzzentrum Wollmatinger Ried, Tel. 075 31/788 70; www.nabu-wollmatingerried.de.

nentau. Vereinzelt kommen Felsnelken, Küchenschellen und Schwalbenwurz vor.

Wirtschafts-pflanzen Die Bodenseeregion ist ein wahrer Obst- und Gemüsegarten. In geschützten Hanglagen wird Wein angebaut. Landeinwärts breiten sich Erdbeerfelder sowie Apfel-, Birnen- und Kirschplantagen aus. Wichtige Sonderkulturen sind die Gemüsefelder auf der Insel Reichenau sowie die Hopfengärten im Raum Friedrichshafen – Tettnang.

Fauna

Gewässer Im Bodensee sowie in Flüssen und Bächen sind etliche Fischarten heimisch, die heute allerdings zumeist in Fischbrutanstalten herangezogen und dann in den Gewässern ausgesetzt werden. Am bekanntesten und als Speisefisch sehr beliebt sind die **Felchen**, die am bayerischen Bodenseeufer auch »Renken« genannt werden. Auf Platz 2 der Hitliste stehen die Barsche, die am deutschen Seeufer **»Kretzer«** und auf der Schweizer Seite »Egli« heißen. In den Seen des Bodenseehinterlands, so beispielsweise im Mindelsee, hat man schon bis zu 2 m lange und bis zu 60 kg schwere Welse (Waller) gefangen. Begehrte Speisefische sind ferner Seeforelle, Lachsforelle, Bachforelle, Saibling (Röteli), Brasse, Barbe, Trüsche und Hecht. In der letzten Zeit verbreiten sich im See immer mehr **fremde Arten**, die mit den einheimischen Tieren einen Kampf ums Überleben führen.

In den **Feuchtgebieten** am Bodensee brüten vielerlei Wasser- und Watvögel. Hier leben Brachvögel, Kolbenenten, Haubentaucher, Singschwäne und Seeschwalben. Weißkopf- und Lachmöwen folgen den Ausflugsschiffen. Auch Kiebitze und Schnepfen trifft man hier an. Im Schilf »schimpfen« die Rohrspatzen (Schilf- und Rohrsänger). Immer mehr Graureiher und Kormorane konkurrieren mit Hobbyanglern und Berufsfischern.

Auch in den landeinwärts gelegenen **Moor- und Riedflächen** kann man Rohrsänger, Haubentaucher, Schwäne, Enten und Brachvögel sehen. Dazu gesellen sich noch Ammern, Meisen und Rallen. Auf Frösche macht eine allmählich wieder wachsende Zahl

Es gibt immer mehr Störche am See.

von Weißstörchen Jagd. Spitzmäuse und andere Kleinsäuger werden oft von Weihe, Milan und Waldohreule erbeutet. Im Gestrüpp kommen relativ zahlreiche Ringelnattern und manchmal giftige Kreuzottern vor.

Auf den Feldern und in den Wäldern des Bodensee-Hinterlandes sind alle »gängigen« **Säugetiere** heimisch, darunter natürlich auch Reh, Hase, Kaninchen, Igel, Haselmaus, Waldmaus, außerdem sogar der Siebenschläfer.

Diese Kleinsäuger werden nicht nur an Land von Fuchs und Dachs dezimiert, sondern auch aus der Luft von Bussard, Habicht, Turm- und Wanderfalke, Milan, Waldohreule und Uhu gejagt. Fleißige Sänger sind Ammern, Meisen und Rotkehlchen, die gelegentlich allerdings vom Geschrei der Eichelhäher übertönt werden.

In den schwerer zugänglichen Berggebieten lebt noch viel Rot- und **Gebirge** Schwarzwild. Recht häufig sieht man Rehe. In abgelegenen Bereichen gibt es auch noch Auerwild, und mit etwas Glück kann der Wanderer in der Matten- und Felsregion der Voralpen auch Gämsen und Murmeltiere beobachten. Krächzende Dohlen haben es auf die Brotkrümel und sonstigen Essensreste der Bergwanderer abgesehen. Und hoch in den Lüften zieht ab und zu ein Steinadler seine Kreise.

Bevölkerung · Politik · Wirtschaft

Der Bodenseeraum ist durch die geschichtliche Entwicklung vom **Bevölkerungs-** alemannischen Kernraum zur grenzdurchzogenen Peripheriezone ge- **entwicklung** raten. Doch auch wenn der hier beschriebene Raum drei verschiedenen Staaten angehört – Bundesrepublik Deutschland, Schweizerische Eidgenossenschaft, Republik Österreich – so ist er doch als Ganzes Teil des ursprünglich **schwäbisch-alemannischen Siedlungsgebiets**. Fern der politischen Machtzentren verharrte das Gebiet als Bauernland. Erst um 1900 setzte an nur wenigen Stellen eine zaghafte Industrialisierung ein.

Das damit einhergehende **Bevölkerungswachstum** war in der schweizerischen Bodenseeregion weniger stark als am deutschen Bodenseeufer, wo die Gründung einzelner Industriebetriebe schon vor dem Ersten Weltkrieg und in der Zwischenkriegszeit erfolgte. Betrug das Wachstum der Bevölkerung in rund 80 Jahren zwischen 1871 und 1950 am schweizerischen Bodenseeufer um 50 %, so verdoppelte sich die Bevölkerungszahl in der deutschen Bodenseeregion. In der Zeit nach dem Zweiten Weltkrieg erfuhr der deutsche Bodenseeraum, verstärkt durch die zunehmende Wertschätzung als Freizeitregion, ein überdurchschnittlich starkes Siedlungs- und Bevölkerungswachstum: Die Werte lagen in den Jahren zwischen 1950 und 1985 im deutschen und österreichischen Bodenseegebiet durchweg zwischen 60 und 90 %.

Bevölkerungs-
stand
Derzeit leben in dem in diesem Reiseführer beschriebenen Raum ca. 2 Mio. Menschen, wovon rund 800 000 Bewohner auf den deutschen Teil, etwa 180 000 auf den schweizerischen Teil, etwa 100 000 auf Österreich und 32 000 auf das Fürstentum Liechtenstein entfallen. Die deutsche und österreichische Bodenseeregion weisen mit bis über 500 Einwohnern pro Quadratkilometer eine **hohe Bevölkerungskonzentration** auf. Besonders die größeren Städte wie St. Gallen, Konstanz, Friedrichshafen, Singen, Dornbirn, Bregenz und Lindau sind wirtschaftliche und kulturelle Mittelpunkte der Region sowie Kernzonen für Verstädterungsvorgänge.

Konfessionen
Mit Ausnahme jenes Teiles der schweizerischen Bodenseeregion, der zum Kanton Appenzell gehört, bekennt sich die einheimische Bevölkerung des Bodenseeraumes mehrheitlich zur römisch-katholischen Kirche. Die geschichtlich begründete Konfessionsverteilung hat in der Zeit nach dem Zweiten Weltkrieg durch den Zuzug von Heimatvertriebenen und ausländischen Arbeitskräften eine gewisse Veränderung erfahren.

Politik

Staatsgrenzen im
Bodensee
Der Verlauf der Staatsgrenzen im Bodensee zwischen den drei **Anrainern Bundesrepublik Deutschland, Schweiz und Österreich** ist weithin unbestimmt. Nach unverbindlichen Schätzungen gehören 55 % der Wasserflächenanteile zu Deutschland, 34 % zur Schweiz und 11 % zu Österreich. Im Sinn einer Realteilung wurde lediglich für den Untersee in einem 1854 zwischen dem Großherzogtum Baden und dem Kanton Thurgau geschlossenen Vertrag die Grenze auf der Längsmittellinie dieses Seebeckens festgelegt.
Der auf drei Seiten von deutschem Territorium begrenzte Überlinger See gehört bis zur Linie Meersburg – Eichhorn (Konstanz) zum deutschen Bundesland Baden-Württemberg. Im Obersee ist der Grenzverlauf nur für den Bereich des Konstanzer Trichters etwa in der Längsmitte der Konstanzer Bucht durch eine badisch-schweizerische Vereinbarung fixiert.

Realteilung oder
Kondominium
Für den gesamten restlichen Obersee fehlt ein völkerrechtlich verbindliches Abkommen über die **Gebietshoheit**. Die Frage, ob er ein internationales Gewässer (Kondominium) darstelle oder auf die Uferstaaten aufgeteilt sei (Realteilung), ist offen. Baden-Württemberg und die Schweiz plädieren für die Realteilung, der Freistaat Bayern hingegen für das Kondominium. Österreich vertritt die Haldentheorie, wobei die Halde (ein ufernaher Streifen mit maximal 25 m Wassertiefe bei mittlerem Wasserstand) als Staatsgebiet des Anrainers gilt, der Rest als Kondominium aller Seeuferstaaten. Seit dem Ende des Ersten Weltkrieges wird jedoch meist in allseitig stillschweigender Duldung ein aus der Praxis erwachsener Grenzverlauf angenommen, wie er z. B. im Schifffahrtsübereinkommen geregelt ist.

Landwirtschaft

Unmittelbar um den Bodensee ist das Eigentum der einzelnen Landwirte kleinflächig und über die gesamte Markung verteilt. Um Schäden, z. B. durch Hagelschlag oder Parasitenbefall, im einst dominanten Weinbau einzugrenzen, waren die Bauern daran interessiert, eine möglichst große Verteilung ihrer Felder zu erreichen. Dies, verbunden mit einer ohnehin sehr begrenzten Betriebsgröße von durchschnittlich 5 ha, ergab eine Zersplitterung der einzelnen Flurstücke, die der heutigen modernen Bewirtschaftung eher hinderlich ist, allerdings eine Nutzlandschaft ergibt, die sich durch Vielfalt und Abwechslungsreichtum auszeichnet.

Betriebsstrukturen

In Bodenseenähe begünstigt das milde Klima den Anbau von Sonderkulturen. Auf beiden Breitseiten des Sees erstrecken sich vom Uferbereich bis weit ins Hinterland hinein ausgedehnte **Obstkulturen**. Das Bodenseeobst wird auf deutscher Seite vorwiegend über große Genossenschaften vermarktet. In der Schweiz geht ein beträchtlicher Teil der Obsternten in Großmostereien oder Fruchtkonservenfabriken. Augenfällig für den Touristen ist jedoch der Obstverkauf unmittelbar an den Straßen oder beim Erzeuger.

Besondere Bedeutung besitzt der **Gemüsebau** auf der Bodenseeinsel Reichenau, wenngleich häufig in Gewächshäusern, sowie im vorarlbergischen Rheintal um Lustenau. Um Tettnang wird neben Spargel auf einem ausgedehnten Areal **Hopfen** angebaut.

Der Bodensee ist bekannt für gutes Obst.

Die Wildrebe war vermutlich schon in vorgeschichtlicher Zeit am Bodensee heimisch. Die Römer brachten die Gutedel- und die Elblingtraube, Karl der Große die Tiroler und die Orléanstraube an die Seeufer, wo die Klöster die Weinkultur förderten. Zu Beginn des 19. Jh.s waren hier über 3000 ha Land mit Weinreben bepflanzt. Heute bestehen größere **Weinbaugebiete** (bis 400 m) nur noch im westlichen Teil: in Baden-Württemberg bei Meersburg (Staatsweingut), Hagnau (1881 Gründung des ersten badischen Winzervereins), Markdorf, Bermatingen, Überlingen (Städtisches Rebgut), Bodman,

Weinbau

Konstanz (Spitalkellerei), Allensbach, auf der Insel Reichenau sowie über den Ufern der Halbinsel Höri, ferner bei Kressbronn. Kleinere Rebareale finden sich darüber hinaus auch am schweizerischen Rand des Alpenrheintales zwischen St. Margrethen und Altstätten, wobei hier der häufige Föhn ein wesentlicher klimatischer Gunstfaktor für den Weinbau ist.

Torkel ▸ Aus der Zeit des intensiven Weinbaus der vergangenen Jahrhunderte rings um den Bodensee sind noch ein gutes Dutzend großer alter **Baumpressen** erhalten, die man zur Gewinnung des Rebensaftes benutzte. Früher hat es in der Region vermutlich einige Hundert solcher Baumkeltern gegeben, die gemeinhin »Torkel« genannt werden. Diese Bezeichnung leitet sich ab von dem lateinischen Verb »torquere« (»drehen«, »winden«) bzw. von dem Substantiv »torculum« (»Drehpresse«). Die Hauptteile eines Torkels waren überwiegend aus Eichenholz, die stärkerer Abnutzung ausgesetzte Spindel aus härterem Holz, z. B. Hainbuche oder Birnbaum, gefertigt. Die Ausmaße dieser Pressanlagen waren beträchtlich: Die Länge betrug 8 bis 14 m, die Breite bis zu 4,50 m und die Höhe bis zu 5,50 m. Je nach Größe, Druckbaumzahl und Unterbau lag das Gesamtgewicht des Torkels zwischen 10 und 20 Tonnen. Dementsprechend unterschiedlich war auch die Aufschüttmenge der Traubenmaische: Sie belief sich auf etwa 2500 bis 5000 kg Weintrauben. Der gesamte Pressvorgang dauerte rund acht Stunden. Im Schnitt wurden aus 1000 kg Weintrauben ungefähr 750 l Most gepresst.

Fischerei

Die ersten Menschen, die am Bodensee lebten, waren Jäger und Fischer. Demnach dürfen die wenigen noch verbliebenen Berufsfischer ihre Tätigkeit als ältestes Gewerbe am See verstehen. Nachdem im 19. Jh. die Überfischung fast zum Erliegen der Fischerei geführt hatte, bewirkten die Gründung von Fischzuchtanstalten sowie die Einführung von Regelungen für den Fischfang und der Fangmethoden eine erneute Zunahme des Bestands. Die Zahl der Patentinhaber als Berufsfischer dagegen hat rapide abgenommen, von rund 400 (1975) auf etwa 220 (1990) und heute gerade einmal 170, wobei davon lediglich 10 % als **Berufsfischer** gelten, während die Mehrzahl einen weiteren Beruf ausübt. Die Fangerträge unterliegen starken Schwankungen; im Durchschnitt kommen sie auf mehrere hundert Tonnen Fisch im Jahr. In der letzten Zeit sind sie wegen des niedrigen Nährstoffgehalts der Wassers gesunken.

Tourismus

Unter den Dienstleistungsgewerben genießt der Fremdenverkehr im Bodenseeraum eine Vorzugsstellung. Sein Umfang hat in den vergangenen Jahrzehnten stark zugenommen. Zu dem herkömmlichen Ferienbetrieb mit längeren Aufenthalten gesellt sich der **Ausflugsver-**

Frisch gefangen schmecken die Bodenseefische einfach am besten.

kehr an den Wochenenden, so dass der Bodensee wie auch Oberschwaben zu beliebten Naherholungsgebieten geworden sind, was sich allerdings in einer starken Belastung der Bodenseeuferstraßen in der Hochsaison niederschlägt.

Industrie

Wenngleich der Bodenseeraum gewiss nicht zu den industriell überformten Wirtschaftsräumen Mitteleuropas zählt, sondern in ihm traditionell die vielfältigen landwirtschaftlichen Kulturen das Landschaftsbild bestimmen, in Seenähe ergänzt um zahlreiche Fremdenverkehrs- und Freizeiteinrichtungen, so haben sich doch einzelne Städte zu wirtschaftlichen Schwerpunkten mit bemerkenswerter Industrie entwickelt. Diese wird von mittelständischen Traditionsunternehmen und Hochtechnologiefirmen geprägt.

Schwerpunkte

Die Textil- und Bekleidungsindustrie geht auf die schon im Mittelalter überregionale Bedeutung besitzende Leinenweberei im Bodenseeraum zurück, die zunächst in Konstanz, später in Ravensburg und St. Gallen blühte. Wichtige Standorte der Textilmanufakturen blieben seit dem 19. Jh. mit dem Schwerpunkt auf der **Baumwollverarbeitung** im nordostschweizerischen Raum und im Vorarlberger Alpenrheintal. Auch heute noch geniesst die Textilindustrie von St. Gallen einen sehr guten Ruf, während die Vorarlberger Textilindustrie in den letzten Jahrzehnten im Niedergang begriffen ist.

Textilindustrie

Metallindustrie Der Maschinenbau und die Metallindustrie hat sich im Bodenseeraum teilweise aus der Textilindustrie heraus entwickelt. In und um Friedrichshafen markiert die um die Wende vom 19. zum 20. Jh. erfolgte Gründung der **Zeppelinwerke** Anfang und Aufschwung der Industrie. Heute sind ihre Nachfolgebetriebe, die Motoren- und Turbinen-Union (MTU) Friedrichshafen, die Zahnradfabrik Friedrichshafen (ZF) mit Getriebeherstellung und die Zeppelin-Metallwerke sowie die Unternehmensgruppe EADS (früher Dornier) mit High-Tech-Produkten, die wichtigsten Arbeitgeber der Region.

Weitere Industriezweige Etliche Industriebetriebe im westlichen Bodenseeraum gehen z. T. auf schon im 19. Jh. erfolgte Filialgründungen Schweizer Unternehmen zurück. Als weit über die Grenzen dieser Gegend hinaus bekanntes Beispiel sei die Firma Maggi in Singen, die heute zum Nestlé-Konzern gehört, erwähnt. Der weit verbreitete Obstbau und die Milchwirtschaft liefern die Grundstoffe für Betriebe der **Nahrungsmittelindustrie** wie Fruchtkonservenfabriken und Getränkehersteller. Eher dezentral liegen die Standorte der Grundstoffindustrie wie Kieswerke und Ziegeleien, welche die Sand-, Kies- und Tonlager ausbeuten.

Wasserwirtschaft

Trinkwasser-reservoir Bodensee Als geradezu unerschöpfliches Wasserreservoir mit ca. 54 Mrd. m³ hat der Bodensee eminente Bedeutung für die Trinkwasserversorgung sowohl der Uferbereiche und des Hinterlands, in denen es an Quell- oder geeignetem Grundwasser mangelt, als auch weiter entfernter Siedlungsräume. Insgesamt ist der See Trinkwasserlieferant für schätzungsweise 4,5 Mio. Menschen vor allem im deutschen Bundesland Baden-Württemberg sowie in der schweizerischen Bodenseeregion. Schon 1894 war bei Rorschach ein erstes Seewasserpumpwerk für die Stadt St. Gallen errichtet worden, später bei Romanshorn eines für Amriswil. Die 1958 in Betrieb genommene Entnahmeanlage des 1954 gegründeten Zweckverbandes **Bodensee-Wasserversorgung (BWV)** bei Sipplingen am Überlinger See beliefert in einem 1700 km langen Leitungsnetz die Bodenseeregion und den Mittleren Neckarraum bis zum Odenwald mit Trinkwasser.

Qualität des Bodensee-wassers Nachdem sich die Qualität des Bodenseewassers in der Nachkriegszeit in erschreckendem Maß verschlechtert hatte, sahen sich die Anrainerstaaten veranlasst, dieser Entwicklung wirksam Einhalt zu gebieten. Seit dem Jahr 1959 bemüht sich eine in St. Gallen ins Leben gerufene **internationale Gewässerschutzkommission** um die Reinhaltung des Sees. Inzwischen konnte die Wasserqualität durch die Einrichtung diverser Abwasserkläranlagen rings um den See erheblich verbessert werden. Die hohen Investitionen haben die Schadstoffbelastung so weit verringert, dass mittlerweile das Bodenseewasser sauber ist wie seit Jahrzehnten nicht mehr.

Problematisch bleiben jedoch nach wie vor die hohen Rückstände aus Landwirtschaft, Obst- und Gartenbau durch Dünge- und Pflanzenschutzmittel und die fortschreitende Uferverbauung.

? WUSSTEN SIE SCHON …?

■ … dass genauso viel Bodenseewasser verdunstet wie durchschnittlich entnommen wird: 4000 l pro Sekunde?

Schifffahrt

Auf keinem anderen europäischen Binnensee ist die Schifffahrt so stark entwickelt wie auf dem Bodensee, wo mittlerweile jedes Jahr mehr als 4 Mio. Gäste mit der **Weißen Flotte** über den See schippern. Rund 60 000 Privatboote sind am Bodensee registriert, zuzüglich der 35 Motor- und Fährschiffe, die im Verkehrsverbund die meisten Uferorte während der Saisonmonate miteinander verbinden. Große Schiffswerften bestehen in Kressbronn, Friedrichshafen und Romanshorn; Bootswerften sind vielerorts ansässig, am deutschen Ufer konzentriert in Radolfzell und Bodman-Ludwigshafen.

Schifffahrtszentrum

Regelmäßiger Dampfschiffsverkehr begann 1824 mit dem in Friedrichshafen gebauten Raddampfer »Wilhelm«. Die erste **Dampfschifffahrtsgesellschaft** für Bodensee und Rhein wurde 1830 gegründet. Im Jahr 1869 überquerte erstmals ein Eisenbahntrajekt den See von Friedrichshafen nach Romanshorn; 1876 gab es rund 20 Dampfschiffe auf dem See. Im Zug des technischen Fortschritts des 20. Jh.s wurde der Antrieb der Schiffe von den Schaufelrädern auf Schrauben umgestellt. Der letzte Schaufelraddampfer versah noch bis 1963 seinen Dienst; die 1913 vom Stapel gelaufene »Hohentwiel« befährt nach kompletter Restaurierung als Museumsschiff seit 1990 wieder den See.
Ab 1925 wurden die Dampfmaschinen durch Dieselmotoren ersetzt. Im Jahr 1928 erfolgte die Eröffnung des Fährbetriebs zwischen Konstanz und Meersburg. Der Eisenbahnfährverkehr zwischen Friedrichshafen und Romanshorn wurde dagegen 1976 eingestellt. Heute wird der Schiffsverkehr auf dem Bodensee von den **Vereinigten Schifffahrtsunternehmen für den Bodensee und Rhein (VSU)** mit 32 Schiffen betrieben. Das Unternehmen besteht aus der Bodensee-Schiffsbetriebe GmbH (BSB), der Bodenseeschifffahrt der Österreichischen Bundesbahnen (ÖBB), der Schweizerischen Bodensee-Schifffahrtsgesellschaft AG und der Schweizerischen Schifffahrtsgesellschaft Untersee und Rhein (URh).

Entwicklung

Geschichte

Von den Jägern, Fischern und Sammlern vor etwa 20 000 Jahren bis zu einer der beliebtesten Ferienregionen Deutschlands: Eine sehr lange Geschichte prägt die Bodenseelandschaft. Diese bis in prähistorische Zeiten zurückreichende Geschichte ist durch zahlreiche Siedlungsspuren belegt.

Vorgeschichte

Vor 20 000 Jahren	Erste Siedlungsspuren
Ab 5000 v. Chr.	Errichtung von Pfahlbaudörfern
Um 500 v. Chr.	Kelten dringen in den Bodenseeraum ein.

Von Jagd, Fischfang und gesammelten Beeren lebten vor rund 20 000 **Steinzeit** Jahren Menschen in der vom Eis geformten Seenlandschaft in einem arktisch rauen Klima, vor dem sie zeitweilig in Höhlen Schutz suchten. Aus den Höhlen bei Thayngen im Schweizer Kanton Schaffhausen, besonders aus dem Kesslerloch, wurden zahlreiche kunstvoll bearbeitete prähistorische Werkstücke der späten Altsteinzeit (ca. 10 000 v. Chr.) geborgen. Nach dem Ende der vierten Eiszeit besserte sich das Klima von 8000 bis 5000 vor Christus. Die Menschen zogen mit Harpunen und Netzen zum Fischfang aus, fällten mit der Steinaxt Bäume zum Hüttenbau, schufen Geräte aus Tierknochen und Geweihen, lernten mit Bogen, Pfeilschaft, Paddel und Schlingen zum Vogelfang umzugehen. In der Jungsteinzeit (ca. 5000 – 2000 v. Chr.) brachten Bandkeramiker, die vermutlich aus dem unteren Donauraum (Pannonien) kamen, die Ackerbaukultur nach Südwestdeutschland. Ein Siedlungsstreifen zog sich vom Hochrhein durch den Hegau bis zur Donau. Weniger am Obersee, sondern schwerpunktmäßig am Unter- und am Überlinger See entstanden **Pfahlbaudörfer**.

Baedeker TIPP

Alltag in der Steinzeit

Wer sich für die Pfahlbaukultur am Bodensee interessiert, der sollte sich unbedingt das sehr interessante und anschauliche Pfahlbaumuseum in Unteruhldingen ansehen, in dem Pfahlbauten aus der Stein- und Bronzezeit rekonstruiert sind. In Rahmen von spannenden Führungen erhalten die Besucher tiefere Einblicke in das Leben der Vorzeitmenschen. Auch gibt es weitere Veranstaltungen rund um die Pfahlbauten. Nähere Informationen unter Tel. (075 56) 9 28 90-0 und www.pfahlbauten.de.

In der Bronzezeit (ca. 1800 – 700 v. Chr.), der Epoche der **Hügelgrä berkultur** und der **Urnenfelderkultur**, machten sich erneut Einflüsse aus dem südosteuropäischen (pannonischen) Raum bemerkbar, von wo die ersten bronzenen Gegenstände in den Bodenseeraum gelangten. Eine befestigte Inselsiedlung (1100 – 800 v. Chr.) grub man zusammen mit Einbäumen, Herdstätten, Waffen und Gebrauchskeramik in Buchau am Federsee aus.

Mit Beginn der **Eisenzeit** verschwanden die Pfahlbaudörfer, die Menschen siedelten häufiger im Landesinnern. Der **Hallstatt-Kultur** der älteren Eisenzeit (ca. 750 – 450 v. Chr.) werden Fürstengräber etwa

← So könnten die Pfahlbauten am Bodensee ausgesehen haben.

auf dem Ottenberg oder im Eugensberg bei Salenstein mit reichen Grabbeigaben wie Lanzenspitzen, Dolchen, Armreifen und Gürtelschließen zugerechnet. Um das Jahr 500 v. Chr. drangen **keltische Stämme** in den Bodenseeraum und nach Oberschwaben ein. Die Kelten der La-Tène-Kultur (jüngere Eisenzeit; ca. 450 – 1. Jh. v. Chr.) bauten stadtähnliche Anlagen (oppida) sowie kleinere Befestigungswerke und betrieben erste Eisenschmelzen.

Römerzeit
(1. Jh. v. Chr. – 4. Jh. n. Chr.)

15 v. Chr.	Der Bodensee wird der römischen Provinz Raetien einverleibt.
335 n. Chr.	Kaiser Constantius besiegt die Alemannen.
Nach 400	Die Alemannen nehmen die Region in Besitz.

Im Verlauf des ersten vorchristlichen Jahrhunderts drangen die Römer über die Alpen in den keltischen Kulturraum des nördlichen Alpenvorlands vor, besiegten die Helvetier bei Bibracte und unterwarfen bis 15 v. Chr. die keltischen Vindeliker sowie die vermutlich illyrischen Räter.

Der Bodensee, der lateinisch »Lacus Brigantinus« hieß, gehörte fortan von Brigantium (Bregenz) bis Tasgaetium (Stein am Rhein) zum Grenzgebiet der römischen **Provinz Raetien**. Weitere größere römische Gründungen am Seeufer waren Arbor Felix (Arbon) und Constantia (Konstanz). Ferner entstanden an strategisch wichtigen Punkten unter der Herrschaft Kaiser Domitians Militärlager entlang dem obergermanisch-rätischen Limes.

Alemannen Im Jahr 259 brachen die Alemannen, ursprünglich zwischen Havel und Elbe beheimatet, zum ersten Mal diesen Grenzriegel auf und drangen sengend und mordend bis Augusta Raurica (Kaiseraugst) vor. In der Folgezeit konnten die römischen Garnisonen am See noch den wichtigen Heerweg von Ost nach West schützen. Der römische Kaiser Constantius besiegte 335 die Alemannen am Bodensee. Um 400 fielen dann die **Westgoten** über die Alpen in die Poebene ein und besiegelten damit das Ende der Römerherrschaft nördlich der Alpen.

Die nachdrängenden Alemannen nahmen daraufhin das Land um den Bodensee in ihren Besitz, lebten als Ackerbauern und Viehzüchter, nutzten den Boden gemeinsam als Allmend. Sie siedelten mit ihren Sippen in Weilern, die meist auf »-ingen« endeten wie im Fall von Wollmatingen, was so viel bedeutet wie »Ort der Leute des Walmuot«.

Frühmittelalter (5. – 10. Jh.)

Um 750	Das alemannische Herzogtum wird in das Frankenreich eingegliedert.
Um 610	Beginn der Christianisierung
10. Jh.	Aufstieg der Welfen

Im Verlauf des 5. Jh.s prägten Sprache, Lebens- und Siedlungsformen der Alemannen den Bodenseeraum und die Nordschweiz, ohne dass daraus eine großräumige Herrschaftsstruktur mit eigener Verwaltung entstand. Die Alemannen akzeptierten zwar einen Herzog, ließen sich aber gleichzeitig von verschiedenen Adelssippen und Kleinkönigen regieren. Um 500 wurden sie den mächtigeren Merowingerkönigen tributpflichtig und teilten fortan die politischen Geschicke des Merowingerreichs. Als die Franken im 8. Jh. die Vorherrschaft errangen, wurde das alemannische Herzogtum um 750 in das **Frankenreich** eingegliedert, in Grafschaften geteilt und von fränkischen Adeligen verwaltet. Am Westende des Überlinger Sees bei Bodman wurde unter den karolingischen Herrschern eine Königspfalz errichtet.

Herrschaftsbildung

Die Christianisierung erfolgte durch iro-schottische Wandermönche wie Columban und seinen Schüler **Gallus**, die um 610 am Bodensee als Missionar tätig waren. Etwa zur gleichen Zeit wurde Konstanz Bischofssitz und damit zur wichtigsten Stadt im Bodenseeraum. Das Bistum Konstanz reichte in der Folgezeit von Ludwigsburg bei Stuttgart bis zum Gotthardmassiv in der Schweiz, von Breisach am Oberrhein bis nach Kempten im Allgäu und war das größte im Reich.
Aus der Einsiedelei des Gallus von 612 entstand um 720 das große Benediktinerkloster St. Gallen, und auf der Reichenau entwickelte sich seit der ersten Klostergründung 724 durch Pirmin ebenfalls ein geistliches und kulturelles Zentrum. Diese Reichsklöster waren für Jahrhunderte tragende Säulen der Ordnung und des Rechts, bildeten Geistliche aus und berieten die Großen im Reich. Außerdem betrieben die privilegierten Äbte wie auch der Bischof von Konstanz eine eigene Politik, wozu die schwach ausgeprägte fränkische Zentralgewalt vor allem im 9. Jh. reichlich Spielraum ließ.

Christianisierung

Im 10. Jh. zerfiel die Herrschaft der Karolinger. Das entstehende Deutsche Reich litt unter den sächsischen Königen Heinrich I., Otto I. bis Otto III. unter politischen Anfangsschwierigkeiten. In dieser Zeit rivalisierten die Grafengeschlechter der Welfen, der Heiligenberger und Nellenburger, die Grafen von Bregenz, der Bischof von Konstanz und die Klöster von St. Gallen und Reichenau um Macht und Einfluss. Dank der besseren Verbindungen zum Königs- und Kaiserhaus stiegen die Welfen zu den mächtigsten Lehnsherren im Bodenseegebiet auf. Die Eheverbindungen der Töchter Welfs I., Judith

Territoriale Zersplitterung

(gest. 843) mit Kaiser Ludwig I., dem Frommen, und Emma (gest. 876) mit König Ludwig dem Deutschen, trugen wesentlich zum Aufstieg dieses fränkischen Adelsgeschlechts bei, das umfangreichen Besitz in Schwaben, Rätien und Bayern erwarb.

Welfen, Staufer und Habsburger (11. – 14. Jh.)

12. Jh.	Die Rivalität zwischen Staufern und Welfen endet mit der Entmachtung der Welfen.
1273	Die Habsburger übernehmen die Macht im Reich.

Welfen Mit Welf III. starb 1055 die ältere, männliche Linie der Welfen aus, und das Erbe ging auf seinen Neffen Welf IV. (gest. 1101) über. Trotz großen Ehrgeizes gelang den Welfen der Aufstieg zum Königtum nicht, denn nach dem Tod ihres Verwandten, Kaiser Lothars III., 1138 wurde mit Konrad III., dem Herzog von Schwaben, ein Staufer zum deutschen König gewählt.

Staufer Bereits 1079 hatte Friedrich I. den Herzogstitel von Schwaben erhalten, sich mit Agnes, der Tochter Kaiser Heinrichs IV., vermählt und seiner Familie die Burg auf dem Hohenstaufen errichtet, wonach sich die Dynastie fortan nannte. Im 12. Jh. rivalisierten Welfen und Staufer um die Vormacht im Reich und gelangten kurzfristig seit 1156 unter König Friedrich I. Barbarossa (Staufer) und Herzog Heinrich der Löwe von Sachsen und Bayern (Welfe) zum Ausgleich. Politische Konflikte führten schließlich 1180 zur Entmachtung Heinrichs und zur Zerschlagung des welfischen Herrschaftsbesitzes. **Kaiser Friedrich Barbarossa** erwarb große Besitzungen am Bodensee, um von dort im Rahmen seiner Italienpolitik die Alpenpässe wirksamer kontrollieren zu können.

Im Konflikt mit den oberitalienischen Städten wurden 1153 und 1183 in Konstanz Friedensschlüsse vereinbart, ohne auf Dauer die Reichseinheit zwischen Deutschland und Italien festigen zu können. Immerhin profitierte der Bodenseeraum fortan als Drehscheibe des transalpinen Handels von der Politik der Staufer. Vor allem unter Kaiser **Friedrich II.** war die Gründung von Reichsstädten ein Mittel, die eigene Macht zu stärken und die feudale Agrarordnung zurückzudrängen zugunsten einträglicher Handels- und Markttätigkeiten der Bürger in den Städten.

Habsburger Mit der Wahl Rudolfs I. zum deutschen König übernahmen nach den Staufern 1273 die Habsburger von der aargauischen Habichtsburg die Herrschaft im Reich. Der Bodensee wurde nun zur Ausgangsbasis für die habsburgische Eroberung Österreichs und der Steiermark. Nach dem Tod Rudolfs I. schlossen die schweizerischen Waldstätten Uri, Schwyz und Unterwalden 1291 den Ewigen Bund, in dem die Schweizerische Eidgenossenschaft ihren Ursprung hat. Mit dem **Rütli-Schwur** versprachen sie sich gegenseitige Hilfe bei der Wahrung ihrer überlieferten Rechte gegen die habsburgische Machtpolitik. Zwischen 1296 und 1337 mussten zudem die mächtigen Grafen von Monfort immer mehr Herrschaftsrechte in Vorarlberg an die Habsburger abtreten und schlossen einen »Ewigen Bund« mit Österreich. 1391 vereinigten sich die Vorarlberger Landstände zu einer Eidgenossenschaft.

Im Verlauf des 14. Jh.s verloren die Habsburger allerdings fast ihren gesamten schweizerischen Besitz. Am Bodensee konnte sich durch das Fehlen einer starken Zentralmacht der niedere Adel mit Namen wie Waldburg, Zeil, Wolfegg, Trauchburg, Kißlegg und Waldsee profilieren und durch Vererbung, Heirat und Kauf beträchtlichen Besitz und Einfluss gewinnen. Die Insel Mainau war von 1272 bis 1805 Deutschordenskommende. Die Habsburger setzten wie schon die Staufer auf die **Förderung der Städte**. Eigene Gerichtsbarkeit und Verwaltung, Münzrecht und Zollprivilegien ermöglichten einzelnen Städten die Erlangung der Reichsfreiheit und den schnellen Aufstieg zu Handelsmetropolen in Verbindung mit der aufblühenden Leinen- und Barchentweberei. Als Reichsstädte hatten Überlingen, Lindau und Konstanz wirtschaftliches und politisches Gewicht. Tettnang war dagegen eine Gründung der Grafen von Montfort.

Seit dem frühen 14. Jh. gingen die großen Bodenseestädte untereinander Bündnisse ein, um den handelswichtigen Landfrieden zu wahren und ihre Freiheiten gegenüber dem Adel besser verteidigen zu können. Um 1380 entstand die erste Handelsgemeinschaft von Kaufleuten hauptsächlich aus Ravensburg, Konstanz und Lindau, die sich als Große Ravensburger Handelsgesellschaft bezeichnete. Wiederholt kam es in den Städten zu **Unruhen**, denn die Handwerkszünfte wollten die Alleinherrschaft des Kaufmannspatriziats nicht dulden. In Lindau erzwangen 1345 die Zünfte eine gleichberechtigte Stadtregierung aus Handwerkern und Handelsherren.

Spätmittelalter (15./16. Jh.)

1414–1418	Das Konstanzer Konzil beendet das Große Schisma.
1499	Die Schweiz scheidet aus dem Deutschen Reich aus.
Ab 1521	Die Reformation führt zu religiösen Auseinandersetzungen und zu Bauernaufständen.

Im Appenzeller Krieg (1401–1408) entlud sich der Zorn der Appenzeller Bürger und Bauern gegen den Abt von St. Gallen, der über sei-   **Appenzeller Krieg** ne Grundherrschaft und Vogteirechte eine volle Landesherrschaft durchsetzen wollte. Große Teile Vorarlbergs und die Stadt St. Gallen unterstützten die Appenzeller, während der Bund der Bodenseestädte, der schwäbische Adel und ein österreichisches Heer dem Abt von St. Gallen zur Seite standen. Trotz Niederschlagung des Aufstandes schloss Appenzell 1411 ein Bündnis mit der Eidgenossenschaft. Dank geschickter Politik gewann der Schweizer Bund weitere Territorien hinzu, z. T. als »zugewandte Orte«, die seinen Schutz genossen, aber zunächst nicht in die Eidgenossenschaft aufgenommen wurden, wie Thurgau und Appenzell, Schaffhausen und die Stadt St. Gallen.

Konstanzer Konzil

Eine Glanzzeit erlebte Konstanz mit dem 16. Ökumenischen Konzil von 1414 bis 1418, als sich ca. 50 000 Teilnehmer aus ganz Europa versammelten, um das Große Schisma von 1378 zu beenden. Zu Beginn des Konzils wurde der böhmische Kritiker der Papstkirche, **Jan Hus**, 1415 in Konstanz als Ketzer verbrannt. Nach Absetzung bzw. Rücktritt der drei in Avignon, Rom und Pisa gewählten Päpste wurde Martin V. 1417 gewählt und kehrte als allgemein anerkannter Papst endgültig nach Rom zurück. Im selben Jahr belehnte der deutsche König Sigismund den Nürnberger Burggrafen Friedrich VI. von Hohenzollern mit der Mark Brandenburg, so dass die Geburtsstunde Preußens am Bodensee schlug.

Konflikte Schweiz – Deutsches Reich

Als das Haus Habsburg 1439 die Schweiz wieder Österreich unterwerfen wollte, löste sich die Eidgenossenschaft formal vom Reich. In der Folgezeit betrieben die Stadt und die Abtei St. Gallen, Schaffhausen und Stein am Rhein die Aufnahme in die Schweizer Eidgenossenschaft, die ihrerseits 1460 den Thurgau eroberte. Zur Wahrung ihrer Interessen schlossen deshalb 1488 der württembergische Graf Eberhard im Bart, Herzog Sigmund von Tirol und die schwäbischen Reichsstädte den **Schwäbischen Bund**. 1495 wurde Graf Eberhard von Kaiser Maximilian zum Herzog von Württemberg ernannt, bevor es 1498/1499 zum Schwabenkrieg kam, der mit einer Niederlage für Kaiser und Reich endete, denn die Schweizer Eidgenossenschaft schied aus dem Deutschen Reich aus. Im **Frieden zu Basel** wurden die bis heute noch gültigen Staatsgrenzen zwischen Deutschland und der Schweiz im Bodenseegebiet festgelegt. Konstanz, das sich dem Schwäbischen Bund angeschlossen hatte, verlor dabei alle Hoheitsrechte im Thurgau und wurde Grenzstadt ohne eigenes Territorium. 1516, im Friedensschluss mit Frankreich, verzichteten die Schweizer auf die Rolle einer Krieg führenden Macht und proklamierten für die Zukunft vollkommene Neutralität. 1523 fiel die Nordhälfte der Herrschaft Bregenz an Habsburg, so dass Vorarlberg mit Ausnahme von Hohenems und Blumenegg unter österreichischer Herrschaft stand.

Die Reformation, 1521 in Konstanz durch **Ambrosius Blarer** eingeführt, brachte erneut Unruhe in die Bodenseeregion. Der Konstanzer Bischof musste nach Meersburg fliehen. Die Schweizer Städte Schaffhausen und St. Gallen nahmen die Lehre Zwinglis an. Im Friedensschluss 1531 nach dem Zweiten Kappeler Krieg, der mit der Niederlage und dem Tod Zwinglis endete, erhielten die Schweizer »Orte« das Recht, über ihr Glaubensbekenntnis selbst zu entscheiden. Das Herzogtum Württemberg wurde nach der Vertreibung Herzog Ulrichs von der Österreichischen Zwischenregierung unter Zwangsverwaltung (1520–1534) gestellt. Als der Herzog 1534 zurückkehrte, führte er die Reformation in seinem Land ein. Konstanz, das sich als Reichsstadt dem protestantischen Schmalkaldischen Bund angeschlossen hatte, geriet nach dessen Niederlage 1547 im Krieg gegen Kaiser Karl V. in Reichsacht, wurde 1548 zur österreichischen Landstadt degradiert und rekatholisiert.

Reformation

So zeichnete man den Bodenseeraum im Jahr 1540.

Bauernaufstände Wie andernorts wehrten sich im Zug der Reformation auch im südlichen Oberschwaben die Bauern gegen die immer drückender werdenden Lasten und schlossen sich 1525 zum »Seehaufen« zusammen, um ihre in den sogenannten Zwölf Artikeln aufgelisteten politisch-religiösen Forderungen durchzusetzen. Die Landbesitzer waren anfangs schlecht gerüstet und wollten durch Verhandlungen Zeit gewinnen. Dann aber schickte der Schwäbische Bund **Georg III., Truchsess von Waldburg**, später Bauernjörg genannt, mit einem Heer gegen die Aufständischen. Diese brachten daraufhin Buchhorn (heute Friedrichshafen), Meersburg, Kloster Salem, das Schloss der Grafen von Montfort in Tettnang und die Dörfer am Überlinger See kurzfristig in ihre Gewalt. Eine blutige Entscheidungsschlacht bei Weingarten, wo sich rund 20 000 Bauern gegen eine Minderzahl von Truppen unter dem Truchsess von Waldburg versammelt hatten, konnte jedoch verhindert werden, weil sich die Parteien auf die Einsetzung von Schiedsgerichten zur rechtlichen Klärung der bäuerlichen Forderungen bei gleichzeitiger Straffreiheit für die Aufständischen einigten. Dieser Vertrag wurde allerdings nie Realität, zumal andernorts die Bauernaufstände blutig niedergeschlagen wurden und das schwere Los der Bauern für lange Zeit unverändert blieb.

Wirtschaft Nach der Entdeckung Amerikas 1492 änderte sich die Wirtschaft Europas grundlegend durch den Überseehandel mit erheblichen Nachteilen für den Wirtschaftsraum Bodensee, der vom einst bedeutenden Umschlagplatz zur Durchgangsstation für den Güterverkehr auf den wichtigen europäischen Handelsrouten herabsank. Die **Textilherstellung** blieb zwar noch ein herausragender Wirtschaftssektor, verlagerte sich aber auf das Schweizer Bodenseeufer, vor allem nach St. Gallen, wo technisch bessere und qualitätsvollere Tuch- und Stickereiwaren produziert wurden. Auf der deutschen Seite hatte Konstanz seine Wirtschaftskraft eingebüßt, lediglich die Reichsstadt Lindau profitierte weiterhin vom Salzhandel und die Reichsstadt Überlingen vom Getreidehandel.

Vom Dreißigjährigen Krieg zum Wiener Kongress (1618 – 1815)

| 1618 – 1648 | Im Dreißigjährigen Krieg erobern die Kaiserlichen das protestantische Herzogtum Württemberg. |
| 1806 | Napoleon teilt das deutsche Bodenseegebiet unter den mit ihm verbündeten Großherzogtum Baden sowie den Königreichen Württemberg und Bayern auf. |

Dreißigjähriger Krieg Im Dreißigjährigen Krieg eroberten die Kaiserlichen das protestantische Herzogtum Württemberg, das sich Gustav Adolf von Schweden angeschlossen hatte. Die Schweden besetzten Buchhorn (heute Friedrichshafen), Bregenz und die Insel Mainau, belagerten jedoch Konstanz, Überlingen und Lindau vergeblich. Im **Westfälischen Frieden** von 1648 wurde die im Krieg neutral gebliebene Schweiz als souveräner Staat anerkannt, allerdings versäumte man, die politischen Grenzen im Bodensee festzulegen. Die wiederhergestellte feudale Ordnung und der Absolutismus ermöglichten in der zweiten Hälfte des 17. Jh.s Adel und Geistlichkeit in Oberschwaben und am Bodensee unter Ausnutzung aller Ressourcen eine nie zuvor gesehene Prachtentfaltung im Stil des Barock.

Zu Beginn des 18. Jh.s verteidigten die Vorarlberger im **Spanischen Erbfolgekrieg** ihr Land gegen Frankreich, und auch in den Napoleonischen Kriegen trug der Vorarlberger Landsturm 1799 bei Feldkirch einen Sieg über die Franzosen davon. 1798 war bereits die gesamte Schweiz von den französischen Truppen besetzt worden. Die alte Eidgenossenschaft wurde in die Helvetische Republik umgewandelt, einem künstlichen Einheitsstaat nach französischem Vorbild. Gegen Ende des 18. Jh.s gründeten Genfer Emigranten in Konstanz Textilmanufakturen, deren Nachfolger noch heute existieren. Schon im Vorfeld der Bauernbefreiung kam es zu den sogenannten Vereinödungen, bei denen zerstückelte Feldflächen zu einheitlichen Arealen zusammengelegt wurden. Die Zahl der Höfe schrumpfte, viele verarmte Landbewohner wanderten aus oder wurden Tagelöhner an den Webstühlen.

18. Jahrhundert

1803 führte der **Reichsdeputationshauptschluss** zur Auflösung der geistlichen Fürstentümer, wovon das Kloster Salem als größter Grundbesitzer am härtesten betroffen war. Mit diesen Ländereien wurde der deutsche Adel für seine an Frankreich abgetretenen linksrheinischen Gebiete entschädigt. Die Mediatisierung hatte die Eingliederung kleinerer Einheiten in größere politische Gebilde zur Folge und bedeutete den Verlust der Reichsfreiheit für die meisten Städte. Der römisch-deutsche Kaiser Franz II. proklamierte 1804 ein eigenes alle habsburgischen Erblande umfassendes österreichisches Kaiserreich und legte nach Gründung des Rheinbunds auf Druck Napoleons 1806 den römisch-deutschen Kaisertitel ab. Napoleon teilte schließlich das deutsche Bodenseegebiet unter den mit ihm verbündeten Großherzogtum Baden, Königreich Württemberg und Königreich Bayern auf, dem auch Vorarlberg zugeschlagen wurde, das sich 1813 jedoch wieder Österreich anschloss.

Ende des römisch-deutschen Kaiserreichs

1815 trafen sich in Wien die europäischen Staatsmänner, um die Neuordnung Europas nach dem Sturz Napoleons zu beschließen, und restaurierten die alte Fürstenherrlichkeit. Im gleichen Jahr regelte der Schweizer Bundesvertrag die politischen Angelegenheiten von nunmehr 22 Kantonen. Im **Frieden von Paris** wurde der Schweiz von der gegen Napoleon verbündeten Staatenwelt immerwährende Neutralität zugesichert.

19./20. Jahrhundert

1848	Revolution: Ausrufung der deutschen Republik
1900	Flug des ersten Zeppelins
1939 – 1945	Im Zweiten Weltkrieg bleibt der Bodensee weitgehend von Zerstörungen verschont.

Dampfschifffahrt Nach einer langen Periode der Bedeutungslosigkeit begann 1824 mit der Einrichtung der Liniendampfschifffahrt eine neue Ära am Bodensee, die auch das Entstehen des Fremdenverkehrs begünstigte.

Freiheits-bewegung Im Jahr 1848 rief **Friedrich Hecker** auf dem Konstanzer Stephansplatz die erste Deutsche Republik aus. Die Bewegung wurde jedoch im Keim erstickt, und die letzten Freischärler flüchteten in die Schweiz. Nach dem Scheitern der 1848er-Revolution auch andernorts hatten die Fürsten wieder das Sagen.

Kapital und Arbeit Um 1860 war die Mechanisierung bei Webereien und Spinnereien so weit vorangeschritten, dass man Teile Vorarlbergs und des Schweizer Seeufers mit der Textilproduktion im englischen Manchester verglich. Vor allem Schweizer Kapital wurde investiert, z. B. im wichtigen Eisenbahnknotenpunkt Singen am Hohentwiel, wo die Nahrungsmittelfabrik Maggi ihren Standort hatte. 1867/1868 verabschiedeten die Bodenseeanrainerstaaten in Bregenz eine Internationale Schiffahrts- und Hafenordnung (ISHO) für den Obersee und den Überlinger See und eine ähnliche Verordnung für die Schifffahrt auf dem Untersee und Rhein. Von 1879 an überquerte die Eisenbahnfähre den Bodensee von Friedrichshafen nach Romanshorn. Um 1900 machte eine technische Großleistung den Bodensee wieder interessant durch den Bau von lenkbaren Luftschiffen durch **Ferdinand Graf von Zeppelin** (▶ Berühmte Persönlichkeiten). Der Erstaufstieg des »LZ 1« fand im Jahr 1900 in Manzell bei Friedrichshafen statt.

Erster Weltkrieg (1914 – 1918) Während des Ersten Weltkrieges, in dem die Schweiz neutral blieb, wurden im Rahmen der Kriegsproduktion in den Zeppelinwerken in Friedrichshafen etwa ein Drittel der deutschen Flugzeuge gebaut. Kriegsmüdigkeit und soziale Not führten im letzten Kriegsjahr 1918 zu Großdemonstrationen der Arbeiterschaft in Friedrichshafen und Lindau.

Weimarer Republik (1919 – 1933) Nach dem Zusammenbruch des deutschen Kaiserreichs waren die Anfangsjahre der Weimarer Republik zunächst von sozialer Not geprägt, erst allmählich wuchs wieder Vertrauen in den grenzüberschreitenden Bodenseehandel und Tourismus. **Claude Dornier** (▶ Berühmte Persönlichkeiten) entwickelte in seiner Manzeller Flugzeugwerft bei Friedrichshafen eine Reihe von Großflugbooten.

Berühmt wurde der Bodensee durch die Zeppeline – hier »Graf Zeppelin« 1929.

Nach dem »Anschluss« Österreichs an das Deutsche Reich wurde Vorarlberg 1939 dem Reichsgau Tirol zugeschlagen. Von den Verheerungen des Zweiten Weltkrieges (1939–1945), in dem die Schweiz ihre traditionelle Neutralität wahren konnte, blieben die Ufer des Bodensees – mit Ausnahme der Industriestadt Friedrichshafen und ihrer Rüstungsbetriebe – weitgehend verschont.

National-sozialistische Herrschaft (1933–1945)

Am Ende des Zweiten Weltkriegs wurden die Gebiete am Bodensee von alliierten Truppen besetzt und den französischen Besatzungszonen in Deutschland und Österreich zugeordnet. In der Nachkriegszeit entwickelte sich der deutsche Bodenseeraum allmählich zu einem Ferien- und Erholungsgebiet. In der Bundesrepublik Deutschland wurden nach heftigen Auseinandersetzungen die Länder Baden, Württemberg-Baden und Württemberg-Hohenzollern zum Bundesland Baden-Württemberg durch die Volksabstimmung von 1951 zusammengefasst. Elisabeth Noelle-Neumann gründete 1947 in Allensbach das **Institut für Demoskopie**, um den Wiederaufbau Deutschlands durch kritische Meinungsumfragen zu begleiten.
1963 wurde die einzige **Seegfrörne** des 20. Jh.s wie ein Volksfest gefeiert. Die legendären Zeppeline erstanden mit dem neuen **Zeppelin NT** wieder auf. Dieser startete 1997 zu seinem Jungfernflug und führt heute Rundflüge über den Bodensee durch. 1999 wurde der Bodensee von einem schweren Hochwasser heimgesucht.
Eine der größten Katastrophen in der europäischen Luftfahrt ereignete sich 2002 in der Nähe von Überlingen bei dem Zusammenstoß einer russischen Passagiermaschine der Baskirian Airlines mit einer deutschen Frachtmaschine des Paketdienstes DHL, bei dem 71 Passagiere, überwiegend Kinder und Jugendliche, ums Leben kamen.

Nach 1945

Kunst und Kultur

Warum gehören die romanischen Wandmalereien in der Kirche St. Georg auf der Reichenau zum UNESCO-Weltkulturerbe? Wie errichteten die Zisterzienser das Kloster Salem? Wie sieht das Vorarlberger Bauschema aus?

Kunstgeschichte

Römische Antike

Der Bodenseeraum gelangte erst seit der Regierungszeit von Kaiser Augustus unter römischen Kultureinfluss, der überwiegend von den an der römischen Reichsgrenze stationierten Soldaten vermittelt wurde. Eine **provinzialrömische Kultur** entfaltete sich von der Mitte des 1. bis zur Mitte des 3. Jh.s n. Chr. in den größeren Orten Raetiens wie Brigantium (Bregenz), Constantia (Konstanz), Arbor Felix (Arbon) und Tasgaetium (Burg bei Stein am Rhein). Kastelle, Heerstraßen, Wasserleitungen, Thermenanlagen, Foren mit öffentlichen Gebäuden, Mietskasernen und vornehme Atriumhäuser sowie stattliche Gutshöfe auf dem Land gehörten zum Erscheinungsbild der römischen Zivilisation.

Auf dem Gebiet der Skulptur übernahmen die Römer meist in Form von Kopien griechische Statuen, schufen aber selbst meisterhafte Porträtbüsten und Reliefszenen auf Sarkophagen. Farb- und formreiche Mosaike sowie Wandmalereien, Glaskunst, Kleinbronzen, Gemmen, Kameen, Medaillen und Silbergeschirre zählen ebenfalls zu den kunsthandwerklichen Leistungen der Römer. Einblicke in die provinzialrömische Kultur vermitteln die Funde im Archäologischen Landesmuseum in Konstanz und im Vorarlberger Landesmuseum in Bregenz.

Romanik

Karolingische Kunst

Nach den Wirren der Völkerwanderungszeit und dem Untergang des Weströmischen Reichs vollzog sich vom Ende des 8. bis zum frühen 10. Jh. eine Erneuerung der christlichen Kunst durch das Erbe der Antike, vor allem durch die Übernahme spätantik-byzantinischer Vorbilder, die sich mit germanischen Formen im Frankenreich durchdrangen. Großartigstes Beispiel spätkarolingischer Baukunst ist die Stiftskirche **St. Georg von Oberzell** auf der Reichenau. Über der frühen Form einer Hallenkrypta mit vier Säulen erhebt sich die von 896 bis 913 erbaute flach gedeckte Säulenbasilka als doppelchörige Anlage. Das Querhaus ist zellenartig angelegt mit abgeteilter Vierung, über der ein gedrungener Turm emporwächst.

Von der einst bedeutenden karolingischen Pfalz **Potoma** als königlicher Verwaltungs- und Aufenthaltsort, die nahe der heutigen Pfarrkirche von Bodman stand und von der sich als Bodamersee der Bodenseename herleitet, ist nichts mehr erhalten. Auch von der großartigen Buchmalerei in den Klöstern der Reichenau ist bis auf ein Evangelistar des späten 10. Jh.s in der Schatzkammer von Mittelzell vor Ort nichts mehr zu finden. Nur die Klosterbibliothek von

← Ein Meisterwerk ist der Zürnaltar im Überlinger Münster.

St. Gallen bewahrt noch kostbare illuminierte Handschriften vom Früh- bis zum Hochmittelalter. Vermittelt durch die Hofschule Karls des Großen, wandten sich die anfangs noch vom Ornament und Tierstil geprägten Illuminatoren der Handschriften immer mehr der ausdrucksvollen Darstellung der menschlichen Gestalt zu. Auch die Schmuck- und Elfenbeinschnitzkunst, vornehmlich bei Buchdeckeln, erlebte einen Aufschwung. In der kleinen **Sylvesterkapelle in Überlingen-Goldbach** befinden sich karolingische Wandmalereien des 9. Jh.s mit Wundertaten Christi im saalartigen Langhaus sowie einer Reihe von auf einer Bank sitzenden, ins Gespräch vertieften Aposteln im rechteckigen Chorraum.

Ottonische Kunst Die sich aus den Namen dreier römisch-deutscher Kaiser (Otto I. bis Otto III.) herleitende Stilstufe der frühen Romanik in Nachfolge und Fortsetzung der karolingischen Kunst von der 2. Hälfte des 10. Jh.s bis ins erste Viertel des 11. Jh.s zeichnet sich durch den Bau monumentaler doppelchöriger Basiliken aus, die im Innern zum Teil mit Emporen und Stützenwechseln zwischen Säule und Pfeiler ausgestattet sind. Das gebundene System nach der Maßeinheit des Vierungsgrundrisses führt zu einer harmonischen Ordnung der blockhaften Bauteile. Trotz einiger baulicher Veränderungen wie der Einfügung eines gotischen Chors bietet das **Münster St. Maria und St. Markus in Mittelzell auf der Reichenau** als dreischiffige doppelchörige Basilika mit östlichem und westlichem Querhaus einen guten Raumeindruck vom frühromanischen Kirchenbau des 10./11. Jh.s.
Im Konstanzer Münster bildet die Krypta des 10. Jh.s einen dreischiffigen Raum mit sechs Säulen. Zeitgleich erreicht die Buch- und Wandmalerei in den **Klöstern St. Gallen und auf der Reichenau** eine zuvor unbekannte Vergeistigung und Monumentalisierung des Menschenbildes (▶ Baedeker Special S. 44/45). Einmalig sind die monumentalen Wandmalereien (um 1000) in **St. Georg in Reichenau-Oberzell** mit Darstellungen der Wundertaten Christi. Der Erzählstil fasst die zeitlich nacheinander folgenden Geschehnisse nach byzantinischer Art in einem Bildraum zusammen.

Salische Kunst Während der hochromanischen Epoche von 1050 bis 1150 unter der Herrschaft der römisch-deutschen Kaiser aus dem Geschlecht der Salier, die neben der Geistlichkeit und dem Hochadel Stifter und Träger der meisten Großbauten waren, entstand in **Konstanz** in der zweiten Hälfte des 11. Jh.s der hochromanische Langbau der **Münsterkirche** mit seiner eindrucksvollen Säulenarkadenreihe im Mittelschiff. Auf der Reichenau bietet trotz teilweiser Barockisierung die ehemalige Stiftskirche **St. Peter und Paul in Niederzell** als Säulenbasilika mit formschönen Kapitellen und ursprünglichem Dreiapsidenchor einschließlich der Zentralapsisausmalung mit dem thronenden Christus inmitten der Evangelistensymbole und den beiden Kirchenpatronen ein gutes Raumbild des ausgehenden 11. Jh.s, in das sich auch noch die zwei übereinander geordneten Bogenreihen mit Propheten und

Aposteln (um 1100) einreihen. Die Klosterkirche **St. Georgen** (um das Jahr 1060) in **Stein am Rhein** bildet den Bautypus einer flach gedeckten Säulenbasilika ohne Querschiff. In **Schienen** hat sich mit der Kirche **St. Genesius** eine schlichte flach gedeckte Pfeilerbasilika des 11. Jh.s erhalten. Vereinzelt gibt es in den Kirchenschätzen noch romanische Ausstattungsstücke wie Weihwasserkessel, Reliquienbehälter und Kruzifixe, z. B. in der Schatzkammer des Münsters von Reichenau-Mittelzell.

Die **spätromanische Epoche** von 1150 bis 1250, in etwa zeitgleich mit der Herrschaft der Stauferkaiser, gibt dem Profanbau neue Impulse, beispielsweise durch den Pfalz- und Burgenbau und nicht zuletzt durch den Rathaus- und Wohnbau vor allem in den von den Stauferkaisern begünstigten Reichsstädten. Blockhafte Bauformen, mit Rundbogenportalen und Zwillingsfenstern mit Überfangbö-

Romanische Wandmalereien der Kirche St. Peter und Paul in Reichenau-Niederzell

gen verziert, herrschten vor. Durch vielfache Überbauung sind jedoch nur wenige Reste staufischer Baukunst in den Bodenseestädten erhalten. Die **Meersburg** in Meersburg ist im Kern ein imposanter stauferzeitlicher Burgbau, der möglicherweise sogar auf das 7. Jh. zurückgeht. Der Rheintorturm in Konstanz vermittelt noch einen Eindruck der Stadtbefestigung um 1200, auch Teile des Mauerrings von Lindau wie die Heidenmauer oder der Mangturm gehören ins ausgehende 12. und frühe 13. Jahrhundert. In Arbon entstand in dieser Zeit ebenfalls der Turm des Schlosses. In der Krypta des Konstanzer Münsters hängen die wohl Anfang des 13. Jh.s als Bauzier gestalteten Holzscheiben mit kupfervergoldeten Darstellungen der hll. Konrad und Pelagius sowie eines Adlers als Johannessymbol.

Gotik

Von Frankreich her hält der gotische Baustil im Verlauf des späten 13. und 14. Jh.s Einzug in den Bodenseeraum. Der extreme Vertikalismus der französischen Gotik findet aber keine unmittelbare Nachahmung. Fein gegliederte Türme, figurenverzierte Portale, Spitzbogen und buntfarbige Maßwerkfenster, äußeres Strebewerk zur Stüt-

Sakralbau

◀ weiter S. 46

Der prächtige Folchart-Psalter entstand um 870 in St. Gallen.

MALENDE MÖNCHE

Vom 8. bis zum 11. Jh. waren die Klöster in St. Gallen und auf der Insel Reichenau bedeutende Zentren der Buchmalerei, in denen die prachtvollsten Bilderhandschriften Europas gefertigt wurden.

Es waren irische Wandermönche, die in den noch jungen Benediktinerklöstern im Bodenseeraum der traditionsreichen Buchmalerei im 7. und 8. Jh. neue Impulse gaben und besonders dem Kloster St. Gallen zur ersten Blüte der illuminierten Bücher verhalfen. Vor der Erfindung des Buchdrucks mussten in den von Mönchen betriebenen Skriptorien, den Schreibwerkstätten der Klöster, Abschriften für die Verbreitung von Büchern hergestellt werden. Diese Atelierbetriebe waren in der Lage, die Gesamtherstellung von Büchern – von der Zubereitung des Pergaments bis zur Illumination und Bindung – durch entsprechende Fachkräfte zu übernehmen.

Im Skriptorium

Der St. Gallener Klosterplan wies das Skriptorium als ein geräumiges Gebäude aus, und man vermutet, dass dort mindestens sieben Schreiber ständig tätig waren, die an Stehpulten kostbare Handschriften bearbeiteten. Die Schreiber sorgten für die kunstvolle Schrift, dem Miniator oblagen die Bildumrandungen und Initialen,

die Anfangsbuchstaben sowie die farbigen Kapitelüberschriften. Die zum Teil ganzseitigen illustrativen Bildszenen dagegen schuf der Illuminator. Geschrieben und gemalt wurde auf Pergament, auf geglätteter Tierhaut also, wobei die Ausschmückung der Seiten durch Rohrfeder mit Tusche über Pinselzeichnungen mit Wasserfarben bis zu aufwändiger Deckfarben- und Goldmalerei reichte. Zum Schluss wurde das Schreibwerk in einen prachtvollen Einband mit kunstvollen Beschlägen und Schließen gebunden. Hauptsächlich dienten die Abschriften der Nutzung der eigenen Klosterbibliothek zu Studienzwecken. Vielfach gab es aber auch auswärtige Auftraggeber für die klösterlichen Skriptorien, häufig Geistliche, aber auch Fürsten und königlich-kaiserliche Familienmitglieder, die die Bilderhandschriften zur Ehre Gottes, für ihr eigenes Seelenheil und für Kirchen und Klöster stifteten.

St. Gallener Psalter

Das lebhafte Interesse nicht zuletzt der karolingischen Herrscher führte bereits unter Abt Hartmut zur Auf-

*Kostbares Evangelistar (9. Jh.) aus
der Reichenauer Malschule*

wertung der Buchmalerei in St. Gallen, und so entstand der ihm gewidmete Folchart-Psalter um 870 als Prachthandschrift. Der Psalter war als liturgisches Buch eine Sammlung der 150 Psalmen des Alten Testaments für das Stundengebet. Unter dem von 890 bis 919 regierenden Abt Salomon III. gewann das St. Gallener Skriptorium europaweiten Ruf durch den Schreiber und Maler Sintram und den Dichter Notker Balbulus. Sintrams und seiner Mitarbeiter Meisterwerk ist das **Psalterium Aureum**, der Goldene Psalter, benannt nach der goldenen Schrift und der reichen Goldornamentik, die zum Teil auf ganzseitigen Minaturen zum Ausdruck kommt. Die St. Gallener Schule entwickelte einen dekorativen Linienstil mit Rahmenleisten und bewegtem Umriss der Figuren, die auf dem purpurnen Hintergrund ausgespart waren.

Reichenauer Schule

Unter der Herrschaft Kaiser Ottos I. (962–973) verstärkte sich die staatskirchliche Tendenz. Die Schaffung von mächtigen Reichsklöstern war die Folge, verbunden mit einem starken Aufschwung regionaler Buchmalereizentren durch kaiserliche Förderung. Unter den sächsischen Kaisern profitierte am meisten davon das Kloster Reichenau, wo im 10./11. Jh.

die kostbarsten und prächtigsten Handschriften des Reiches geschaffen wurden. Das Reichenauer Skriptorium stand zwar stilistisch in der Nachfolge St. Gallens, erwarb sich aber durch seinen neuartigen zeichnerischen Realismus und das plastische Formverständnis eigene Verdienste. Berühmte Meisterleistungen sind der **Egbert-Psalter** (um 980) mit vielen Heiligen- und Bischofsdarstellungen sowie das **Evangeliar Ottos III.** (um 1000) und das **Perikopenbuch Heinrichs II.** (1002–1013). Ihre Vollendung findet die Reichenauer Schule in der Monumentalmalerei der neun Wundertaten Christi (985–997) auf den Mittelschiffwänden der St.-Georg-Klosterkirche in Oberzell. Dieser Zyklus zählt weltweit zu den bedeutendsten romanischen Wandmalereien. Der ins Langhaus eintretende Betrachter nimmt das Wundergeschehen in Teilszenen wahr, wobei die großen Rechteckbildfelder durch hervorragende Komposition und Farbabstufungen ebenso bestechen wie die quasiperspektivische Sichtweise in der Landschafts- und Architekturdarstellung. Nach dem Jahr 1050 schwindet die führende Rolle der Reichenauer Schule in der Buchmalerei, doch ihre kostbaren Werke zeugen noch heute vom mönchischen Leben, eingebunden in Gebet, Arbeit und Kunstschaffen.

zung der Hochschiffwände und mehrteilige Wandgliederungen im Innern sind Eigenarten des gotischen Kirchenbaus. Kreuzgewölbe bilden die Raumabschlüsse, deren Rippen vor allem in der Spätgotik immer dekorativer zu Stern- und Netzgewölben gestaltet werden. Vom ehemaligen **Dominikanerkloster in Konstanz** hat sich der Kreuzgang (um 1260–1270) mit schönen frühgotischen Spitzbogenarkaden erhalten.

Als kleiner zwölfeckiger Sandsteinbau wurde um 1280 das **Heilige Grab** in frühgotischen Maßwerkformen mit Figuren aus der Jugend Christi sowie der Zwölf Apostel in der Mauritiusrotunde des Konstanzer Münsters errichtet. Bedeutendster Sakralbau der Hochgotik ist die **Kirche der ehemaligen Zisterzienserabtei Salem**, die in sparsamer Bauornamentik ab 1297 als kreuzförmige Basilika errichtet wurde. Die nach den Ordensbaugewohnheiten turmlose, aber nunmehr stark durchfensterte Westfassade erhielt einen schmuckreichen Dreiecksgiebel und das nördliche Querhaus ein großes Maßwerkfenster als Abschluss.

Das Heilige Grab im Konstanzer Münster

Im **Konstanzer Münster** wurden im Übergangsstil von der Hoch- zur Spätgotik die Seitenschiffe, der Kreuzgang, der Kapitelsaal und die Turmanlage umgestaltet. Virtuos gemeißelt wurde im nördlichen Querhaus des Konstanzer Münsters die »Schnegg« genannte Spindeltreppe (um 1438) mit Brüstungsreliefs. Das Überlinger Münster St. Nikolaus bietet ein gutes spätgotisches Raumbild des 15./16. Jh.s mit Laubwerkkapitellen an den Rundstützen und einem Netzrippengewölbe mit Rankenmalerei.

Profanbau

Im Profanbau schmückte ein offener Laubengang das Erdgeschoss, Spitzbogenportal und Kreuzstockfenster gliederten die Fassaden, und die Giebelseiten wurden getreppt oder gestuft. Die Altstadtgassen und Plätze von Konstanz, Meersburg und Lindau bilden zum Teil noch recht ansehnliche Ensembles meist spätgotischer Bürger- und Zunftbauten. Eindrucksvoll ist in Konstanz das sogenannte Konzilsgebäude, das 1388 als wuchtiges Korn- und Lagerhaus mit markantem Speicherdach am Seeufer entstand.

Skulptur

Die anmutige, im typisch gotischen S-Schwung in reichem Faltenwurf gearbeitete Muttergottes aus Sandstein in Reichenau-Mittelzell, der thronende hl. Nikolaus am Choreingang des Überlinger Münsters und die majestätische Sitzmadonna im Konstanzer Rosgartenmuseum sind Höhepunkte der Skulptur des 14. Jh.s. Bedeutende Gold- und Silberschmiedearbeiten des 14. und 15. Jh.s waren Schreine in Treib- und Gravurtechnik wie der Markusschrein (um 1303) und der Johannes- und Paulusschrein (1310–1320) in Reichenau-Mittelzell sowie der Hausherrenschrein (1412/1540) im Überlinger Münster. Ab 1489 wurde das **Rathaus** in der Reichsstadt **Überlingen** erweitert und erhielt dabei einen durch Jacob Ruß getäfelten Ratssaal (1490–1494) mit Stabwerk, Kielbögen, Rankengeflecht sowie Figuren zur Reichs- und Stadtgeschichte.

Die 1348 datierte Kreuzigungsdarstellung in der Oberen Sakristei des **Malerei**
Konstanzer Münsters ist ein ausdrucksvolles Beispiel des feinlinigen
Stils der internationalen Gotik, der sich in mehreren Kapellenausma-
lungen im 15. Jh. fortsetzt. Der einfache Rechtecksaal der **Leonhards-
kapelle in Landschlacht** ist fast vollständig ausgemalt mit Fresken
der Passion (um 1350) und einem Leonhardszyklus (um 1432). In
der Kirche Unserer Lieben Frau in Eriskirch schildern die Chorfresken (um 1400–1410) Ereignisse aus dem Alten Testament und die
Langhausfresken (bis 1430) aus dem Neuen Testament.

Unter dem Eindruck des Konstanzer Konzils entstanden um 1417
die Fresken in der **Konstanzer Augustinerkirche** mit Anspielungen
auf die damaligen programmatischen Auseinandersetzungen. Ein
hervorragendes Werk der Glasmalerei ist das in leuchtenden Farben
gehaltene Stifterfenster (1412–1427) des Grafen Heinrich von Montfort in der Eriskircher Kirche. Selten frühe Beispiele der Profanmale-
rei sind die Darstellungen der Leinen- und Seidenherstellung im
Haus zur Kunkel (um 1312) in Konstanz.

Renaissance und Manierismus

Die in Italien zwischen 1420 und 1520 vollzogene Ablösung der Gotik durch die Renaissance erfolgte im Bodenseeraum erst ab Mitte
des 16. Jh.s und durchmischte sich mit den Formen der Spätgotik
zum Manierismus. Vor dem Hintergrund tiefgreifender Erschütte-
rungen des traditionellen Weltbilds durch Entdeckungsfahrten, Reformation, Bauernkriege, Türkengefahr verlor die klassisch-antike
Kunst ihre Vorbildfunktion und wurde durch einen manierierten,
d. h. sehr künstlichen und unnatürlichen Formwillen verdrängt.

Auffallend ist der spielerische Umgang mit konstruktiven Elementen **Baukunst**
und die Ornamentfülle in der Baukunst. Schweifwerk, gesprengte
Tor- und Fenstergiebel, Figurennischen, Roll- und Beschlagwerk sowie illusionistische Fassadenmalereien schmücken vor allem Bürgerbauten und Rathäuser in Konstanz, Meersburg, Lindau und Stein am
Rhein. **Schloss Heiligenberg** ist ein eindrucksvolles Stilbeispiel für
den Manierismus mit einem um 1600 prächtig gestalteten Rittersaal,
dessen überreich geschnitzte Kassettendecke Jörg Schwartzenberger
aus Meßkirch schuf. Für die Grafen von Hohenems baute Martino
Longhi ab 1562 einen Renaissancepalast italienischer Prägung mit
antikisierenden Blendbögen, Nischen und Gesimsbändern.

Die perspektivische Erschließung des Raums in Verbindung mit der **Malerei**
Entdeckung der Landschaft und die humanistische Sicht auf den
Menschen bestimmen die Renaissancemalerei. Der Festsaal des Abtes
David von Winkelheim im **Kloster St. Georgen von Stein am Rhein**
wurde bis 1516 u. a. mit römischen Geschichtsthemen und einer anschaulichen Schilderung der Zurzacher Messe von Thomas Schmid
und seinem Gehilfen Ambrosius Holbein höchst lebendig ausgemalt.

Detail des herrlichen Zürn-Altars im Überlinger Münster

Die Skulptur des Manierismus im Bodenseeraum wurde geprägt von Hans Morinck, der seit 1578 in Konstanz im Münster und in St. Stephan Grabdenkmäler, eine ausdrucksvolle Annengruppe, Passionsreliefs und ein elegantes Sakramentshäuschen gestaltete. Von den Händen **Jörg Zürns und seiner Brüder** stammen ab 1606 die bedeutendsten und zugleich größten vielszenigen Schnitzaltäre hauptsächlich im Überlinger Münster. Die hoch getürmten Aufbauten präsentieren eine Fülle figürlicher und ornamentaler Plastik.

Barock und Rokoko

Weniger die Bürger, sondern Fürsten und katholische Geistlichkeit sind die Auftraggeber für die sinnenfrohe Prachtentfaltung nach dem Elend des Dreißigjährigen Kriegs. Die Baumeister des Barock ab Mitte des 17. Jh.s und seiner als Rokoko bezeichneten Spätphase ab etwa 1730 neigen zu zentralisierenden Raumkonzeptionen. Kuppeln und gestufte Türme, vor- und zurückspringende Glieder verleihen den Baukörpern der Kirchen und Schlösser Schwung und Bewegung. Aufwändige Innenausstattungen in farbigem Stuckmarmor mit verspieltem Dekor, Figuren von verzücktem Ausdruck und großartige Illusionsmalerei steigern das Raumerlebnis, wobei vielfach die Auflösung der Grenzen zwischen Architektur, Malerei und Plastik im Sinn eines Gesamtkunstwerks angestrebt wird.

Sakralbau Eine Besonderheit im barocken Sakralbau Süddeutschlands und der Schweiz war um 1700 die Abkehr vom italienischen Vorbild zugunsten der Durchsetzung des sogenannten Vorarlberger Bauschemas
Vorarlberger Bauschema ▶ durch eine Gruppe von Baumeistern und Handwerkern überwiegend aus Au im Vorarlberg wie den Familien **Thumb und Beer** sowie Caspar Moosbrugger. Sie errichteten Wandpfeilerkirchen als einschiffige tonnengewölbte Räume, die anstelle von Seitenschiffen kräftige in das Schiff hineinragende Wandpfeiler erhalten, die Kapellennischen ausbilden, über denen Emporen liegen. Das Querschiff ist schmaler als das Mittelschiff und nur wenig ausladend. Der eingezogene lang

gestreckte Altarraum führt zur Verbreiterung der Chorseitenräume, so dass der Eindruck einer Emporenhalle entsteht, da die Pfeiler von der Basis als Freipfeiler hochgezogen werden. Von 1695 bis 1701 entstand die doppeltürmige **Schlosskirche von Friedrichshafen** unter der Bauleitung von Christian Thumb als Wandpfeilerhalle mit geraden, aber nicht durchlaufenden Emporen.

Die Klosterkirche **St. Remigius** (1711–1716) **in Münsterlingen** ist ein kleines Meisterwerk von Franz Beer in der Zusammenfügung von einem durch Wandpfeiler gegliederten und tonnengewölbten Langhaus mit querschiffartigem Ovalkuppelbau und Rechteckchor mit Tambourkuppel. Die **Kathedrale von St. Gallen** (1755–1766) ist die gemeinsame Schöpfung von Peter Thumb, der Langhaus und Rotunde schuf, und Johann Michael Beer, der den Chor mit Doppelturmfassade errichtete. Hier glückte die im Barock stets angestrebte harmonische Durchdringung von Zentralbau und Längsrichtungsbau. Der kreisrunde Mittelbau korrespondiert nach Osten und Westen mit gleichen Längsbauten, alle begleitet von zwei Seitenschiffen.

Glanzvoller Höhepunkt des Rokoko ist die Wallfahrtskirche **Birnau** (1746–1750) von Peter Thumb, der sie nicht im Vorarlberger Bauschema errichtete, sondern als Saalkirche, die durch drei kleiner werdende Räume gestaffelt ist. Das Langhaus schwingt leicht aus, Chorraum und Apsis werden mit Bogendurchgängen schmaler angegliedert. Der Emporenumgang passt sich den ebenfalls ausschwingenden Wandformen harmonisch an. Die zweigeschossige Wandgliederung leitet über in das mit Stichkappen versehene Spiegelgewölbe im Langhaus sowie in die Kuppeln von Chor und Apsis.

Der barocke Schlossbau im Bodenseegebiet war zunächst dem französischen Vorbild als symmetrischer Flügelbau mit vorderem Ehrenhof und rückwärtiger Parkanlage verpflichtet. Das **Mainauschloss** (1739–1746) ist eine Schöpfung von Giovanni Gaspare Bagnato als Dreiflügelanlage mit betontem Mitteltrakt. Die Konstanzer Fürstbischöfe ließen sich von 1712 bis 1741 das **Neue Schloss in Meersburg** errichten mit Planungsbeigaben von Christoph Gessinger, Balthasar Neumann und Franz Anton Bagnato. Im vorgezogenen Mitteltrakt befindet sich das repräsentative Treppenhaus, von dem man im ersten Geschoss den prächtigen Festsaal erreicht. Christoph Gessinger war der Schöpfer des **Schlosses von Tettnang** (1712–1725), das nach einem Brand durch Jakob Emele von 1755 bis 1770 als viertürmiger, würfelförmiger Bau mit mittenbetonten dreigeschossigen Flügeln wiederhergestellt wurde.

Da die Klöster und Bischofskirchen auch Stätten der Bildung waren, sollten für die kostbaren Handschriften und Drucke benutzerfreundliche und repräsentative Bibliotheksbauten entstehen. Der Büchersaal der **Stiftsbibliothek** (1758–1767) in **St. Gallen** ist ein bewegter, in seinen Maßen ausgewogener und festlich gezierter Raum.

Vielfach wurden die älteren Fachwerkhäuser im späten 17./18. Jh. in den Städten durch mehrgeschossige Steinhäuser mit ausgebautem

Profanbau
◀ Schlossbau

◀ Bibliotheksbau

◀ Wohnbau

Mansardendach ersetzt. Die Fassaden wurden mit Bandel- und Laubwerk oder Lüftlmalerei fantasievoll geschmückt. Das erste Geschoss wurde in der Regel mit vornehmen Wohnräumen wie im Schlossbau zur Beletage ausgebaut. Barocke Ensembles findet man u. a. in den historischen Zentren von Meersburg, Lindau und St. Gallen. In **Lindau** ist das **Haus zum Cavazzen** ein imposanter Barockbau (1728/1729) mit Bemalung und geschwungenem Dach und das **Neue Rathaus** ein dekorativer schlossartig breiter Bau (1706–1717).

Malerei Der Barockmalerei, die wie kaum zuvor funktionell an die Architektur gebunden war, wuchs die Aufgabe zu, den Raum durch Wand- und Deckengemälde illusionistisch zu erweitern. Damit trennte sich die Entwicklung des Freskos, das beispielsweise in der Deckenausmalung raumsprengend den Himmel auf Erden sichtbar machen sollte, von der Tafelmalerei, die in den Formaten und Möglichkeiten der Illusionisierung zurückblieb, wenngleich Bewegungsdramatik und Helldunkelkontraste als Neuerungen aufgegriffen wurden. Wie die Architektur war auch die Malerei **Repräsentationskunst** der Epoche des Absolutismus und diente der Bestätigung und Verherrlichung des Machtanspruchs ihrer Auftraggeber aus dem Hochadel und der hohen Geistlichkeit.

Im kirchlich-religiösen Bereich stand die »ecclesia triumphans« (»triumphierende Kirche«) im Mittelpunkt mit den Hauptthemen der Dreifaltigkeit, der Glorifizierung Jesu, der Verherrlichung Mariens, der Ausbreitung des christlichen Glaubens in den vier damals bekannten Erdteilen sowie den Legenden und Visionen der Heiligen. In den Schlössern und Rathäusern kamen weltliche Programme zur Ausführung, die den Malern allerdings auch keine größere Freiheit erlaubten.

Nach einem strengen ikonografisch-allegorischen Schema wurden die triumphalen Verherrlichungen regierender Häuser und politische Allegorien gemalt. Die Darstellung des guten Regiments und die Wiedergabe herrscherlicher Tugenden waren weitere Themen. Giuseppe Appiani freskierte von 1761 bis 1764 die Gewölbedecke des Treppenhauses und des spiegelgezierten Festsaals im **Meersburger Neuen Schloss**. Im Treppenhaus gleitet der Blick über die griechischen Götterpaare Zeus und Hera, Poseidon und Demeter zum Regenten Kardinal von Rodt, der ganz oben als Friedensbewahrer und Förderer der Künste erscheint.

Vor allem die Stuckateure erhielten ein weites Aufgabenfeld bei der Ausschmückung von Kirchen und Schlössern. So dekorierte Johann Schmuzer in den Jahren 1698 bis 1700 die **Schlosskirche von Friedrichshafen** mit weißen Blumengirlanden, Weinranken, Früchtegehängen und Muscheln.

Ein Meisterwerk der bewegungsreichen Barockfigur ist der stuckmarmorne Honigschlecker-Putto (um 1750), auf die Redekunst Bernhards von Clairvaux anspielend, von Joseph Anton Feuchtmayer in der **Wallfahrtskirche Birnau**.

Klassizismus

Als Antwort auf die schwelgerische Formenvielfalt des Barock griff der Klassizismus in der bürgerlichen Gesellschaft nach der Französischen Revolution verstärkt auf das Kunstideal der griechisch-römischen Antike zurück und entwickelte eine klar gegliederte Architektur aus antikisierenden Versatzstücken. Allerdings wurde regional oder örtlich nicht immer stilrein gestaltet. In Hohenems errichtete Jakob Scheiterle in den Jahren 1796/1797 mit St. Karl Borromäus einen klassizistischen Saalbau. Michel d' Ixnard gab dem Chorraum im **Konstanzer Münster** ein klassizistisches Gepräge. Als führende Bildhauer des Frühklassizismus schufen Johann Georg Dirr und sein Schwiegersohn Georg Wieland in kühler, strenger Formensprache zwischen 1771 und 1794 den Hochaltar und 26 Nebenaltäre in der **Klosterkirche von Salem**. **Schloss Arenenberg**, von 1823 bis zu ihrem Tod 1837 Aufenthaltsort von Hortense Beauharnais, der Mutter

Schloss Arenenberg bei Ermatingen: eleganter Wohnsitz von Hortense Beauharnais, der Mutter Kaiser Napoleons III.

Napoleons III., erhielt ein nobles klassizistisches Interieur. Die bürgerlich-ländliche Spielart des Klassizismus hat den Wiederaufbau des Dorfs Heiden nach einer Brandkatastrophe 1838 in der Epoche des Biedermeier einheitlich geprägt mit Dorfplatz, Kirche, Rathaus und Bürgerbauten mit antikischen Stilelementen.

Vom Historismus zur Moderne

Architektur   Um die Mitte des 19. Jh.s kam als Gegenbewegung zum Klassizismus der Historismus auf mit der Verwendung früherer Stile von der Neuromanik bis zum Neubarock, die bei Bahnhöfen, Rathäusern, Bankgebäuden, Fabrikantenvillen und Hotels Verwendung fanden. **Schloss Montfort in Langenargen** präsentiert sich seit 1866 in einer Art maurischem Stil. Mit Jugendstilelementen durchmischt, wurde der **Hauptbahnhof in Lindau** zwischen 1913 und 1922 gebaut. Zu Beginn des 20. Jh.s entstand als Reaktion auf die dekorativen Baustile der Vergangenheit der Funktionalismus, wie er im ehemaligen **Hafenbahnhof (heute Zeppelin Museum) von Friedrichshafen** zur Geltung kam. Erich Hagenmeyer schuf 1933 den plastisch durchgeformten Baukörper mit Turm und Flachdach unter dem Einfluss des Bau-

Funktionalistischer Stil am ehemaligen Hafenbahnhof in Friedrichshafen

hausstils. Kubische Formen kennzeichnen den Klinkerbaukörper der **St.-Petrus-Canisius-Kirche** (1927/1928) in **Friedrichshafen** von Hugo Schlösser und Friedrich Wilhelm Laur. Ebendort errichtete Wilfried Beck-Erlang von 1960 bis 1962 die **Kirche zum Guten Hirten** als zentralisierten Betonschalenbau. Hanns Schlichte variierte in seinem Kirchenbau **St. Columban** 1966 die Pyramide als geometrische Form in Schiff und Turm. Von 1966 bis 1972 entstanden unter Leitung von Wenzeslaus Ritter von Mann und Wilhelm von Wolff die sachlich-funktionalen Bauten der neu gegründeten Universität Konstanz und bereits seit 1963 die flach gezogenen Universitätsgebäude von Walter Förderer in St. Gallen.

Das 2000 eingeweihte **Salem College** von Arno Lederer setzt postmoderne Akzente in **Überlingen**. In Bregenz schuf Wilhelm Holzbauer von 1973 bis 1980 den breit gelagerten, höhengestaffelten und glasstrukturierten Bau des Vorarlberger Landtags, und Hans Hollein errichtete einen postmodernen Versicherungsverwaltungsbau (1991 bis 1993). Von Baumschlager und Eberle stammt ein spektakulärer Wohnbau in geometrisch-dynamischen Formen von 1994 in der Bregenzer Ölrainstraße.

Am Schweizer Bodenseeufer, in Altenrhein, leuchtet seit 2001 die bunte, vielförmige und turmbesetzte **Markthalle von Friedensreich Hundertwasser**. **Lindau** erhielt 2000 ein extravagantes **Spielbankgebäude** von Hans Lechner als weißen Zylinder mit zwei gläsernen Quadern. Ein klar strukturierter monolithischer Baukörper aus Beton und Glas wurde als **Kunstmuseum Liechtenstein** 2000 von der Schweizer Architektengemeinschaft Morger, Degelo & Kerez realisiert. 1997 eröffnete das **Kunsthaus Bregenz** des Schweizer Architekten **Peter Zumthor**, ein minimalistischer Kubus mit einer Art Schindelhaut aus Milchglas.

Ende des 19. Jh.s malten Gebhard Fugel im nazarenischen Stil und **Malerei** Karl Caspar im historisierenden Stil Fresken und Wandbilder in mehreren Kirchen des Bodenseeraums. Walter Waentig beschäftigte sich seit 1919 in Gaienhofen spätimpressionistisch bis frühexpressionistisch mit der Landschaftsmalerei. Der Schweizer Adolf Dietrich verschrieb sich in Berlingen der Naiven Malerei und stimmungsbetonten Landschaften. Der Bregenzer Rudolf Wacker setzte sich sachlich-real mit der Landschaft und dem Porträt auseinander. Hans Purrmann gestaltete unter dem Einfluss von Henri Matisse farbrauschartige Impressionen vom Bodensee.

Zwischen Expressionismus und Neuer Sachlichkeit bewegt sich das Werk von Sepp Biehler. **Otto Dix**, Vertreter des kritischen Realismus und seit 1936 Einwohner von Hemmenhofen, malte als Spätwerk das eindrucksvolle Wandbild »Krieg und Frieden« (1957–1960) im Rathaussaal von Singen. Erich Heckel, den es ebenfalls nach Hemmenhofen zog, lieferte expressionistische Landschaften. **Max Ackermann** neigt mit seinen Bildern dem Abstrakten Expressionismus und der lyrischen Abstraktion zu.

Bildung und Literatur

Klosterschulen Der Bodensee als Bildungsraum hat eine lange Tradition, die in den frühmittelalterlichen Klosterschulen von St. Gallen und der Reichenau im 9. und 10. Jh. ihren Ursprung hat. Die Benediktinermönche betrieben dort eine hochentwickelte Lehranstalt. Nicht nur die Geistlichkeit, sondern auch die weltlichen Herrscher konnten von der Wissensvermittlung der Klöster profitieren.

Die wissensdurstige und schöne Herzogin Hadwig, Tochter des Herzogs Heinrich von Schwaben, holte sich den Mönch Ekkehart aus dem Kloster St. Gallen für lateinische Studien auf ihre Burg Hohentwiel. Victor von Scheffel hat 1855 daraus seinen Bildungsroman »Ekkehard« entwickelt. Auf der Reichenau wirkte Abt **Walahfrid Strabo** (842 – 849), der Dichter, Gelehrter und Erzieher am Kaiserhof war, Bücher für den Unterricht verfasste sowie in seinem »Hortulus« den Gartenbau beschrieb. Der Reichenauer Benediktiner **Hermann der Lahme** (geb. 1013) war trotz körperlicher Behinderung »ein Mirakel des Jahrhunderts«. Er gilt als Schöpfer von »Salve regina« und »Alma redemptoris mater«, liturgischer Wechselgesänge zur Verehrung Mariens.

Höfische Dichtung Im Hochmittelalter war der Bodenseeraum auch ein Zentrum der höfischen Dichtung. Der einem thurgauischen Freiherrengeschlecht entstammende Ministeriale **Walther von Klingen** (um 1215 – 1286) hatte seinen Stammsitz auf der Burg Hohenklingen oberhalb von Stein am Rhein. Er war befreundet mit Rudolf von Habsburg, der 1273 den Königsthron bestieg, und verfasste Lieder im höfischen Stil jener Zeit. **Burkhard von Hohenfels**, als Ministeriale auf Burg Hohenfels unweit von Sipplingen beheimatet, gehörte zeitweilig zum Gefolge Kaiser Heinrichs VII. und dichtete Minnelieder mit starker Bildhaftigkeit sowie lebensfrohe Tanzweisen. **Oswald von Wolkenstein**, der einäugige Ritter, Dichter und Diplomat, hielt sich während des Konstanzer Konzils (1414 – 1418) in der Stadt auf. das Loblied auf Konstanz »O wonnigliches Paradeis« stammt aus seiner Feder.

Neuere Literatur In der neueren Zeit tritt der Bodensee ins Licht der Literaturgeschichte im 19. Jh., als **Annette von Droste-Hülshoff** (1797 – 1848) einige Jahre auf der Meersburg dichtete (▶ Baedeker Special S. 60/61). Auch der weltberühmte Dichter **Hermann Hesse** (1877 – 1962) verbrachte Anfang des 20. Jh.s einige Jahre in Gaienhofen auf der Höri (▶ Baedeker Special S. 146/147). Der prominenteste Vertreter der zeitgenössichen Literatur am Bodensee ist der in Wasserbrug 1927 geborene **Martin Walser**, der heute in Nußdorf lebt. Der mit zahllosen Preisen ausgezeichnete Schriftsteller gilt als einer der bedeutendsten Literaten unserer Zeit. Einem breiteren Publikum wurde Walser durch seine Novelle »Ein fliehendes Pferd« (1978) bekannt, die 2007 auch am Bodensee verfilmt wurde.

Im Spätmittelalter entstanden in zahlreichen Städten am Bodensee die von den Bürgern getragenen **Lateinschulen**. Dennoch hatte die Geistlichkeit nach dem Niedergang des Klosterschulwesens weiterhin eigene Ausbildungsstätten wie die Domschule in Konstanz, wo 1604 auch die Jesuiten ein Kolleg für Allgemeinbildung und Theologenschulung einrichteten. In Überlingen unterhielten die Franziskaner seit 1658 eine Ausbildungsstätte. Die anspruchsvolle Mädchenerziehung erfolgte bis zur Säkularisation meist noch in den Frauenklöstern. Das staatliche Schulwesen drängte schließlich im 19. Jh. die Privat- und Konfessionsschulen in den Hintergrund.

Martin Walser: prominenter Bodenseeanwohner

Schule Schloss Salem

Der Politiker und Reformpädagoge Kurt Hahn und Prinz Max von Baden gründeten 1920 auf dem Gelände des ehemaligen Zisterzienserklosters Salem eine private Internatsschule, in der die erfahrungsgestützte Einheit von Erziehung und Unterricht, von Leben und Lernen in sozialer, akademischer und musisch-kreativer Ausrichtung verwirklicht werden sollte. Da der **ganzheitliche Erziehungs- und Bildungsanspruch** sehr kostspielig ist, wird rund ein Drittel der Schüler durch Stipendien gefördert. Zur Schule Schloss Salem gehören die Unterstufe Burg Hohenfels, die Mittelstufe Schloss Salem und die Oberstufe Salem International College im 2000 eingeweihten Neubau bei Überlingen. Zwanzig Prozent der Schüler kommen aus dem Ausland, 60 % der insgesamt 670 Schüler sind Jungen, 40 % Mädchen.

Universitäten und Hochschulen

Die erste Welle der Universitätsgründungen im Spätmittelalter ging ganz und gar am Bodensee vorbei. Auch in der Folgezeit erklärt sich aus der peripheren Lage zu den Verwaltungszentren, dass es im Raum Bodensee und Oberschwaben keine jahrhundertealten Universitäten gibt. Seit 1951 treffen sich jährlich die Nobelpreisträger in Lindau und geben für kurze Zeit der alten Seehafenstadt elitäres akademisches Flair. Erst 1966 erfolgte die Gründung der Universität **Konstanz**, mit den Schwerpunkten Rechts-, Verwaltungs- und Geisteswissenschaften. **St. Gallen** besitzt eine 1898 gegründete Handelsakademie, die 1911 zur Handels-Hochschule wurde und 1963 zur Hochschule für Wirtschafts-, Rechts- und Sozialwissenschaften (HSG), Universität St. Gallen, erweitert wurde. In **Bregenz** befinden sich die Bundeshandelsakademie und die Höhere Technische Bundeslehranstalt, in **Dornbirn** die Bundestextilschule von Österreich.

Berühmte Persönlichkeiten

Wieso entwickelte Graf Zeppelin seine legendären Luftschiffe gerade in Friedrichshafen? Warum zog es zahlreiche bedeutende Baumeister, Maler und Schriftsteller in die Region? Kleine Denkmäler für die, die den Bodenseeraum nachhaltig geprägt haben.

Giovanni Gaspare Bagnato (1696 – 1757)

Der aus Como stammende Giovanni Gaspare Bagnato wurde als **Baumeister**
Deutschordensbaumeister ins südwürttembergische Altshausen zum
Schlossneubau berufen und war seit 1732 für die Errichtung der
Schlosskirche auf der Insel Mainau verantwortlich. Das Kornhaus in
Rorschach und die Stiftskirche in Lindau sind ebenfalls seine Werke.
Ferner war er an der Planung des Neuen Schlosses von Meersburg,
des Salemer Münsters und des Münsters von St. Gallen beteiligt.
Bagnato, der in seiner Formensprache dem strengen Baukörperprinzip
französischer Prägung mit plastischen Dekorakzenten folgte, verstarb
auf der Insel Mainau.

Beer (17./18. Jh.)

Der aus Au im Bregenzer Wald gebürtige Baumeister Johann Michael   **Baumeister-**
Beer von Bleichten entstammt einer weit verzweigten Baukünstlerfa-   **familie**
milie, die das Vorarlberger Bauschema als Variante der Barockarchitektur um 1700 in ganz Süddeutschland und der Schweiz verbreitete
durch die Errichtung zahlreicher Wandpfeilerkirchen. Diese einschif-
figen Kirchenräume haben anstelle von Seitenschiffen kräftige, in das
Schiff hineinragende Wandpfeiler, die Kapellennischen ausbilden. **Johann Michael Beer** (1696 – 1780) war Baumeister an der Stiftskirche
von St. Gallen, wo auch **Johann Ferdinand Beer** (1731 – 1789) wirkte,
der zudem die Klostergebäude des Benediktinerstifts in Bregenz-
Mehrerau schuf.

Andreas Brugger (1737 – 1812)

Als Sohn eines leibeigenen Bauern in Kressbronn am Bodensee gebo-   **Maler**
ren, wurde Andreas Brugger 1755 von den Grafen von Montfort zu
Franz Anton Maulbertsch nach Wien geschickt, bei dem er für mehrere Jahre Schüler war. Nach einem Studienaufenthalt in Rom entwickelte er sich zu einem der bedeutendsten Barockmaler Süddeutschlands. Seine Deckenfresken und Altarbilder sind charakteristische
Beispiele für den fantasievollen Übergang vom Spätbarock zum Klassizismus. Zu seinen hervorragendsten Werken zählen seine Arbeiten
in den Schlössern von Tettnang und Salem, ferner in Rorschach und
Hohenems. Weitere Werke Bruggers, etwa der »Flötenspieler« oder
das »Kinderbild«, befinden sich im Museum von Langenargen, wo
der Maler über 40 Jahre bis zu seinem Tod lebte.

Otto Dix (1891 – 1969)

Der aus dem ostthüringischen Untermhaus, heute ein Stadtteil von   **Maler**
Gera, stammende Otto Dix gilt als bedeutender Vertreter des kriti-

← *Gaienhofen war eine Station im Dichterleben von Hermann Hesse.*

Otto Dix: Maler des kritischen Realismus

schen Realismus. Nach Kriegsdienst im Ersten Weltkrieg malte er zunächst im wirklichkeitsverfremdenden Stil des Dadaismus, um anschließend in einem krass realistisch-kritischen Stil die Gesellschaft der Weimarer Republik ins Visier zu nehmen. Von 1927 bis 1933 wirkte Dix als Professor an der Dresdener Kunstakademie, wurde aber von den Nationalsozialisten seines Amts enthoben und ab 1934 mit einem Ausstellungsverbot belegt. Geißelte Dix mit schonungslos detailliertem, zuweilen ins Groteske gesteigertem Realismus den Krieg sowie politische und soziale Missstände, insbesondere die Entwürdigung und Ausbeutung des Menschen in den zwanziger Jahren, so zog er sich während der NS-Diktatur auf die unauffällige Landschaftsmalerei im altdeutschen Stil zurück. Nach dem Zweiten Weltkrieg kritisierte der Maler die genusssüchtige deutsche Wirtschaftswundergesellschaft. Seit 1936 lebte er in **Hemmenhofen auf der Halbinsel Höri** und verstarb in Singen. Aus seiner Zeit am Bodensee stammen u. a. die Buntglasfenster (1958) zur Petrusgeschichte in der evangelischen Kirche von Öhningen-Kattenhorn und zahlreiche Bilder, die in seinem Atelier- und Wohnhaus in Hemmenhofen zu betrachten sind.

Claude Dornier (1884 – 1969)

Flugzeug-konstrukteur

Der in Kempten im Allgäu geborene Claude Dornier studierte an der Technischen Hochschule in München, legte 1907 sein Examen zum Diplomingenieur ab, arbeitete zunächst als Statiker in verschiedenen Firmen und trat 1910 in den Luftschiffbau der **Friedrichshafener Zeppelinwerke** ein, wo er 1913 zum persönlichen wissenschaftlichen

Berater des Grafen von Zeppelin avancierte. Im Jahr 1922 wurden die Zeppelinwerke in »Dornier Metallbauten GmbH« umbenannt. Mit diesem Unternehmen begründete Dornier maßgeblich den Ruf der deutschen Luftfahrtindustrie. Durch seine Pionierarbeiten im Metallflugzeugbau sowie die erfolgreichen Konstruktionsleistungen auf dem Gebiet hochseefähiger Flugboote (»Do X«, »Do 24«) und von Hochleistungslandflugzeugen gehört er zu den herausragenden Persönlichkeiten in der Geschichte der deutschen Luftfahrt.

Die nach dem Zweiten Weltkrieg gebildete Dornier-Gruppe wurde 1985 mehrheitlich von der Daimler AG übernommen. Das neue Dornier Museum (▶ S. 137) in Friedrichshafen gibt Einblick in das Wirken des Flugzeugkonstrukteurs.

Feuchtmayer (17. / 18. Jh.)

Die aus dem oberbayerischen Wessobrunn stammende Künstlerfamilie Feuchtmayer hat eine Reihe bedeutender Stuckateure, Altarbauer und Bildhauer hervorgebracht, deren herausragende Leistungen weit über den bayerisch-fränkischen Raum hinausgehen. So gilt der Bildhauer **Joseph Anton Feuchtmayer** (1696–1770) als der Hauptmeister der Rokokobildnerei im Bodenseeraum, der bewegt-dramatischen Ausdruck mit einer Neigung zum Spielerisch-Grotesken verband. Er schuf u. a. die Ausstattung der Schlosskapellen in Meersburg und auf der Insel Mainau, der Wallfahrtskirche Birnau und von Kloster Salem, den Hochaltar der Franziskanerkirche in Überlingen und das Chorgestühl der Stiftskirche in St. Gallen.

Künstlerfamilie

Hl. Gallus (550–645)

Der aus Irland stammende Mönch Gallus wurde von Columban zum Priester geweiht und machte sich mit diesem im Jahr 590 auf, um als Missionar in Gallien und Alemannien zu wirken. Während einer Rast machte sich ein Bär über die Mahlzeit her. Furchtlos zwang Gallus den Bären, Holz für den Bau der Kirche herbeizuschaffen, wofür er Nahrung erhalten solle, aber auch die wilden Tiere abwehren müsse. Um das Jahr 612 gründete er »in der grünen Wildnis zwischen Bodensee und Säntis« eine Einsiedelei, aus welcher um 720 ein Kloster und bald darauf unter Abt Otmar die **Benediktinerabtei St. Gallen** entstand. Es wird berichtet, dass der hochbetagte Gallus in Arbon am Bodensee verstorben sei. In St. Gallen wird Gallus häufig mit seinem Attribut, dem aufgerichteten, Holz tragenden Bären, dargestellt.

Mönch, Missionar

Hermann Hesse (1877–1962)

Der als Sohn eines baltischen Missionspredigers in Calw in pietistischer Strenge aufgewachsene Hermann Hesse entzog sich 1892 nach einem einjährigen Aufenthalt im evangelisch-theologischen Seminar in Maulbronn durch Flucht den Erwartungen seiner Eltern und begann später eine Buchhändlerlehre in Tübingen. Nach vorübergehender Tätigkeit als Antiquar in Basel entschloss sich Hesse 1904, freier Schriftsteller zu werden. Reisen führten ihn durch Europa und Indien (1911), bis er sich später im Tessin niederließ, 1923 Schweizer Staatsbürger wurde und fortan in Montagnola lebte. Hesse erhielt 1946 den Nobelpreis für Literatur und 1955 den Friedenspreis des deutschen Buchhandels. Naturinnige Neuromantik und psychologisches Einfühlungsvermögen prägen sein Frühwerk, das im Wesentlichen ab 1904 in **Gaienhofen auf der Höri** entstand, wo er bis 1912 mit seiner Familie lebte. Dort vollendete er »Unterm Rad«, schrieb

Dichter

◄ weiter S. 62

Annette von Droste-Hülshoff:
die bekannte Dichterin
ließ sich auf der Meersburg
inspirieren.

»SANFTE ZAUBERFLUTH«

Die Dichterin Anna Elisabeth Freiin von Droste zu Hülshoff (1797 – 1848), auf der Wasserburg Schloss Hülshoff bei Münster in Westfalen geboren, lebte ab 1841 bis zu ihrem Tod überwiegend in Meersburg.

Den Bodensee hatte die »Droste«, wie Annette von Droste-Hülshoff ehrerbietig genannt wurde, erst in späten Lebensjahren in ihr poetisches Herz geschlossen, als sie sich wiederholt wegen ihrer angeschlagenen Gesundheit bei ihrer Schwester Jenny und ihrem Schwager Joseph Freiherr von Laßberg, der 1837 die **Meersburg** gekauft hatte, in dem badischen Landstädtchen Meersburg aufhielt. In ihrem Gedicht »Auf hohem Felsen lieg ich hier« beschrieb sie den Bodensee als Spiegel ihrer Seele: »Mir ist er gar ein trauter Freund / Der mit mir lächelt, mit mir weint / Ist wenn er grünlich golden ruht / Mir eine sanfte Zauberfluth / Aus deren tiefen klaren Grund / Gestalten meines Lebens steigen / Geliebte Augen, süßer Mund / Sich lächelnd zu mir neigen ...« Vom Herbst 1841 bis zum Februar 1842 verfasste sie in der Meersburg allein 53 Gedichte, nicht zuletzt inspiriert durch das tägliche Zusammensein mit dem Dichterfreund Levin Schücking, der eine befristete Anstellung als Bibliothekar beim Freiherrn von Laßberg erhalten hatte und sie bestärkte, die Gedichtsammlung **»Meersburger Lieder«** fortzuschreiben und zu publizieren. Heiterkeit und Melancholie prägen gleichermaßen ihre Bodenseegedichte, wenn sie »An Philippa« schreibt: »Im Osten quillt das junge Licht, / Sein goldner Duft spielt auf den Wellen, / Und wie ein zartes Traumgesicht / Seh' ich ein fernes Segel schwellen; / O könnte ich, der Möwe gleich, / Umkreisen es in lust'gen Ringen! / O wäre mein der Lüfte Reich, / Mein junge lebensfrische Schwingen! ...«

Erste Erfolge

Das Erscheinen ihres bei Cotta in Stuttgart verlegten Gedichtbandes 1844 erfüllte sie mit Genugtuung und bewirkte erstmals große Anerkennung, obwohl sie sich geweigert hatte, vor ihrem 40. Lebensjahr eigene Werke zu veröffentlichen. Fortan wurden ihre Gedichte häufiger in Zeitungen und Zeitschriften abgedruckt. Als die Dichterin im selben Jahr mit dem Geldsegen das sogenannte Fürstenhäusle oberhalb der Meersburger Altstadt erwarb, um darin ihrem Dichterinnenleben zu frönen, schrieb sie damals in einem

Das Fürstenhäusle oberhalb von Meersburg war die zweite Wirkungsstätte der Dichterin.

Brief: »... so betrachte ich Meersburg wie die zweite Hälfte meiner Heimath, und bin auch wirklich recht gern dort, – nicht nur, was den Aufenthalt im Schlosse anbelangt ... kann ganz angenehmen Umgang finden.« Allerdings riss der Kontakt zur westfälischen Heimat nicht ab, denn im Herbst 1844 reiste sie mit ihrer Mutter zurück auf deren Witwensitz Rüschhaus bei Münster und kehrt erst wieder im Oktober 1846 an den Bodensee zurück, gezeichnet von schwerer Krankheit. Bereits als Kind war sie oft kränkelnd, aber musikalisch, schauspielerisch und zeichnerisch begabt.

Erste lyrische Versuche unternahm sie als Achtjährige während der Sommerferien bei ihren Großeltern von Haxthausen im ostwestfälischen Bökendorf. Anton Matthias Sprickmann nahm sich ab 1812 der jugendlichen Dichterin an und förderte sie literarisch bis 1819. In dieser Zeit lernte sie die Brüder **Jakob und Wilhelm Grimm** kennen, nahm am Sammeln von Volksliedern und Märchen teil und schloss Bekanntschaft mit dem Maler Ludwig Grimm. 1818 arbeitete sie an dem Versepos »Walter«, verliebte sich für einige Zeit unglücklich und schrieb seit 1820 religiöse Gedichte, die, gesammelt in **»Das geistliche Jahr«**, postum 1851 erschienen. Eine ärztlich empfohlene Luftveränderung führte sie 1825 an den Rhein, wo sie auf Vermittlung ihres Onkels mit August Wilhelm Schlegel Kontakt aufnahm. Während ihres zweiten Besuchs am Rhein 1828 begann sie mit der Arbeit am **»Hospiz auf dem Großen St. Bernhard«**. Im Jahr 1831 lernte sie Johanna Schopenhauer kennen und begegnete ersmals in Rüschhaus Levin Schücking, mit dem sie bis 1846 eine innige Freundschaft verband.

»Die Judenbuche«

In Rüschau bearbeitete sie erstmals den Stoff für »Die Judenbuche«, die 1842 als Kriminalnovelle nach einem historischen Ereignis verdichtet wurde zu einer religiösen, psychologischen und sozialen Milieuschilderung. Naturgedichte und Balladen folgten, die wiederholt in ihrer westfälischen Heimat spielten wie die **»Heidebilder«** (1841/1842). Die Bedrohung des menschlichen Daseins durch Naturgewalten blieb auch ein Merkmal der späten Lyrik der Droste. Dabei verband sie wie kaum zuvor stimmungsgeladene, ins Symbolistische gehende Sprachbilder mit manchmal detailhaft-realistischer Beobachtung. Ihre ungemein hohe Sensiblilität führte zu gesteigerter Ausdrucksfähigkeit, auch angesichts der schwächer werdenden körperlichen Verfassung. Nach langem Siechtum starb sie 1848 auf der Meersburg.

die Erzählungen »Diesseits«, »Nachbarn« und »Umwege«, die Kindheits- und Jugenderlebnisse in Calw und Maulbronn verarbeiten. 1910 erschien der Musikerroman »Gertrud« neben zahlreichen Gedichten und Prosaskizzen über die Bodenseelandschaft und das Dorfleben. Berühmt wurde er später durch die Werke »Steppenwolf« (1927) und »Glasperlenspiel« (1943).

Jan Hus (um 1370 – 1415)

Kirchenreformer

Der im südböhmischen Husinec geborene Bauernsohn Jan Hus war zunächst Prediger in Prag an der Bethlehemskapelle, später Magister und Rektor an der dortigen Karlsuniversität. Seine kirchlichen Reformideen, die auf den Gedanken des englischen Reformers John Wyclif gründeten und zugleich in engem Zusammenhang mit dem aufkeimenden tschechischen Nationalismus standen, wirkten weit über die Grenzen Böhmens hinaus. Schon als Prediger wandte er sich gegen die absolute Autorität des Papstes, kritisierte den weltlichen Kirchenbesitz und forderte eine böhmische Nationalkirche, worin er vom Volk und König Wenzel bestärkt wurde.

Nach Predigtverbot und Bann 1411 durch Papst Alexander V. stellte Hus in seiner sich auf die Bibel berufenden Streitschrift »De Ecclesia« (»Über die Kirche«) die Kirche als unhierarchische Versammlung der Gläubigen dar, die nur Christus, nicht aber den Papst als Haupt anerkenne. Im Jahr 1414 begab sich Hus unter von König Sigismund zugesichertem freien Geleit nach **Konstanz**, wurde dort dennoch verhaftet, da er seine Ansichten vor dem Konzil nicht widerrufen wollte, wegen Ketzerei zum Tod verurteilt und 1415 auf dem Scheiterhaufen verbrannt. Der **Märtyrertod** machte Hus zum Helden der kirchenreformerischen und sozialrevolutionären Bewegung der Tschechen, die sich nach ihm Hussiten nannten.

Franz Anton Maulbertsch (1724 – 1796)

Maler

Der Barockmaler Franz Anton Maulbertsch kam in **Langenargen** zur Welt und war ab 1739 bis zu seinem Tod in Wien ansässig. Zunächst erhielt er seine Ausbildung an der dortigen Kunstakademie, deren Mitglied (1759) und Professor (1770) er später wurde. Visionäres und Expressives verband Maulbertsch zu effektvoll-dramatischen Kompositionen, vor allem bei Deckengemälden für Kirchen, Schlösser und Bibliothekssäle in Österreich, Böhmen und Ungarn. Ferner entstanden etliche bedeutende Altarblätter, von denen einige im Museum von Langenargen und im Zeppelin Museum in Friedrichshafen zu sehen sind.

Joseph Victor von Scheffel (1826 – 1886)

Dichter

Der in Karlsruhe geborne und auch dort verstorbene Joseph Victor Scheffel, seit 1876 adelig, studierte Jura in München, Heidelberg und

Berlin und arbeitete anschließend als Rechtspraktikant. Im Jahr 1852 unternahm er als Malerpoet eine erste Italienreise und schied anschließend aus dem Staatsdienst aus, um ein Leben als freier Schriftsteller am Bodensee, bei St. Gallen und in Heidelberg zu führen. Seit 1863 hielt er sich in Meersburg beim Freiherrn von Laßberg auf. Aus Gesundheitsgründen begab er sich 1872 nach **Radolfzell**, wo er sich auf der Halbinsel Mettnau eine Villa, das Scheffelschlösschen, bauen ließ. Scheffel trat als Lyriker, Versepiker und Erzähler von romantisch verklärten historischen Stoffen hervor. Seinem Roman »Ekkehard« war ein großer Erfolg beschieden ebenso wie seinen Kommersliedern »Als die Römer frech geworden« oder »Wohlauf, die Luft geht frisch und rein«.

Franz Joseph Spiegler (1691–1757)

Der aus Wangen im Allgäu gebürtige und in Konstanz verstorbene Franz Joseph Spiegler erhielt seine Ausbildung zum Maler in München, Wien und Ottobeuren. 1752 wurde er **fürstbischöflicher Maler in Konstanz**. Spiegler gehört zu den Meistern der spätbarocken Architekturmalerei in Oberschwaben. Seine Deckenmalereien in der Klosterkirche Salem, ferner seine Fresken in der Damenstiftskirche von Lindau und in der Schlosskirche auf der Bodenseeinsel Mainau verbinden bewegungsreiche Figureninszenierung mit kühner Raumwirkung. **Maler**

Heinrich Suso (um 1295–1366)

Heinrich Seuse (latinisiert Suso), der **Sohn eines Konstanzer Patriziers**, nahm den Namen seiner Mutter an, trat 1308 als Novize bei den Konstanzer Dominikanern ein, studierte um 1324 in Köln bei dem berühmten Meister Eckhart, war um 1330 Lektor der Theologie im Konstanzer Inselkloster und seit 1335 in oberrheinischen und schweizerischen Frauenklöstern tätig. Von 1339 bis 1346 hielt sich Suso als Verbannter in der Reichsstadt Diessenhofen auf und übersiedelte infolge der Auseinandersetzungen zwischen Kaiser Ludwig dem Bayern und dem Papst nach Ulm an der Donau, wo er bis zu seinem Ende im Konvent lebte. Susos theologische Schriften stehen deutlich unter dem Einfluss der Lehren des Thomas von Aquin und des Meisters Eckhart. Seine theologischen Hauptwerke »Leben«, »Büchlein der Wahrheit«, »Büchlein der ewigen Weisheit« und »Briefbüchlein« sind in deutscher Sprache geschrieben. Der lyrische und bilderreiche Sprachstil zeichnet Suso als den dichterisch wohl begabtesten deutschen Mystiker aus. **Mystiker**

Thumb (17./18. Jh.)

Baumeister-
familie

Die im Bregenzer Wald beheimatete Baumeistersippe Thumb war neben der Familie Beer Hauptträger der Vorarlberger Bauschule, die um 1700 die süddeutsche Barockarchitektur vom italienischen Vorbild befreite durch die Errichtung zahlreicher Wandpfeilerkirchen als neuen Typus. Besondere Merkmale ihrer Kirchen sind tonnengewölbte einschiffige Langhäuser, deren kräftige Wandpfeiler Kapellen ausnischen, über denen Emporen liegen. Die Gebrüder **Michael Thumb** (gest. 1690) und **Christian Thumb** (gest. 1726) errichteten gemeinsam u. a. die Schlosskirche in Friedrichshafen. **Peter Thumb** (1681–1766), der Sohn von Michael Thumb, ist der Erbauer der Wallfahrtskirche Birnau sowie der Klosterkirche in St. Gallen.

Ferdinand Graf von Zeppelin (1838 – 1917)

Luftschiffbauer

Ferdinand Graf von Zeppelin, als Spross eines 1806 in den Grafenstand erhobenen württembergischen Zweigs der mecklenburgischen

Graf Zeppelin: genialer Konstrukteur der nach ihm benannten Luftschiffe

Uradelsfamilie Zeppelin in Konstanz geboren, besuchte zunächst die Kriegsschule in Ludwigsburg, dann die Universität in Tübingen und das Polytechnikum in Stuttgart. Während des amerikanischen Sezessionskrieges hielt er sich als Beobachter in den USA auf, wo er 1863 erstmals einen Aufstieg mit dem Fesselballon unternahm. Nach der Teilnahme als Offizier an den deutschen Feldzügen der Jahre 1866 und 1870/1871 schied er 1891 als Generalleutnant aus dem Militärdienst aus. Zeppelin widmete sich fortan der Luftschifffahrt und baute – nach Berechnungen des Ingenieurs Theodor Kober – überwiegend aus eigenen Mitteln das **erste lenkbare Starrluftschiff**, das im Jahr 1900 in Manzell am Bodensee aufstieg und bereits alle wesentlichen Konstruktionsmerkmale der insgesamt 129 späteren »Zeppeline« besaß, die trotz vieler Rückschläge in seiner Friedrichshafener Luftschiffwerft gebaut wurden. Graf von Zeppelin verstarb in Berlin und wurde in Stuttgart beigesetzt.

Jörg Zürn (um 1583 – um 1635)

Bad Waldsee ist der Stammort der bedeutenden oberschwäbischen Bildhauerfamilie Zürn, deren Sprösslinge im Bodenseeraum, im bayerisch-österreichischen Innviertel und in Olmütz/Mähren im 17. und 18. Jh. wirkten. Jörg Zürn richtete sich ab 1606 eine **Werkstatt in Überlingen** am Bodensee ein, wo er den holzgeschnitzten, farbig gefassten Marienaltar und das mit spätgotischem Wuchs und Renaissanceformen durchsetzte Kalkstein-Sakramentshaus (1611) der Münsterkirche schuf. Der monumentale, vielfigurige geschnitzte Hauptaltar im Münster gilt als eine der originellsten Leistungen des deutschen Manierismus mit einerseits noch Rückgriffen auf die großen spätgotischen Schreinflügelaltäre und andrerseits der Umsetzung des Formenvokabulars der Renaissance.

Bildhauer

Praktische Informationen

WAS DÜRFEN SIE AUF KEINEN FALL ZU HAUSE VERGESSEN? WAS SIND DIE SPEZIALITÄTEN DER DREI-LÄNDER-REGION? WELCHE SPORTMÖGLICHKEITEN GIBT ES AM SEE? LESEN SIE ES NACH!

Anreise · Reiseplanung

Anreisemöglichkeiten

Mit dem Flugzeug
Über den Flughafen Friedrichshafen (Löwental) ist der Bodenseeraum an das internationale Flugnetz angeschlossen. Regelmäßiger Linienverkehr besteht u. a. mit den deutschen Flughäfen Berlin, Bremen, Düsseldorf, Dresden, Frankfurt am Main, Hamburg, Köln und Stuttgart sowie mit den Schweizer Flughäfen Basel, Zürich und Genf.

Mit der Bahn
Der Bodenseeraum ist mit der Bahn aus allen Richtungen gut erreichbar. Die InterCity-Express- (ICE), EuroCity- (EC), InterCity- (IC) und InterRegio-(IR)-Züge bieten eine große Anzahl an Direktverbindungen und bequemes Umsteigen. Die wichtigeren **deutschen Fernstrecken** sind München – Kempten (oder Memmingen) – Lindau; Ulm – Bad Schussenried – Friedrichshafen; Stuttgart – Tuttlingen – Singen – Konstanz; Lörrach – Schaffhausen – Radolfzell – Friedrichshafen – Lindau; in Österreich Innsbruck – Feldkirch – Bregenz. Von Düsseldorf nach Lindau verkehrt ein Autoreisezug. In der Nordwestschweiz ist das Eisenbahnnetz besonders dicht, so dass das schweizerische Bodenseeufer leicht erreichbar ist. Den Bodensee selbst kann man meist in einiger Entfernung vom Seeufer mit verschiedenen Linien umfahren (▶Verkehr).

Mit dem Bus
Oberschwaben und das deutsche Bodenseegebiet werden von zahlreichen Buslinien der DB ZugBUS Alb-Bodensee (RAB) bedient. Ebenso bestehen in der Schweiz und in Österreich regelmäßige Busverbindungen mit den Bodenseeuferorten.

Mit dem Auto
Von Norddeutschland sind die wichtigsten Autobahnverbindungen zum Bodensee von Hamburg über die A 7, A 3 und A 81 sowie von Berlin über die A 9, A 6 und A 81 nach Singen. Von dort führt die B 33 nach Konstanz; die B 31 verläuft von Stockach-Ost über Friedrichshafen nach Lindau. Von München fährt man auf der A 96 Richtung Lindau. Von Zürich gelangt man auf der E 60 in die östliche Bodenseeregion.

Ein- und Ausreisebestimmungen

Passkontrollen für Bürger in der Europäischen Union (Deutschland und Österreich) entfallen. Da dennoch Stichproben gemacht werden und Ausweispflicht auf Flughäfen und in Schiffshäfen zunächst weiterhin besteht, sollten deutsche und österreichische Besucher sowie schweizerische und liechtensteinische Staatsangehörige (Schweiz und Liechtenstein gehören nicht der EU an) zum Grenzübertritt im Bodenseeraum einen gültigen **Personalausweis** oder Reisepass mitnehmen. Kinder unter 16 Jahren müssen einen Kinderausweis besitzen oder im Elternpass eingetragen sein. Auch bei Fahrten auf dem Bodensee ist grundsätzlich das Mitführen eines gültigen Ausweises erforderlich. Der nationale **Führerschein** und Kraftfahrzeugschein werden anerkannt und sind mitzuführen; ferner müssen Kraftfahrzeuge das Nationalitätskennzeichen tragen, sofern sie nicht das neue Euronummernschild haben. Ratsam ist ferner die Mitnahme der grünen Internationalen Versicherungskarte.

Haustiere

Beim Grenzübertritt ist für Hunde und Katzen ein tierärztlicher Nachweis der Tollwutimpfung vorzulegen, die nicht länger als ein Jahr und nicht weniger als 30 Tage zurückliegen darf.

Zollbestimmungen

◄ Reisende aus der EU

Innerhalb der Europäischen Union (EU) ist der Warenverkehr für private Zwecke weitgehend zollfrei. Zur Abgrenzung zwischen privater und gewerblicher Verwendung gelten folgende obere Richtmengen: 800 Zigaretten, 400 Zigarillos, 200 Zigarren, 1 kg Rauchtabak; 10 l Spirituosen, 20 l Zwischenerzeugnisse, 90 l Wein (davon max. 60 l Schaumwein) und 110 l Bier. Bei Stichprobenkontrollen ist glaubhaft zu machen, dass die Waren tatsächlich nur für den eigenen privaten Zweck bestimmt sind.

◄ Reisende aus Nicht-EU-Ländern

Für Reisende aus Nicht-EU-Ländern (u. a. Schweizer Staatsbürger) liegen die Freimengengrenzen für Personen über 17 Jahren bei 200 Zigaretten oder 100 Zigarillos oder 50 Zigarren oder 250 g Rauchtabak, ferner bei 2 l Wein und 2 l Schaumwein oder 1 l Spirituosen mit mehr als 22 Vol.-% Alkoholgehalt oder 2 l Spirituosen mit weniger als 22 Vol.-% Alkoholgehalt, 500 g Kaffee oder 200 g Kaffeeauszüge, 100 g Tee oder 40 g Tee-Extrakt, 50 g Parfüm oder 0,25 l Eau de Toilette. Abgabenfrei sind zudem Waren bis zu einem Wert von 430 € für Flug- und Seereisende, von 300 € für Bahn- und Autoreisende.

◄ Wiedereinreise in die Schweiz

Bei Wiedereinreise in die Schweiz und in das Fürstentum Liechtenstein sind abgabenfrei Reiseproviant sowie (gebrauchtes persönliches) Reisegut; außerdem für Personen ab 17 Jahre an Tabakwaren 200 Zigaretten oder 50 Zigarren oder 250 g Rauchtabak, an alkoholischen Getränken 2 l mit bis zu 15 Vol.-% Alkoholgehalt und 1 l mit mehr als 15 Vol.-% Alkoholgehalt. Auch Waren bis zu einem Wert von 300 CHF sind zollfrei.

▶ WICHTIGE ADRESSEN

FLUGVERKEHR

► **Bodensee-Airport Friedrichshafen**
Tel. (075 41) 284-01
www.fly-away.de

► **Deutsche Lufthansa**
Tel 01 80-583 84 26

www.lufthansa.com

BAHNVERKEHR

► **Deutsche Bahn**
Tel. (018 05) 99 66 33
www.bahn.de

Auskunft · Wichtige Adressen

DEUTSCHLAND

▶ **Deutsche Zentrale für Tourismus (DZT)**
Beethovenstr. 69
D-60325 Frankfurt am Main
Tel. (069) 97 46 40
Fax 75 19 03
www.deutschland-tourismus.de

SCHWEIZ

▶ **Schweiz Tourismus Zürich**
Tödistrasse 7
CH-8002 Zürich
Tel. (044) 2 88 11 11
Fax 288 12 05
www.MySwitzerland.com

LIECHTENSTEIN

▶ **Liechtenstein Tourismus**
Städtle 37
FL-9490 Vaduz
Tel. (04 32) 2 39 63 00
Fax 239 63 01
www.tourismus.li

ÖSTERREICH

▶ **Österreich Werbung Wien**
Margaretenstr. 1
A-1040 Wien
Tel (01) 58 86 63 50
Fax 588 66 20
www.austria.info

REGIONALE TOURISTENVERBÄNDE

▶ **TourismusMarketing GmbH Baden-Württemberg**
Esslinger Str. 8
D-70182 Stuttgart
Tel. (07 11) 23 85 80
Fax 2 38 58-99
Info und Prospektversand:

Tel. 018 05/55 66 90
www.tourismus-baden-wuerttemberg.de

▶ **Tourismus Untersee e. V.**
Im Kohlgarten 2
D-78343 Gaienhofen
Tel. (077 35) 91 90 55
Fax 91 90 56
www.tourismus-untersee.eu

▶ **Hegau Touristik**
Hohlgarten 4
D-78224 Singen
Tel. (077 31) 85-262
Fax 85-513
www.hegau.de

▶ **Internationale Bodensee-Tourismus GmbH**
Hafenstr. 6
D-78462 Konstanz
Tel. (075 31) 90 94 90
Fax 90 94 94
www.bodensee.eu

▶ **Bodensee-Linzgau Tourismus**
Schloss Salem
D-88682 Salem
Tel. (075 53) 91 77 15
Fax 91 77 16
www.bodensee-linzgau.de

▶ **Thurgau Tourismus**
Egelmoosstrasse 1
CH-8530 Amriswil
Tel. (071) 414 11 44
Fax 414 11 45
www.thurgau-tourismus.ch

▶ **Vorarlberg Tourismus**
Poststr. 21

A-6850 Dornbirn
Tel. (055 72) 37 70 33-0
Fax 37 70 33-5
www.vorarlberg.travel

► **Bodensee-Vorarlberg
Tourismus**
Postfach 16
A-6901 Bregenz
Tel. (055 74) 434 43-0
Fax 43 44 34
www.bodensee-vorarlberg.com

► **St. Gallen-Bodensee
Tourismus**
Bahnhofplatz 1a
CH-9001 St. Gallen
Tel. (071) 227 37 37
Fax 227 37 67
www.st.gallen-bodensee.ch

INTERNET

► **www.bodensee-info.com**
Umfangreiche Homepage mit
Informationen über Aktivitäten,
Sport, Veranstaltungen, Hotels
und einzekne Orte.

► **www.bodenseeferien.de**
Die virtuelle Ferienzeitung enthält
Ausflugsziele, Unterkünfte, Sport
und Kulturtipps.

► **www.bodensee.de**
Die Internetadresse umfasst
Unterkünfte und Lokale sowie
eine Liste von Ausflugszielen.

► **www.bodenseemuseen.org**
Nach Sachgebieten und Orten
aufgeschlüsselte Museumsliste.

Mit Behinderung unterwegs

▶ WICHTIGE ADRESSEN

► **Bundesarbeitsgemeinschaft
des Clubs Behinderter und
ihrer Freunde e.V.**
Eupener Str. 5
D-55131 Mainz
Tel. (061 31) 22 55 14
Fax 23 88 34
www.bagcbf.de

► **Bundesverband Selbsthilfe für
Körperbehinderte
BSK-Reisedienst**
Postfach 20
D-74236 Krautheim
Tel. (062 94) 42 81-0, Fax 42 81-79
www.bsk-ev.de

► **Verband aller
Körperbehinderten
Österreichs**
Lützowgasse 28 / 3
A-1140 Wien
Tel./Fax (01) 9 11 32 25

► **Mobility International Schweiz
(MIS)**
Amthausquai 21
CH-4600 Olten
Tel. (062) 212 67 40
Fax 212 67 39
www.mis-ch.ch

Essen und Trinken

Multikulturelle Küche
Auf den Speisekarten rund um den Bodensee stehen jeweils die typischen Gerichte der entsprechenden Anliegerländer: Im baden-württembergischen Teil überwiegt die schwäbische Küche (Teigwarenbeilagen), in und um Lindau die bayerische, in Vorarlberg die österreichische bzw. Wiener, und am Südufer herrscht die Schweizer Küche (mit französischem und italienischem Einfluss) vor (▶Baedeker Special S. 74/75).

Speisen

Bodenseefische
Der bekannteste und beliebteste Bodenseefisch ist der **Felchen** in verschiedenen Zubereitungsarten, gefolgt vom Kretzer, der in der Schweiz »Egli« genannt wird. Außerdem stehen Seeforelle, Hecht und Zander auf der Speisekarte. Die Fische werden entweder blau (im Sud gegart), nach Müllerinnenart (in Mehl gewendet und gebraten), in Weintunke gedünstet (z. B. nach Konstanzer Art) oder auf andere Weise serviert.

Fleisch und Wurst
Ein leichtes Gericht ist Geschnetzeltes vom Kalb, das mit einer pikanten Sauce serviert wird. Eine herzhafte Spezialität sind die St. Galler Schüblige (Rauchwurst) und Bratwürste.

Beilagen
Zu den traditionellen Gerichten der Region gehören **Spätzle (oder Knöpfle)**, die aus einem Teig von Mehl, Ei und etwas Salz in siedendes Wasser vom Brett geschabt werden. Auch als Leberspätzle (mit gehackter Leber) oder als Kässpätzle sind sie äußerst delikat. Rösti sind köstlich knusprig gebratene Kartoffelraspel, die auch als Käserösti zu den besonders leckeren Beilagen zählen.

Käse
Schweizer Käse genießt weltweiten Ruf. Über die Herstellung unterrichten zahlreiche Schaukäsereien.

Dessert
Apfelküchle sind Apfelscheiben, in Backteig goldgelb frittiert und mit Zimt und Zucker bestreut.

Getränke

Bei den Getränken sind vor allem Bodenseeweine und einheimisches Bier zu nennen, ferner Most (vergorener Apfel- oder Birnensaft), ausgezeichnete Fruchtsäfte und klare Obstwässer. Zum »Suser« (neuer Wein) isst man »Weckle« (Brötchen), Laugenbrezeln, Bauernbrot,

Schüblige (Rauchwurst) oder Zwiebelkuchen. Guter starker Kaffee (auch Espresso) wird in Österreich und der Schweiz serviert.

Am Überlinger See und Untersee, in der Gegend um Meersburg, Überlingen, Bodman und Konstanz sowie auf der Reichenau gibt es recht ausgedehnte Rebflächen. Der hier erzeugte **Seewein** ist ein weißer oder Roséwein (Weißherbst), der fast ausschließlich in der Region selbst getrunken wird. Auch auf der schweizerischen Seite des

Felchen, der beliebteste Speisefisch des Bodensees, steht in vielen Restaurants auf der Speisekarte.

Bodensees gibt es Weinbau; zu nennen sind die Weinberge am Untersee zwischen Steckborn und Tägerwilen (bekannt als Geburtsort des Rebzüchters Hermann Müller, nach dem die Müller-Thurgau-Rebe benannt ist), bei Stein am Rhein sowie am Ottenberg über dem Thurtal nordwestlich von Weinfelden.

Im Kanton St. Gallen gedeihen bei Mels und Berneck im Bereich des Alpenrheines gleichfalls Reben. In der Schweiz gerne getrunken wird auch der weiße Fendant aus dem Tal der oberen Rhône. Nach der Weinlese kommt »Suser« (»Sauser«), der junge, noch gärende Traubensaft, zum Ausschank. Die wichtigsten Rebsorten sind Blauburgunder, Müller-Thurgau/Rivaner (Kreuzung aus Riesling und Silvaner), Gutedel, Ruländer, Traminer und Elbling.

Feiertage, Feste und Events

Feiertage

1. Januar: Neujahr (D, A, CH)
2. Januar: Berchtoldstag (CH)
6. Januar: Hl. Drei Könige (D, A)
1. Mai: Tag der Arbeit (D, A, CH)
1. August: Nationalfeiertag (CH)
15. August: Mariä Himmelfahrt (A)
3. Oktober: Tag der Deutschen Einheit (D)
26. Oktober: Nationalfeiertag (A)
1. November: Allerheiligen (D, A)
8. Dezember: Mariä Empfängnis (A)
24. Dezember: Heiligabend (D, A, CH)
25./26. Dezember: 1. und
2. Weihnachtsfeiertag (D, A, CH)

Feiertage mit feststehendem Datum

◀ weiter S. 76

Solche gemütlichen Weinstuben wie den »Becher« in Meersburg findet man vielerorts am Bodensee.

FELCHEN, KNÖPFLE UND SEEWEIN

Das Bodenseegebiet steckt kulinarisch voller Überraschungen. Ob bodenständig oder extravagant: geschmacklich kommt hier jeder auf seine Kosten.

Ob badische, schwäbische, bayerische, schweizerische oder österreichische Spezialitäten, die Bodenseeanrainer sorgen dafür, dass der Tisch abwechslungsreich gedeckt ist, vorzugsweise mit Fisch, Wild und Mehlspeisen sowie mit den dazu passenden Weinen, die an den Uferhängen gedeihen. Frisch gefangener Felchen und Kretzer oder Egli, wie der Barsch im Bodensee heißt, schmecken mit ihrem zarten weißen Fleisch blau genauso gut wie gebraten oder in Weißwein gedünstet. Seeforellen, Hechte, Zander und Aal tummeln sich zwar auch im See, sind allerdings nicht so häufig auf den Tellern zu finden. Im Frühjahr bereichern u. a. das Wiesenlamm und im Herbst Wildgerichte wie Fasan, Reh- und Hasenrücken die Speisenkarten. Als Beilagen empfehlen sich Reichenauer Gemüse oder Spargel, der im Mai oder Juni in Tettnang gestochen wird. Und Knöpfle gehören natürlich dazu, wie die schwäbischen Spätzle am Bodensee genannt werden. Hausgemachte Teigwaren, vom Brett ins kochende Salzwasser geschabt, schmecken dabei am besten.

Schwäbische Spezialitäten

Leberspätzle, wenn pürierte rohe Leber unter den Teig gemischt wird, und Kässpätzle, wenn geriebener Käse unter die Spätzle gemengt wird, sind sogar eine vollwertige Mahlzeit. Linsen, Spätzle und Saiten (Würstchen) gelten als eine Art schwäbisches Nationalgericht. Schupfnudeln, aus einen Teig, der zu gleichen Teilen aus Mehl und Kartoffeln besteht, werden gekocht, angebraten und auf Sauerkraut serviert. Maultaschen, die schwäbischen Nudeltaschen mit unterschiedlichen Füllungen, gibt es in der Brühe, geschmälzt mit Zwiebeln und geröstet mit Ei. In der Vorarlberger Küche spielt der Maisgrieß noch eine Rolle, z. B. beim traditionellen Hafaloab aus Maißgrieß, Weizenmehl und Semmelbrösel mit Speck, Rübenkraut und gerösteten

Zwiebeln. Ein feines Bratkartoffelre-
zept haben sich die Schweizer ausge-
dacht, die gehobelten und knusprig
gebratenen Röschti. Ein Zwiebelrost-
braten ist nicht minder lecker, denn
er entpuppt sich als durchwachsenes
Rindersteak mit Röstzwiebeln oben-
drauf. Bei so viel deftigen Gerichten
empfiehlt sich zur Verdauung ein
Schlückchen Subirar, wie der aroma-
tische kräftige Schnaps aus Birnen
heißt. Wer Lust auf Käse hat, sollte
einmal den würzigen Ziegen- und
Bergkäse aus dem Bregenzer Wald
probieren, oder den Arenenberger als
Halbweichkäse oder den Rheintaler,
Thurgauer und Appenzeller als Hart-
käse.

Zum Vespern eignen sich auf Schweizer Gebiet die Olma-Kalbsbratwurst
aus St. Gallen und das Moschtbrockli,
saftig-würziges luftgetrocknetes Pfer-
defleisch aus Appenzell. Dazu werden
Bürli gereicht, eine Brötchenvariante.
Für den kleinen Hunger bieten sich
Seelen an, krustige flache Miniweiß-
brote mit Salz und Kümmel bestreut, – einst eine Spende an die
armen Seelen –, sowie Laugenbrezeln
und -wecken. Süße, in Fett ausge-
backene Muzenmandeln, Apfelstrudel

und Kaiserschmarrn, Biberli, eine Art
Lebkuchen, und Träubleskuchen, der
nicht aus Trauben, sondern aus roten
Johannisbeeren gebacken wird, stillen
den Appetit auf Süßes.

Bodenseeweine

Die Bodenseeweine runden natürlich
jedes Mahl ab. In Bodman liegt einer
der ältesten Weinberge, schon 844 soll
Kaiser Karl III. hier eine Rebe gepflanzt haben. Am Hohentwiel befindet sich in 570 Metern der höchstge-
legene Weinberg auf nährstoffreichem
Vulkanboden. Das Weingut Hohentwiel bietet hauptsächlich Müller-
Thurgau und Spätburgunder an.
Vom Weingut des Markgrafen von
Baden kommen ein fruchtiger Müller-Thurgau und ein wohlschme-
ckender Spätburgunder. Das Staatsweingut Meersburg mit Lagen
unterhalb des Schlosses baut einen
guten Grauburgunder an. In Überlingen und Konstanz bieten die städtischen Kellereien sowie in Hagnau die
Winzergenossenschaft eine vielfältige
Weinpalette an. Im Kanton Thurgau
gedeiht der Müller-Thurgau, eine
Rebkreuzung aus Riesling und Gutedel, besonders gut.

Bewegliche Feiertage
Karfreitag (D, CH)
Ostern (D, A, CH)
Christi Himmelfahrt (D, A, CH)
Pfingsten (D, A, CH)
Fronleichnam (D, A)
3. Sonntag im September: Dank-, Buß- und Bettag (CH)

▶ VERANSTALTUNGSKALENDER

JANUAR

▶ **Friedrichshafen**
Internationaler Münzen- und Mineralienmarkt mit Briefmarkenbörse
(Ende des Monats)

JANUAR – MÄRZ

▶ **Vielerorts**
Schwäbisch-alemannische Fasnacht
(▶Baedeker Special S. 78/79)

▶ **Lindau**
Großer Narrensprung

▶ **Stockach**
Hohes Grobgünstiges Narrengericht
▶Reiseziele, Stockach

MÄRZ

▶ **Meersburg**
Internationale Schlosskonzerte im Neuen Schloss, auch Open-Air-Konzerte (bis in den Herbst)

▶ **Friedrichshafen**
Bockbierfest in Friedrichshafen-Ailingen

▶ **Ermatingen (CH)**
Groppenfasnacht
▶Reiseziele, Kreuzlingen

APRIL

▶ **Reichenau**
Markusfest (25.)

▶ **Friedrichshafen**
Theatertage

APRIL/MAI

▶ **Bregenz (A)**
Bregenzer Frühling:
kulturelle Veranstaltungen.

▶ **Romanshorn (CH)**
Fischfestival

▶ **Kressbronn**
Baumblütenfest

MAI

▶ **Bregenz (A)**
Frühlingsfest

▶ **Meersburg**
Annette-von-Droste-Hülshoff-Literaturtage

MAI/JUNI

▶ **Konstanz**
Internationale Bodenseewoche:
Segel- und Ruderregatten.
www.bodenseewoche.com

▶ **Überlingen**
Schwedenprozession
▶Reiseziele, Überlingen

▶ **Friedrichshafen**
Friedrichshafener Segelwoche

▶ **Reichenau**
Hl.-Blut-Fest
(Mo. nach Dreifaltigkeitssonntag)

▶ **Vielerorts**
Bodensee-Festival: Klassische
Konzerte u. a.; www.bodfest.de

JUNI

▶ **Lindau**
Gourmetfest: Hafenfest
Lindauer Frühling: Konzerte
Regatta »Rund um den Bodensee«

▶ **Stockach**
Schweizer Feiertag:
Heimatabend, Straßenfest

▶ **Hohenems (A)**
Schubertiade

▶ **Konstanz**
Rock am See:
Open-Air-Festival

Juni/Juli

▶ **Engen**
Altstadtfest (Ende Juni/Anfang
Juli)

▶ **Friedrichshafen**
Seehasenfest: Heimat- und
Kinderfest mit Festumzug

▶ **Konstanz**
Zeltfestival: mehrtägiges Kulturfest
mit Musik- und Kleinkun-
staufführungen.

JUNI – AUGUST

▶ **Konstanz**
Internationale Musiktage
Theatersommer

JUNI – SEPTEMBER

▶ **Langenargen**
Sommerkonzerte

JULI

▶ **Allensbach**
Wasserprozession zur Insel
Reichenau

Jahrhundertealter Brauch: Mooser Wasserprozession

▶ **Hemmenhofen und
Steckborn (CH)**
Internationales Seeschwimmen
(letztes Juliwochenende)

▶ **Lindau**
Stadtfest: historisches Kinderfest

▶ **Radolfzell**
Hausherrenfest (3. So. im Juli), am
darauf folgenden Montag Mooser
Wasserprozession

▶ **Singen**
Hohentwielfest (Monatsende)
▶Reiseziele, Singen
▶Baedeker Special Guide

▶ **Überlingen**
Gassenfest (Monatsanfang)
Schwedenprozession
▶Reiseziele, Überlingen

▶ **Unteruhldingen**
Uhldinger Hafenfest:
Schrottregatta« (selbst gebaute
Wasserfahrzeuge) und Feuerwerk

JULI/AUGUST

▶ **Allensbach**
Strandfest und Platzkonzerte

▶ **Bregenz (A)**
Bregenzer Festspiele:
▶Bregenz
▶Baedeker Special Guide

Die Hexen treiben zur Fasnachtszeit vielerorts ihr Unwesen.

DIE FÜNFTE JAHRESZEIT

In Schwung kommt die schwäbisch-alemannische Fasnet nach Dreikönig und läuft zwischen dem »Schmotzigen Dunschtig« und dem Aschermittwoch zur Höchstform auf.

In alten Nachthemden oder im bunten Flickengewand streifen die Narren durch die Bodenseeorte während der Fasnet, wie die schwäbisch-alemannische Variante der fünften Jahreszeit hierzulande genannt wird. In Konstanz ist der Hemdglonker zu Hause, der mit weißgeschminktem Gesicht und auch sonst ganz in Weiß im traditionellen Nachthemd daherkommt. Er erinnert beiläufig daran, dass in der ehemaligen Bischofsstadt von altersher weiß gekleidete Gestalten häufig anzutreffen waren. Vor allem tagsüber auffälliger sind die aus vielen hundert bunten Flicken genähten Narrengewänder der Hänsele, auch »Blätzle«. oder »Fleckle-Häs« genannt. Die Bezeichnung »Hänsele« erinnert an die Zeit, als »Hansel« oder »Hänslin« volkstümliche Bezeichnungen für den Teufel waren. In Überlingen ist man stolz darauf, erstmals im Jahr 1789 den Hänsele als Fasnetfigur erwähnt zu finden.

Hexenspuk

Andernorts spielen die Wilden Männer und die Hexen als wilde Weiber eine zentrale Rolle. Neben den traditionellen gibt es noch etliche neu geschaffene Maskentypen, die sich auf lokale Sagen und Legenden beziehen. Die Hopfenbauern von Tettnang erfanden beispielsweise einen Hopfennarren und sogar seine Gegenspielerin, die rote Spinne, die als Schädling oft ihre Hopfenernte bedroht. So wird deutlich, dass Fasnet nicht nur komödiantische Unterhaltung ist, sondern auch mit den Krisen des Lebens zu tun hat. Ob Teufel, Hexe, Gespenst oder Zierfratze, die Fasnachtfiguren sind eine Art sinnbildliche Wiederkehr verdrängter Ängste, von denen man sich jedes Jahr in Gemeinschaft mit anderen Narren auf spielerische Weise befreien kann. Das lärmende und derb-komische Spektakel der schwäbisch-alemannischen Fasnet lebt von uralten Riten der Winteraustreibung,

Typisch für den Hopfenort Tettnang sind die Hopfenmasken.

von Vorstellungen der verkehrten Welt und von der Erneuerung der Ordnung nach Überwindung von Chaos, Abgründen, sündhaften Begierden und Völlerei vor Beginn der österlichen Fastenzeit. Die katholische Kirche arrangierte sich mit diesen Fastnachtsbräuchen seit dem Spätmittelalter, die Reformatoren waren jedoch strikt dagegen. Manches Mal versuchte die Obrigkeit, die ausgelassenen Feiern mit den bis zur Unkenntlichkeit verkleideten Teilnehmern zu verbieten, allerdings ohne Erfolg.

Larve und Häs

Die ganze Vielfalt der fantasievollen, meist holzgeschnitzten Masken und die aus vielen Stoffflecken zusammengenähten oder mit Schellen behängten Gewänder der traditionellen Fasnachtfiguren erlebt man eindrucksvoll beim leutseligen Ringtreffen der Narrenzünfte, bei den zahlreichen Narrensprüngen – besonders effektvoll ist der in Überlingen –, beim Narrenbaumsetzen sowie bei den farbenprächtigen Fasnachtsumzügen, z. B. in Konstanz und Kreuzlingen. Verkleidet mit Larve und Häs, wie vor

Ort die Maske und das Gewand genannt werden, treiben die oft skurrilen Gestalten allerlei Schabernack mit den Zuschauern, was zur allgemeinen Belustigung beiträgt. Das Fasnachtstreiben spielt sich vielerorts auf der Straße und in den umliegenden Wirtschaften ab, weniger im Saal, obwohl es auch als Narrenkonzert bezeichnete Prunksitzungen gibt. Und so ziehen immer noch jedes Jahr an kalten Februartagen Hexe, Wilder Mann, Faselhannes und Blätzlesnarr lärmend durch die Altstadtgassen der Bodenseestädte. Die Hexen mit ihren grob geschnitzten furchterregenden Masken vollführen akrobatische Sprünge, ja klettern sogar an Hausfassaden hoch. Die Wilden Männer lassen unaufhörlich ihre fußballgroßen »Saublotern«, luftgefüllten Schweinsblasen, auf das Publikum niederprasseln. Der Faselhannes wedelt neckisch mit seinem Fuchsschwanz. Die Hänsele dagegen scheppern mit ihren schellenbehängten Kostümen unentwegt durch die Straßen. Am Aschermittwoch ist dann fast alles vorbei. Symbolisch wird die Fasnet dann begraben oder auf lodernden Scheiterhaufen verbrannt.

▶ **Reichenau und Allensbach**
Gnadenseeschwimmen:
Volksschwimmen von der Insel
Reichenau nach Allensbach

AUGUST

▶ **Friedrichshafen**
Kulturufer
▶Baedeker Special Guide

▶ **Langenargen**
Fischerstechen: Kämpfe auf Booten in historischen Kostümen

▶ **Konstanz und Kreuzlingen (CH)**
Seenachtfest
▶Reiseziele, Konstanz
▶Baedeker Special Guide

▶ **Rorschach**
Sandburgfestival:
Ein großes Vergnügen ist dieser
Wettbewerb im Sandburgbauen.

▶ **Vaduz (FL)**
Der Nationalfeiertag (15. August)
wird in Liechtenstein u. a. mit
einem Feuerwerk gefeiert.

SEPTEMBER

▶ **Meersburg**
Das Bodenseeweinfest in dem
malerischen Weinort ist eines der
größten seiner Art.

DEZEMBER

▶ **Ermatingen (CH)**
Gangfischschießen
(2. So. im Dezember)

Geld

Seit 2002 ist der Euro (€) in Deutschland, Österreich und weiteren
Ländern der Europäischen Union das offizielle Zahlungsmittel. In
der Schweiz und in Liechtenstein ist der Schweizer Franken das offizielle Zahlungsmittel (1 € = 1,37 CHF und 1 CHF = 0,73 €).

Devisen-bestimmungen   In Deutschland, Österreich und der Schweiz bestehen keine Beschränkungen – weder für die Einfuhr noch für Ausfuhr von Devisen
oder Geld der jeweiligen Landeswährung.

Geldwechsel   Obwohl im Grenzbereich in der Schweiz auch Euro akzeptiert werden, empfiehlt es sich, eine angemessene Bargeldmenge in CHF mitzunehmen. Wechselstuben findet man an den größeren Grenzübergängen, Bahnhöfen und Flughäfen sowie bei Banken vor Ort.

Bankautomaten   An Geldautomaten kann man mit Kredit- oder Bankkarten – in
Kombination mit der Geheimzahl – rund um die Uhr Geld abheben.
Bei Verlust von Bankkarten und Kreditkarten alarmiere man zur sofortigen Sperrung unverzüglich die einheitliche, rund um die Uhr erreichbare Notfallnummer des Zentralen Annahmedienstes für Verlustmeldungen. Die Telefonnummer aus Österreich und der Schweiz
lautet: 00 49/11 61 16.

Sowohl in Deutschland als auch in der Schweiz und in Österreich sind die gängigen Kreditkarten – z. B. Eurocard, VISA, American Express oder Diner's Club – eingeführt und werden akzeptiert.   Kreditkarten

Gesundheit

Innerhalb der Europäischen Union (EU), zu der auch Österreich gehört, gilt seit 2004 die **Europäische Krankenversicherungskarte (EHIC)**. Mit ihr sind die Kosten für akute Notfälle und die Behandlung chronischer Erkrankungen abgedeckt.

Mit Kindern unterwegs

Bei Sommerwetter am Bodensee sind natürlich die zahlreichen Strand- und Freibäder erste Anlaufstelle für Familien mit Kindern.

Aber auch bei weniger gutem Wetter oder als Alternative zum Badevergnügen gibt es in dieser Ferienregion einige spannende Angebote für die Kleinen.

Eine der Hauptattraktionen am Bodensee für Jung und Alt ist das **Pfahlbaumuseum** in Unteruhldingen (▶S. 254). Es bietet einen auch für Kinder sehr anschaulichen Einblick in das Leben vor vielen tausend Jahren. Auch das zweite außergewöhnliche Museum am Bodensee, das **Zeppelin Museum** in Friedrichshafen, ist zumindest für größere Kinder von Interesse. Es ist schon spannend, in das Innere eines Zeppelins zu schauen.

Einen Riesenspaß für Kinder verspricht der Ausflug zum **Affenbergs Salem** (▶ S. 263), wo man freilaufende Berberaffen beobachten und sogar füttern kann. Im **Wild- und Freizeitpark Allensbach** gibt es vor allem einheimische

Viel Spaß verspricht der Affenberg Salem.

Wildtiere zu sehen; besonders beliebt bei Kindern ist natürlich der Streichelzoo. Bei Bregenz lockt der Hausberg **Pfänder** (▶ S. 127) mit einem Alpenwildpark; eine besondere Attraktion ist die hier gezeigte Greifvogelflugschau.

Literatur

Bildbände Lisa Bahnmüller, Wilfried Bahnmüller, Michael Neumann-Adrian, **Bodensee**, Steiger Verlag im Weltbild, München 2000
Ein stimmungsvoller Bildband von der oberschwäbischen Barockstraße bis zur Mainau.

_i_ Die besten Bücher

- Hermann Hesse, Bodensee, Thorbecke, Sigmaringen 2001.
  Wer auf Hesses Spuren wandeln möchte, sollte sich in dieses Buch vertiefen. Der Dichter, der einige Jahre in Gaienhofen lebte, hat in Betrachtungen und Gedichten seine Eindrücke vom See festgehalten.
- Die zweite Hälfte meiner Heimat, Annette von Droste-Hülshoff am Bodensee, Irene Ferchl, Deutsche Verlags-Anstalt, Stuttgart 1998.
  Der literarische Reiseführer, mit zeitgenössischen Stichen und Fotos illustriert, stellt die Dichterin am Bodensee vor.
- Martin Walser, Ein fliehendes Pferd, Suhrkamp, Frankfurt/Main 1983.
  Bekannte Novelle des am Bodensee lebenden Schriftstellers, die das Zusammentreffen zweier ehemaliger Schulkameraden beschreibt. Sie wurde 2007 auch verfilmt.

Ralf Freyer, Thomas Bohnet, **Bodensee, Europas lächelnde Seele**, Rosenheimer, Rosenheim 1996
Faszinierende Fotos und kurzweilige Texte fangen wechselnde Stimmungen rund um den Bodensee ein und stellen touristische Anziehungspunkte vor.

HB Bildatlas 289, Bodensee, HB Verlag, Ostfildern 2009
Ein bunter Bilderbogen mit einführenden Texten bietet einen guten Einstieg für ein Urlaub in der Region Bodensee.

Hermann Hesse: Luftreisen, Betrachtungen, Gedichte, Bilder über das Fliegen, Insel, Frankfurt a. M. 1999
Der Dichter beschreibt hier einen Flug im Jahr 1911 mit dem Zeppelin »Schwaben«.

Eduard Mörike: Idylle vom Bodensee, in: Sämtliche Werke, Winkler Verlag/Patmos, Düsseldorf 1997
In der Idylle vom Bodensee (1845/1846) steht der verklärte Eindruck der Bodenseelandschaft als Hintergrund vor zwei heiteren Abenteuern des alten Fischers Martin.

Joseph Victor von Scheffel: Ekkehard, Diogenes, Zürich 2001
Ein kulturhistorischer Roman aus dem 10. Jahrhundert. Der Mönch Ekkehard von St. Gallen wird von der verwitweten Herzogin Hadwig von Schwaben zurückgestoßen, als er ihre Liebe zu spät erwidert.

Den Rest seines Lebens verbringt er als Einsiedler am Säntis in der Betrachtung der Natur und der Abfassung des »Waltharius«.

Bodensee-Blues, Gmeiner Verlag 2007
Kurzkrimis von 10 namhaften Krimiautoren und -autorinnen; zentrales Thema ist das »mörderische« Speditionsgewerbe.

Unser aller Weg führt übern Bodensee. Hg. von Manfred Bosch, Edition Isele, Eggingen 2000
Eine literarische Anthologie zum Thema Bodensee: 70 Autoren des 20. Jh.s kommen zu Wort.

Martin Walser: Ficus, Heimatlob. Ein Bodensee-Buch, Insel/Suhrkamp, Frankfurt/Main 1998
Walser und Ficus, Schriftsteller und Maler, beide langjährig befreundet und am Bodensee ansässig, machen sich Gedanken über die vertraute Landschaft.

Walter Gödden, Jochen Grywatsch, Annette von Droste-Hülshoff am   Sachbücher
Bodensee, Turm Verlag, Meersburg 1998
Ein praktischer Reiseführer, der die biografischen und literarischen Bezüge der Dichterin zum Bodensee darstellt.

Bodenseeküche. Regionale Küche mit Tradition. Verlag Komet 2004
Zusammenstellung von traditionellen Rezepten der Region – so wie eben die Großmutter noch kochte.

Notrufe

 DIE WICHTIGSTEN RUFNUMMERN

DEUTSCHLAND
► **Polizei**
Tel. 1 10

► **Feuerwehr**
Tel. 1 12

► **ADAC-Notrufzentrale**
Medizinische Beratung und Rückholdienst
Tel. (0 89) 76 76 76
Unfälle, Dokumentenverlust
Tel. (0 89) 22 22 22

SCHWEIZ
► **Notruf**
Tel. 1 12, 1 44

► **Polizei**
Tel. 1 17

► **Feuerwehr**
Tel. 1 18

► **Schweizer Rettungsflugwacht**
Tel. 14 14

Seenotrettung

Der Rettungsdienst auf dem Bodensee wird durch folgende Einrichtungen wahrgenommen: Wasserschutzpolizei (Deutschland), Gendarmerie (Österreich), Seepolizei (Schweiz). Rund um den Bodensee befinden sich über 40 Blinkleuchten, die Vorsichtsmeldungen für Wassersportler signalisieren. In der Wintersaison leuchten die Sturmwarnlampen nur bei akuter Sturmgefahr auf. Die Lampen blinken bei Vorsichtsmeldung, die das wahrscheinliche Eintreten von jähen Sturmwinden signalisiert, 40-mal in der Minute, bei Sturmwarnung, die auf unmittelbare Gefahr hinweist, 90-mal pro Minute.

▶ DIE WICHTIGSTEN RUFNUMMERN

DEUTSCHLAND

▶ **Rettungsleitstelle Kreis Konstanz**
Radolfzell: Tel. (077 32) 192 22

▶ **Rettungsleitstelle Bodenseekreis**
Friedrichshafen:
Tel. (075 41) 192 22

▶ **DLRG-Ortsgruppen**
Konstanz:
Tel. (075 31) 1 74 00

Langenargen: Tel. (075 43) 25 36
Radolfzell: Tel. (077 32) 94 21 90

SCHWEIZ

▶ **Schweizerische Lebensrettungsgesellschaft Seerettungsdienst:**
Tel. 118

ÖSTERREICH

▶ **Österreichische Wasserrettung, Landesverband Vorarlberg**
Bregenz: Tel. (055 74) 61 70 00

Post · Telekommunikation

Deutschland
Postkarte Inland und europäisches Ausland: 0,45 €.
Standardbrief Inland und europäisches Ausland 0,55 €.

Schweiz und Liechtenstein
Es wird unterschieden zwischen nichteiliger und eiliger Post:
Nichteilige Briefpost (bis 20 g) und Ansichtskarten nach Deutschland und Österreich 1,20 CHF, innerhalb der Schweiz 0,70 CHF.
Eilige Briefpost (bis 20 g) und Ansichtskarten nach Deutschland und Österreich 1,30 CHF, innerhalb der Schweiz 0,90 CHF. Ein handgeschriebener Vermerk oder Klebezettel mit Aufschrift »Prioritaire« ist erforderlich.

Österreich
Postkarte und Standardbrief Inland und Europa 0,55 €.

Zwischen der Deutschen Telekom und der eidgenössischen Postge-sellschaft PTT wurde vereinbart, dass deutsche Telefonkarten in der Schweiz bzw. Schweizer Karten in Deutschland verwendet werden können. Wer beim Telefonieren mit dem Handy im Ausland Roa-minggebühren sparen will, sollte sich eine Prepaidkarte zulegen.

Telefon, Handy

 ## TELEFON

VORWAHLEN

► **von Deutschland**
in die Schweiz: 00 41
nach Liechtenstein: 0 04 23
nach Österreich: 00 43

► **von der Schweiz und Liechtenstein**
nach Deutschland: 00 49
nach Österreich: 00 43

► **von Österreich**
nach Deutschland:
00 49
in die Schweiz:
00 41
nach Liechtenstein:
004 23

Preise und Vergünstigungen

Der Bodensee ist wie alle großen Ferienregionen relativ teuer. Es ist zweifellos am schönsten, direkt am See zu essen und zu übernachten, aber auch am teuersten. In der Schweiz ist es sogar noch etwas teu-rer. Wer es preisgünstiger haben möchte, sollte sich ins idxllische Hinterland begeben. Vor allem für Familien mit Kindern geeignet sind deshalb die Touristenkarten, die freien Eintritt bei Ausflugszie-len und freie Fahrt mit den öffentlichen Verkehrsmitteln ermögli-chen. Auch die verschiedenen Verkehrskarten schonen die Urlaubs-kasse (►Schifffahrt).

Der BodenseeErlebniskarte ist in drei Varianten erhältlich: für Land-ratten, Seebären und Sparfüchse. Damit hat man freien bzw. ermä-ßigten Eintritt zu 180 Ausflugszielen, Erlebnisparks, den meisten Bä-dern und zahlreichen Museen – z. B. ins Zeppelin Museum in Fried-richshafen – sowie bei Bergbahnen und außer bei der Landratten-Karte freie Fahrt auf allen Bodenseekursschiffen. Die Karte gibt es für drei, sieben oder 14 Tage. Weitere Informationen: Internationale Bodensee-Tourismus GmbH (►Auskunft).

Bodensee-Erlebniskarte

Der BodenseeGästepass ist die gemeinsame Gästekarte fast aller wichtigen deutschen Bodenseeorte. Passinhaber kommen in den Ge-nuss vieler ermäßigter oder kostenloser touristischer Angebote.

Bodensee Gästepass

▶ WAS KOSTET WIE VIEL?

**3-Gang-
Menü**
ab 10 €

**Einfache
Mahlzeit**
ab 7 €

**Tasse
Kaffee**
ab 1,50 €

**Einfaches
Doppel-
zimmer**
ab 20 €

**Glas
Bier**
ab 2,50 €

**Benzin
(1 l 95 Oktan)**
um 1,30 €

**BodenSee
Team-Card**

Mit der kostenlosen BodenSeeTeam-Card hat man bei vielen Veran-staltungen und Freizeitangeboten sowie in Museen freien Eintritt. Die Karte hat in folgenden Orten Gültigkeit: Bodensee-Linzgau, Bod-man-Ludwigshafen, Hagnau, Immenstaad, Meersburg, Salem, Sip-plingen, Überlingen, Uhldingen-Mühlhofen. www.bodenseeteam.de

**Bodensee-
Vorarlberg-
Freizeitkarte**

Die Bodensee-Vorarlberg-Freizeitkarte für die Region zwischen Bre-genz und Feldkirch bis Liechtenstein ist für Gäste gedacht, die min-destens eine Übernachtung in der Region buchen. Sie ermöglicht an drei Tagen freien Eintritt bei Ausflugszielen und freie Fahrten für Bus und Bahn. Weitere Informationen: Bodensee-Vorarlberg Touris-mus (▶Aufkunft).

Radwandern

**Bodensee-
Radweg
(▶Touren)**

Der Bodensee-Radweg, der beliebteste Radweg Europas, führt ent-lang dem deutschen, österreichischen und Schweizer Bodenseeufer. Im Allgemeinen wird die Tour in 7 bis 8 Tagen gefahren. Der gesam-te Bodensee-Radweg hat eine Länge von rund 273 km. Um den Bo-densee zu umrunden, benötigt man einen gültigen Personalausweis oder Reisepass. Beste Zeit für einen Radurlaub ist die Vor- oder Nachsaison, da die Suche nach Quartieren für jeweils nur eine Über-nachtung während der Saison häufig schwierig ist. Auch die Boden-seeschiffe befördern Fahrräder, allerdings nur, solange genügend Platz auf den Schiffen ist.

▶ RADWANDERN

AUSKUNFT

▶ **Allgemeiner Deutscher Fahrrad-Club (ADFC) Konstanz**
Tel. (075 31) 36 81 58
www.adfc-bw.de/konstanz

▶ **Bahn**
Tel. (018 05) 15 14 15
(Radfahrer-Hotline)
www.bahn.de

RADREISEN

▶ **Kultur-Rädle**
Bahnhofplatz 29
D-78462 Konstanz
Tel. (075 31) 273 10
Fax 36 58 63
www.kultur-raedle.de
Die Stadt Konstanz bietet fach- und ortskundige Führungen, um verborgene Schätze des Bodensees mit dem Fahrrad zu entdecken.

▶ **Bodensee-Radweg Service GmbH**
Fritz-Arnold-Str. 16 A
D-78464 Konstanz
Tel. (075 31) 819 93-0
Fax 819 93-66
www.bodensee-radweg.com
Informationen zum Tourenverlauf und Übernachtungsmöglichkeiten sowie Schiffsverkehr; außerdem wird eine Gepäckservice angeboten, so dass man bequem ohne Gepäck radfhren kann.

▶ **Velotours Touristik**
Ernst-Sachs-Str. 1
D-78467 Konstanz
Tel. (075 31) 98 28-0
Fax 98 28-98
www.velotours.de
Verschiedene Radtouren am und um den Bodensee.

Radhotels
Im Bodenseeraum gibt es mittlerweile eine Vielzahl von Radhotels, die Fahrräder verleihen und teilweise auch geführte Radtouren rund um den See oder ins Hinterland anbieten.

Fahrradverleih
Fast überall am Bodensee kann man Fahrräder mieten. Anbieter sind Hotels, Sportgeschäfte, Fahrradvermietungen oder die Fremdenverkehrsämter der einzelnen Gemeinden. Auskunft zu den Anbietern erhält man bei den Fremdenverkehrsämtern. An den Bahnhöfen der drei den Bodenseeraum bedienenden Bahngesellschaften DB, SBB und ÖBB stehen ebenfalls in der Regel von April bis Ende Oktober, z. T. aber auch ganzjährig, Leihfahrräder – in der Schweiz Mietvelos genannt – zur Verfügung, die man an jedem Bahnhof zurückgeben kann. Prospekte sind an allen DB-Verkaufsstellen erhältlich.

Radeln ohne Gepäck
Wachsender Beliebtheit erfreut sich das Radeln ohne Gepäck. Der Gepäcktransport wird von Mitte März bis Ende Oktober angeboten und ist in jeder Unterkunft am Bodensee bis 16.00 Uhr am Vortag buchbar. Verschiedene Veranstalter haben auch Pauschalangebote, die Übernachtungen und Gepäcktransport umfassen, im Angebot. Auch der Bodensee-Radweg Service organisiert Radeln ohne Gepäck.

Reisezeit

Klimadaten Der Bodensee gehört zu den Gegenden in Deutschland, in denen ein besonders mildes Klima herrscht. Je weiter man sich allerdings vom See entfernt, desto rauer wird es. Im Bodenseeraum sind die Temperaturschwankungen weniger stark als in den meisten anderen Gebieten Süddeutschlands. Der Grund dafür ist die Temperaturen ausgleichende Wirkung des großen Wasserspeichers Bodensee. Die **Jahresdurchschnittstemperatur** liegt bei + 9 °C, im Sommermonat Juli wird eine Durchschnittstemperatur von knapp 20 °C erreicht. Der Bodensee erwärmt sich wegen der späten Schneeschmelze in den Alpen und der damit verbundenen starken Kaltwasserzufuhr erst relativ spät. Trotzdem werden manchmal in geschützten Buchten im Juli **Wassertemperaturen** von 20 °C erreicht. Da die Wärme lange gespeichert wird, werden gelegentlich noch im Oktober 17 °C Wassertemperatur gemessen. Die jährliche Niederschlagsmenge nimmt in auffälliger Weise von West nach Ost zu. In Friedrichshafen misst man mehr als 900 mm **Niederschlag** pro Jahr und in Bregenz sogar 1500 mm. ie höchsten Niederschlagsmengen fallen im Spätfrühling und Frühsommer. Durch die Verdunstung des noch relativ warmen Bodenseewassers entstehen in den Herbst- und Wintermonaten **Nebel** über dem See und in Ufernähe. Die meiste Zeit wehen am Bodensee nur leichte Winde, und oft ist es auch windstill. Bei besonderen Konstellationen der Großwetterlage im Herbst und Winter sorgt der von den Alpen herabstürzende Fallwind **Föhn** für starken Temperaturanstieg und ausgesprochen klare Sicht.

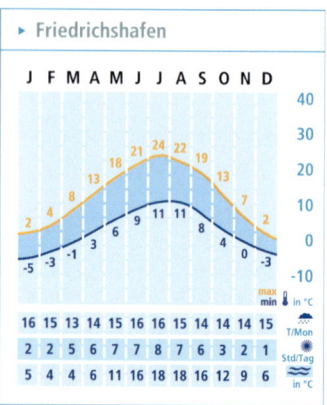

▸ Friedrichshafen

	J	F	M	A	M	J	J	A	S	O	N	D	
max/min in °C	2	4	9	13	18	21	24	22	19	13	7	2	
	-5	-3	-1	3	6	9	11	11	8	4	0	-3	
T/Mon	16	15	13	14	15	16	16	15	14	14	14	15	
Std/Tag	2	2	5	6	7	7	8	7	6	3	2	1	
in °C	5	4	4	6	11	16	18	18	16	12	9	6	

Reisezeit Der Raum Bodensee lohnt fast zu jeder Zeit einen Besuch. Während der Sommer zum Baden einlädt, werden Frühjahr und Herbst für Radtouren und Wanderungen vorgezogen. Entsprechend der milden Witterung beginnt die Reisezeit im Bodenseeraum oft schon im April zur Zeit der eindrucksvollen Obstbaumblüte, die die Landschaft in ein Blütenmeer verwandelt. Einige Orte veranstalten Baumblütenfeste. Die Löwenzahnblüte, die das Voralpenland zwischen Bodensee und Hochgebirge alljährlich im Frühjahr in riesige goldgelbe Teppiche verwandelt, bietet Wanderern und sonstigen Ausflüglern eine eindrucksvolle Kulisse. Die eigentliche Badesaison setzt selten vor dem Juli ein und endet oft erst im Oktober.

? WUSSTEN SIE SCHON …?

▸ Die Seegfrörne – das bedeutet, dass der ganze Bodensee zugefroren ist – hat sich vom 9. Jh. bis heute nur 33 mal ereignet.

Jetzt herrscht Hochbetrieb am See. In Bregenz ist Festspielsaison, und vielerorts werden Hafenfeste gefeiert. Höhepunkt der Seefeste ist das mit Kreuzlingen gemeinsam veranstaltete Konstanzer Seenachtfest im August mit großem Feuerwerk. Der Herbst ist wegen seiner leuchtenden Farben zur Obsternte und Weinlese – mit zahlreiche Weinfesten – nicht weniger attraktiv als das blütenreiche Frühjahr, zumal es im Herbst ruhiger ist als während der sommerlichen Hochsaison. Insbesondere für Wanderungen und Radtouren eignet sich der Herbst besonders gut.

Schifffahrt

Die größten den Bodensee befahrenden Schifffahrtsunternehmen sind die Bodensee-Schiffsbetriebe GmbH (BSB, Sitz in Konstanz) mit der Schweizerischen Bodensee Schiffahrtsgesellschaft AG (Bodensee), der Bodenseeschifffahrt der Österreichischen Bundesbahnen (ÖBB) und der Schweizerische Schifffahrtsgesellschaft Untersee und Rhein (URh). Diese vier Reedereien sind im Verband der Vereinigten Schifffahrtsunternehmen für den Bodensee und Rhein (VSU) zusammengeschlossen und bilden mit ihren Motorschiffen und Motorbooten die **Weiße Flotte** Bodensee. Ferner gibt es die Stadtwerke Konstanz, die seit 1928 den Fährverkehr zwischen Konstanz-Staad und Meersburg unterhalten, und die 1892 gegründete Motorboot-Gesellschaft Bodman.

Schifffahrtsunternehmen

Die **Vereinigten Schifffahrtsunternehmen für den Bodensee und Rhein (VSU)** betreiben die Schifffahrt auf dem Bodensee. Die Weiße Flotte fährt alle wichtigen Orte rund um den See an. Fährverkehr besteht zwischen Friedrichshafen und Romanshorn sowie zwischen Konstanz-Staad und Meersburg. Auf dem Rhein (Hochrhein, Untersee, Seerhein) verkehren mehrmals täglich Linienschiffe zwischen Schaffhausen und Kreuzlingen. Der halbjährlich erscheinende Schiffsfahrplan dieses Schifffahrtsunternehmens, in dem alle Linien der Weißen Flotte enthalten sind, ist bei den Fremdenverkehrsstellen vor Ort (►Auskunft) oder im Internet erhältlich.

Linienverkehr

Im Sommer werden von den größeren Bodenseeuferorten in verschiedensten Kombinationen zahlreiche Sonder- und Ausflugsfahrten angeboten: Abend- und Tanzfahrten sowie Frühstücks- und andere kulinarische Fahrten, ferner Fahrten anlässlich besonderer Veranstaltungen wie zum Seefeuerwerk beim Seenachtfest in Konstanz oder zu den Bregenzer Festspielen.

Ausflugsfahrten

Sonderschiffe für Betriebe und Vereine, Familienfeiern, Tagungen, Verkaufsfahrten und Ausstellungen können das ganze Jahr über ge-

Schiffscharter

chartert werden. Auf Wunsch werden auf den Schiffen Programme mit Bewirtung und Musik individuell arrangiert.

Fahrkarten

Der **Bodensee Pass** ist eine internationale, nicht übertragbare Kombinationsfahrkarte, die zum halben Preis grenzenloses Reisen mit Schiff, Eisenbahn, Bus und Bergbahn ermöglicht. Er ist in drei Varianten zu bekommen: als 7-Tage-Karte, als 15-Tage-Karte und als Jahreskarte mit persönlichem Passfoto. Der Bodensee Pass ist erhältlich auf allen Schiffen und Landestellen der Weißen Flotte sowie an den Bahnhöfen Arbon, Kreuzlingen-Hafen, Lindau, Radolfzell, Romanshorn, Rorschach-Hafen. Singen und Überlingen. Als Ergänzung gibt es Tageskarten (einzeln oder im 3er-Set), die auf allen Schiffen der Weißen Flotte gelten. Zum Bodensee Pass bekommt man gratis die Bodensee-Gästekarte, mit der Preisnachlässe bei zahlreichen touristischen Einrichtungen gewährt werden.

Mit der **Saison Card** hat man ein Jahr lang freie Fahrt auf allen VSU-Kursschiffen, mit Ausnahme der Bodenseefähre Friedrichshafen – Romanshorn und Überlingen – Bodman. Mit der **Bodensee-Kinderkarte** können Kinder und Jugendliche bis 15 Jahre in Begleitung ihrer Eltern oder Großeltern einen Tag auf allen Kursschiffen fahren. Für einen Tagesausflug in die internationale Bodenseeregion bietet sich die **EuRegio Bodensee** an. Diese Tageskarte ermöglicht Fahrten auf allen Bussen, Bahnen und Schiffen in der Region und ist in sieben Zonen unterteilt. Gesellschaften, Schulen und Jugendgruppen mit mehr als fünf Personen erhalten für gemeinsame Fahrten großzügige Fahrpreisermäßigungen.

Behinderte

Fast alle Schiffe sind für Rollstullfahrer geeignet. Sie sind mit behindertengerechten Toiletten, einige mit Aufzügen ausgestattet. Das in Deutschland geltende Gesetz über die unentgeltliche Beförderung Schwerbehinderter im öffentlichen Personenverkehr gilt nur auf der Schiffslinie 10501 von Konstanz nach Überlingen.

Museumsschiff »Hohentwiel«

Die »Hohentwiel«, das **letzte Dampfschiff auf dem Bodensee**, wurde 1911/1912 bei Escher-Wyss in Zürich gebaut. Nach dem Zweiten Weltkrieg diente es der Deutschen Bundesbahn bis Anfang der 1960er-Jahre als Passagierschiff. Dann erwarb der Jachtclub Bregenz das Schiff und nutzte es rund zwanzig Jahre lang als Klubhaus. Im Jahr 1983 beschloss die Internationale Bodenseekonferenz zu prüfen, ob die »Hohentwiel« als Museum für die Geschichte der Bodenseeschifffahrt erhalten werden könne. Und tatsächlich war die Renovierung des Schiffes bis 1989 abgeschlossen, so dass der Nutzung als Museum nun nichts mehr im Wege stand.

Seit 1990 befährt der restaurierte Schaufelraddampfer »Hohentwiel« nun wieder den Bodensee. Angeboten werden Ausflugs-, Gourmetfahrten, Fahrten zu den Bregenzer Festspielen und Erlebnisfahrten in Kombination mit dem Rheinbähnle. Die Abfahrt erfolgt von den großen Orten am Bodensee.

Nostalgie pur: eine Fahrt mit dem Schaufelraddampfer »Hohentwiel«

SCHIFFFAHRT

SCHIFFFAHRTS-GESELLSCHAFTEN

▶ **Bodensee-Schiffsbetriebe (BSB)**
www.bsb-online.com

Hafenstr. 6
D-78462 Konstanz
Tel. (075 31) 364 03 89
Fax 364 03 73

Seestr. 23
D-Friedrichshafen
Tel. (075 41) 922 83 89

Schützingerweg 2
D-Lindau
Tel. (083 82) 275 84 10
Fax 275 84 11

BSB-Ticketverkaufsstelle
Landungsplatz, Überlingen

BSB-Ticketverkaufsstelle
Grethaus
Seepromenade 16

▶ **Vorarlberg Lines Bodenseeschifffahrt**
Seestr. 4, A-6900 Bregenz
Tel. (055 74) 428 68
www.bodenseeschifffahrt.at

▶ **Schweizerische Bodensee Schifffahrtsgesellschaft AG**
Friedrichshafener Str. 55 a
CH-8590 Romanshorn
Tel. (071) 466 78 88
Fax 466 78 89
www.sbsag.ch

▶ **Schweizerische Schifffahrts-gesellschaft Untersee und Rhein (URh)**
Freier Platz 8

CH-8207 Schaffhausen
Tel. (052) 634 08 88
Fax 634 08 89
www.urh.ch

FÄHRVERKEHR

▶ **Auto- und Personenfähren**
Konstanz-Staad – Meersburg
Schiffstr. 41, D-78464 Konstanz
Tel. (075 31) 80 30

Friedrichshafen – Romanshorn
Bodensee-Schiffsbetriebe
Tel. (075 41) 923 83 89
Fax 923 83 72
www.bsb-online.com

▶ **Personenfähre**
Allensbach – Reichenau
Bootsvermietung Baumann
Tel. (075 33) 98 48, Fax 99 87 21
www.schifffahrtbamann.de

HOHENTWIEL

▶ **»Hohentwiel«**
Schifffahrtsgesellschaft
Kohlplatzstr. 17 A
A-6971 Hard
Tel. (055 74) 635 60
Fax 6 35 60 33
www.hohentwiel.com
Informationen über Fahrten,
Reservierungen und Chartern.

Shopping

Das ganz typische Bodenseesouvenir gibt es nicht. Es sind vielmehr die zahlreichen Spezialitäten der Anrainerstaaten, die als Andenken oder Mitbringsel Freude machen. Beliebt sind schöne Spitzen- und Stickereiarbeiten aus der Schweiz und Vorarlberg, Zeichnungen und Gemälde sowie Antiquitäten aus zahlreichen Galerien (besonders Meersburg) und kunstgewerbliche Gegenstände (Töpferwaren, Holz- und Wurzelschnitzereien), Briefmarken aus Liechtenstein sowie Armeemesser, Uhren und Schmuck aus der Schweiz. An kulinarischen Mitbringseln empfehlen sich **Bodenseewein und Obst**, das auch an der Straße verkauft wird, ferner Obstschnäpse (z. B. aus Birnau). Aus der Schweiz empfehlen sich Schokolade und Käse. Die Hüppen sind feine Waffeln aus dem schweizerischen Gottlieben. Eine Spezialität Liechtensteins ist die Honigtorte.

Sportschifffahrt

Wassersport-revier mit-strengen Schutz-bestimmungen

Der Bodensee ist eines der schönsten Wassersportreviere in Europa; auch eine Fahrt auf dem Rhein ist landschaftlich sehr lohnend. Da der Bodensee Trinkwasserspeicher für Hunderttausende von Menschen und Rückzugsgebiet für viele Wassertiere und Vögel ist, bestehen zum Schutz der Umwelt strenge Verordnungen für Wassersportler. 300 m vom Ufer aus sind gesperrt für Wasserfahrzeuge, das Gleiche gilt für alle Naturschutz- und Schilfgebiete.

Heimisches Obst wird an vielen Verkaufsstellen an der Straße angeboten.

Das Segeln auf dem Bodensee ist nicht einfach. Zwar weht der Wind meist stetig von Osten oder Westen, doch ist er in Ufernähe nicht selten böig. Nicht zu unterschätzen sind die plötzlich aufziehenden Gewitter, die von Sturmwarnleuchten am Ufer angekündigt werden.

Bodenseewetter

Segelbootcharter – z. T. auch mit Skipper – und Segelkurse bieten die zahlreichen Jachtschulen im Bodenseegebiet. An dieser Stelle können nur einige genannt werden. Für ausführliche Informationen sollte man sich an die unter ▶Auskunft erwähnten Fremdenverkehrsstellen direkt wenden.

**Segelboot-
charter**

▶ WICHTIGE ADRESSEN

WETTERVORHERSAGE

▶ **Wettervorhersage für Wassersportler auf dem Bodensee**
Tel. (07 11) 955 20

▶ **Deutscher Wetterdienst, Wetterwarte Konstanz**
Tel. (075 31) 58 27 70

▶ **Wetterdienst Bregenz**
Tel. (055 74) 425 54

▶ **Bodensee-Seglerverband**
Dieter Haertl
Rossgasse 14
A-6971 Hard
Tel. (055 74) 894 49 10
Fax 89 44 94
www.bsvb.at

▶ **Verband Deutscher Sportbootschulen**
Birkental 25

D-67098 Bad Dürkheim
Tel. (063 22) 95 62 80
Fax 95 62 81
www.sportschulen.de

SEGELSCHULEN

▶ **Konstanz-Wallhausen**
Segel- und Motorbootschule
Wittmoosstr. 10
Tel. (075 33) 47 80
Fax 977 71
www.segelschule-konstanz-
wallhausen.de

▶ **Radolfzell**
Segelschule
Zeppelinstr. 23
Tel. (077 32) 97 19 31
Fax 103 92
www.segelschule-radolfzell.de

▶ **Staad (CH)**
Delfino Segelschule
Hauptstr. 8
Tel. (071) 845 40 20
www.delfinos.ch

Übernachten

Am Bodensee gibt es zahlreiche Möglichkeiten zum Übernachten, vom einfachen Campingplatz bis zum komfortablen Hotel. Grundsätzlich heißt die Devise: je weiter weg vom See, umso günstiger die Übernachtungspreise.

Camping   Campingverzeichnisse sind u. a. bei den Fremdenverkehrsverbänden in Deutschland, Österreich und der Schweiz (▶ Auskunft) erhältlich. Auskünfte über die herrschenden Bestimmungen auf den Campingplätzen erteilen die nachfolgend erwähnten übergeordneten Stellen.

Hotels   Die Region Bodensee verfügt in der Hotellerie überwiegend über gut geführte **Mittel- und Kleinbetriebe**. Daneben gibt es einige Häuser der oberen Kategorie. Bettenburgen kennt man glücklicherweise nicht.

In vielen Orten am Bodensee gibt es eine große Zahl von **Privatzimmer, Ferienwohnungen** und **Ferienhäuser** zu erschwinglichen Preisen. Die Vermieter geben sich große Mühe, ihren Gästen eine ansprechende Ausstattung zu bieten. Die regionalen und lokalen Fremdenverkehrsämter halten vollständige Verzeichnisse bereit, die jedes Jahr auf den neuesten Stand gebracht werden und detaillierte Angaben über einzelne Unterkünfte enthalten.

i **Preiskategorien**

■ Die aufgeführten Preise beziehen sich auf ein Doppelzimmer pro Nacht.

Luxus: über 130 €
Komfortabel: 90 – 130 €
Günstig: bis 90 €

Die Jugendherbergen (JH) stehen allen Gästen offen, die einen gültigen Jugendherbergsausweis besitzen. Eine Altersbegrenzung besteht nicht; doch genießen Gäste unter 25 (in Österreich unter 30) Jahren ein Vorrecht. Familien sowie Leiter von Schulen und Jugendgruppen benötigen eine besondere Mitgliedskarte. In der Hochsaison ist Voranmeldung zu empfehlen.

Jugend-
herbergen

Zahlreiche Bauernhöfe im Bodenseeraum bieten vor allem für Familien mit Kindern Möglichkeiten für abwechslungsreiche Ferienaufenthalte. Etliche Höfe sind in Ferienringen zusammengeschlossen, die auch Gemeinschaftsveranstaltungen organisieren.

Ferien auf dem
Bauernhof

 WICHTIGE ADRESSEN

CAMPING

► **Deutscher Camping-Club**
Mandlstr. 28
D-80802 München
Tel. (089) 380 14 20, Fax 33 47 37
www.camping-club.de

► **Schweizerischer Camping-
und Caravaning-Verband
(SCCV)**
Postfach 24
CH-4027 Basel
Tel. (061) 302 26 26
Fax 302 24 81
www.sccv.ch

► **Camping- und Caravaningclub
Austria (CCA)**
Donaustadtstr. 34
A-1220 Wien
Tel. (01) 89 12 10
Tel. (050) 123 22 22
Fax 123 22 23
www.cca-camping.at

JUGENDHERBERGEN

► **Deutsches Jugend-
herbergswerk (DJH)**
Bismarckstr. 8
D-32756 Detmold
Tel. (052 31) 740 10
Fax 74 01 49
www.djh.de

► **Schweizer Jugendherbergen
(SJH)**
Schaffhauser Str. 14
CH-8042 Zürich

Tel. (01) 360 14 14
Fax 360 14 60
www.sjh.ch

▶ **Österreichischer Jugend-
herbergsverband (OEJHV)**
Schottenring 28
A-1010 Wien
Tel. (01) 533 53 53
Fax 535 08 61
www.oejhv.or.at

**FERIEN AUF DEM
BAUERNHOF**

▶ **Verein Urlaub auf dem
Bauernhof in Baden-
Württemberg**
Friedrichstr. 43
D-79098 Freiburg im Breisgau

Tel. (07 61) 271 33 90
Fax 28 77 75
www.urlaub-bauernhof.de

▶ **Reka Schweizer
Reisekasse**
Neuengasse 15
CH-3001 Bern
Tel. (031) 329 66 33
www.reka.ch

▶ **Urlaub am Bauernhof
in Vorarlberg**
Montfortstr. 9
A-6900 Bregenz
Tel. (055 74) 400-100
Fax 400-600
www.vorarlberg-
farmholidays.com

Urlaub aktiv

Angeln Im Bodensee können u. a. Äsche, Egli, Saibling, Trüsche, Kilch, Felchen, Seeforelle, Hecht und Wels geangelt werden. Erlaubnisscheine
sind gegen Gebühr und Vorlage des Jahresfischereischeins erhältlich.
Detaillierte Informationen erteilen die unter ▶ Auskunft erwähnten
Fremdenverkehrsstellen.

Golf Golf gilt in Deutschland nach wie vor als Exklusivsport. Dennoch
wächst die Zahl der Golfplätze auch im Bodenseeraum ständig. Golfplätze gibt es auf deutscher Seite in Allensbach, Konstanz, Lindau-
Bad Schachen und Owingen bei Überlingen sowie in der Schweiz in
Kreuzlingen und St. Gallen.

Inlineskating Der Bodensee hat sich in den letzten Jahren zu einem großen Anziehungspunkt für Inlineskater entwickelt. Auf den asphaltierten Ufer-
wegen eröffnet sich eine Vielzahl von Strecken, die sich mühelos
kombinieren lassen: von der ca. 15 km langen Strecke rund um die
Insel Reichenau bis zur kompletten Runde um den See von über
200 km Länge.

Minigolf Minigolfanlagen sind im Regelfall zwischen April und September geöffnet. Weitere Informationen erteilen die Fremdenverkehrsstellen
vor Ort (▶Auskunft).

▶dort

Die Reiterei hat im Bodenseeraum eine **lange Tradition**, wie die zahlreichen Pferdeprozessionen zeigen. Alljährlich finden sich zu einem jeweils zu vereinbarenden Zeitpunkt die Mitglieder des Bodenseereiterringes zu einem Sternritt zusammen. Diverse Reitställe und Reiterhöfe verfügen über Reithallen; sie erteilen Reitunterricht für Anfänger und Fortgeschrittene und führen Ausritte ins Gelände durch. Großer Beliebtheit erfreuen sich u. a. auch die vielerorts während der Hauptsaison angebotenen Kutsch- oder Planwagenfahrten. Informationen sind bei den Fremdenverkehrsstellen vor Ort (▶ Reiseziele) erhältlich.

Zahlreiche Fremdenverkehrsorte im Bodenseeraum verfügen über Tennisplätze und -hallen. Eine größere Anzahl an Anlagen existiert beispielsweise in Friedrichshafen, Konstanz, Lindau, Tettnang und Überlingen. Weitere Informationen sind bei den Fremdenverkehrsstellen vor Ort (▶Auskunft) erhältlich. Auch die Anzahl von Squashcourtanlagen wächst zusehends. Eine größere Anzahl an Anlagen gibt es u. a. in Friedrichshafen, Konstanz (Dettingen-Wallhausen), Radolfzell-Mettnau, Ravensburg und Singen.

Der Raum Bodensee ist ein beliebtes Ziel für Wanderer; viele Orte bieten günstige Pauschalaufenthalte, darunter auch Wandern ohne Gepäck an. Ausführliche Beschreibungen von ausgewählten **Wanderwegen** findet man bei den ▶ Touren; ferner wird auf Wanderwege unter den Hauptstichwörtern im Kapitel Reiseziele aufmerksam gemacht. Alljährlich im Herbst wird die **Internationale Bodenseewanderung** durchgeführt; sie berührt alle drei Bodenseeanrainerstaaten. Weitere Informationen erteilt die Internationale Bodensee Tourismus GmbH (▶Auskunft). In Vorarlberg sind spezielle **Wanderbusse** als Zubringer zu Ausgangs- bzw. als Rückholer an Endpunkten schöner Wanderziele eingesetzt. Weitere Informationen erteilt Vorarlberg Tourismus (▶Auskunft).

> **!** *Baedeker* TIPP
>
> **Laufen, Laufen, Laufen …**
>
> … ist das Motto des Nordic-Walking-Parks Hegau in Singen und Umgebung. Ausgewiesen sind bisher vier Strecken zwischen 3 und 6 Kilometern. Weitere Strecken sind in Planung. Informationen: Tourist-Information Hegau, Tel. (077 31) 85-262; www.hegau.de.

Die Flugsportarten wie Segel-, Delta- bzw. Drachen- und Gleitschirmfliegen sowie Fallschirmspringen erfreuen sich zunehmender Beliebtheit. Die nachfolgend genannten übergeordneten Auskunftsstellen haben meist eigene Abteilungen für die verschiedenen Flugsportarten und geben auch Hinweise über Rundflugveranstalter. Eine Fahrt im Heißluftballon zählt zu den besonderen Ferienerlebnissen. Angeboten werden Fahrten beispielsweise in Friedrichshafen,

Konstanz, Kreuzlingen, Markdorf, Stockach und St. Margrethen. Informationen erteilen u. a. die entsprechenden Fremdenverkehrsstellen vor Ort (▸Auskunft).

Zeppelin-rundflüge ▸

Ein einmaliges, allerdings auch teures Erlebnis ist ein Rundflug mit dem neuen **Zeppelin NT**. Das Luftschiff, in dem 19 Passagiere Platz haben, startet zu einem einstündigen Rundflug ab Friedrichshafen und fliegt in 300 m Höhe über den westlichen oder östlichen Teil des Bodensees; die eine Route streift Meersburg, Mainau und Konstanz, die andere Lindau, Bregenz und Altenrhein.

▶ WICHTIGE ADRESSEN

INLINESKATING

▸ **Skate-the-Lake**
Mainaustr. 34, D-78464 Konstanz
Tel. (075 31) 942 36 30
Fax 942 36 39
www.skate-the-lake.de

FLUGSPORT

▸ **Flugplatz Lindau-Wildberg**
Tel. (083 89) 271
www.flugplatz-wildberg.de

▸ **Friedrichshafen-Löwenthal**
Tel. (075 41) 284-01
www.fly-away.de

Von beiden Flugplätzen werden Bodenseerundflüge angeboten.

▸ **Ballonfahrten**
Allgäu Bodensee
Dietostr. 11
D-88046 Friedrichshafen
Tel. (075 41) 312 80
www.ballonfahrten-bodensee.de

▸ **DZR Reisebüro**
Allmannsweilerstr. 132
D-88046 Friedrichshafen
Tel. (07 00) 93 77 20 01
www.zeppelinflug.de

Verkehr

Bahnverkehr

Das Nordufer des Bodensees wird von dem DB ZugBus Regionalverkehr Alb-Bodensee (RAB) mit Zügen und Bussen erschlossen. Die Regionalbahn **»seehänsele«** verbindet am nördlichen Bodenseeufer die Städte Radolfzell, Überlingen, Markdorf, Friedrichshafen und Lindau miteinander. Schneller noch kann man diese Orte mit der IRE-Linie erreichen. Der **»seehas – Die Hegau-Bodensee-Bahn«** (Bodensee-S-Bahn) verbindet sowohl die Städte Konstanz, Singen und Engen als auch Orte des Landkreises Konstanz mit dem Kanton Thurgau. Befahren wird das Schienennetz von der schweizerischen Mittelthurgaubahn (MThB), die die Strecke im Auftrag der Deutschen Bahn befährt. Ein großer Vorteil dieser Verbindung ist, dass Anreisende aus Weinfelden in der Schweiz mit der MThB bis in den

Hegau bzw. Reisende aus dem Hegau nach einem kurzen Halt in Konstanz mit den Zügen ins schweizerische Weinfelden fahren können und dort unmittelbar Anschluss nach Zürich bzw. zum Flughafen Zürich-Kloten haben. Die Schienenstrecke Radolfzell–Stockach wird ebenfalls durch die Mittelthurgaubahn befahren.

Busverkehr

Viele deutsche, schweizerische und österreichische Busunternehmen veranstalten Halbtages-, Tages- und Mehrtagesfahrten. Informationen über das aktuelle Angebot sind u. a. bei Reisebüros, Verkehrsämtern und Gemeindeverwaltungen erhältlich. Die Seelinie der RAB fährt auch alle Orte am Nordufer des Bodensees zwischen Friedrichshafen und Radolfzell an. Der **LinzgauFreizeitBus** verkehrt am Wochenende und an Feiertagen zwischen Überlingen, Heiligenberg, Salem und Oberuhldingen.

Bequem und schnell kommt man mit dem StädteSchnellbus über den See, und zwar von Friedrichshafen-Flughafen nach Konstanz. Die Busse werden mit der Fähre übergesetzt. Mit dem ErlebnisBus der RAB kann man in der Saison von Unteruhldingen Hafen/Pfahlbaumuseum zum Affenberg Salem und nach Salem gelangen. Der Postautodienst der Schweizer **PTT** bedient die schönsten Ausflugsziele abseits der großen Touristenströme z. B. ab St. Gallen bis nach Arbon an den Bodensee. Weitere Auskünfte erteilen die schweizerischen Verkehrsbüros (►Auskunft).

Fahrkarten

Mit der Tageskarte **EuRegio Bodensee** können alle Züge, Busse und Schiffe in zwei wählbaren Zonen oder im gesamten Bodenseeraum benutzt werden. Besonders preiswert ist die **bodo-Tageskarte** für bis zu 5 Personen. Ohne Bargeld Bus fahren können Inhaber der bodo-Card. Sie erhalten mit der aufladbaren Chipkarte 20 % Ermäßigung auf den Einzelfahrschein. Die bodoCard ist beim Busfahrer und bei den RAB-Kundenzentren erhältlich. Samstags, sonntags und feiertags gilt auf den Linien der RAB das BusFreizeitTicket.

ADRESSEN

► **Deutsche Bahn**
Tel. (018 05) 99 66 33
www.bahn.de

► **RAB KundenCenter Friedrichshafen**
Busauskünfte:
Tel. (075 41) 30 13-0, Fax 30 13 85
www.bahn.de/rab
Telefonische Fahrplanauskunft
für Baden-Württemberg:

Tel. (018 05) 77 99 66
Reiseservice: Tel. 118 61

► **Schweizerische Bundesbahnen**
Railservice:
Tel. 09 00 30 03 00
www.sbb.ch

► **Österreichische Bundesbahnen**
Tel. 05 17 17 (Ortstarif)
www.oebb.at

Wassersport

Baden Wer gerne baden und schwimmen geht, findet zahlreiche Bademöglichkeiten in 60 Strandbädern – Strandbäder Horn und Hard auch mit FKK-Abteilungen –, Freibädern und Hallenbädern. Großen Zuspruch bei Badegästen finden u. a. auch das Freizeitbad Jakob (Thermal- und Mineralbad) in Konstanz, die vielseitigen Badeeinrichtungen im Freizeitzentrum Säntispark in Abtwil bei St. Gallen sowie das beheizte Frei- und Seebad in Meersburg. Neue Attraktionen sind die direkt am See gelegenen Thermalbäder von Überlingen und Meersburg. Über Details wie Ausstattung der Bäder und Öffnungszeiten informieren die Fremdenverkehrsstellen (▶Auskunft).

Viel Spaß gibt´s für Kinder in den Freibädern – hier in Eriskirch.

Tret- und Ruderboote sowie Motor- und Elektroboote werden in vielen Häfen vermietet. Informationen erteilen die Fremdenverkehrsämter vor Ort (▶Auskunft).

Der Überlinger und der Untersee sowie der Hochrhein gelten als eines der schönsten **Kanureviere** Deutschlands. Hier verläuft auch der Bodensee-Kanuweg in verschiedenen Etappen. Das Kanu-Zentrum in Konstanz mit seinen zahlreichen Verleihstationen bietet Kanuwanderungen und -reisen an.

Surfen Surfen ist auf dem Bodensee möglich. Windsurfingschulen liegen oft in der Nähe von Strandbädern. Auskünfte erteilen die Fremdenverkehrsstellen (▶Auskunft).

Tauchen Der Bodensee ist derzeit – bis auf wenige Ausnahmen – für Sporttaucher frei zugänglich. Es sei darauf hingewiesen, dass für Taucher mit wenig Reviererfahrung und mangelnder Kenntnis der dazugehörenden Technik das Tauchen im Bodensee zu einer lebensbedrohenden Gefahr werden kann. Unbedingt zu befolgen sind Tauchverbote; wer ohne Sondergenehmigung am »Teufelstisch« im Überlinger See

 ADRESSEN

KANUFAHREN

► **KanuZentrum Konstanz**
Robert-Bosch-Str. 4
D-78467 Konstanz
Tel. (075 31) 95 95-97
Fax 95 95-96
www.bodensee-kanuweg.com

SURFEN

► **Der Surf-Bauch**
Wollmatinger Str. 77
D-78467 Konstanz
Tel. (075 31) 539 11
www.surfbauch.de

► **Surfschule Radolfzell**
Karl-Wolf-Str. 31
D-78315 Radolfzell
Tel. (073 32) 62 92
www.surfschuleradolfzell.de

► **Surfschule Bodensee**
Strandweg 32 B
D-88662 Überlingen
Tel. (075 51) 947 21 28
www.surfschulebodensee.de

taucht, dem droht eine hohe Geldstrafe. Man informiere sich beim Arbeitskreis »Sicheres Tauchen im Bodensee« in Konstanz (Internet: www.sicheres-tauchen.de).

Eine Reihe von Bootsvermietern bietet Wasserskikurse und -fahrten **Wasserski** sowie Geräteverleih an. Informationen erteilen die Fremdenverkehrsstellen vor Ort (►Auskunft).

Touren

SIE WISSEN NOCH
NICHT, WO ES
LANGGEHEN SOLL?
UNSERE TOUREN-
VORSCHLÄGE HELFEN
IHNEN – MIT TIPPS
FÜR BESONDERS SCHÖNE STRECKEN.

TOUREN AM BODENSEE

Der Bodensee ist vor allem für Radfahrer ein wahres Paradies. Der Bodensee-Radweg führt rund um den See. Für andere Besucher seien zwei kleinere Touren vorgeschlagen, die in komprimierter Form einige Attraktionen in kultureller und landschaftlicher Hinsicht beinhalten.

TOUR 1 **Bodensee Radweg**
Der Bodensee Radweg, eine der beliebtesten Radstrecken Deutschlands, führt rund um den See. Er bietet durch die Nähe zum See landschaftliche Schönheiten und berührt fast alle Highlights in der Region. ▶ **Seite 108**

TOUR 2 **Künstler und Kirchen**
Die Tour rund um den Untersee umfasst kunsthistorische Kostbarkeiten wie die Insel Reichenau mit ihren weltberühmten romanischen Kirchen und landschaftliche Attraktionen wie die idyllische Höri. ▶ **Seite 110**

TOUR 3 **Von der Steinzeit in die Gegenwart**
Diese kurze Tour berührt viele Attraktionen am Überlinger See wie das Pfahlbaumuseum in Unteruhldingen und das malerische Städtchen Meersburg. ▶ **Seite 112**

Stein am Rhein
Rathausplatz: das
Herz der Stadt

Mainau
*Im Frühling verwandelt
sich die Insel in ein
Blütenmeer.*

Lindau
*Der Hafen:
ein beliebtes
Ausflugsziel*

Konstanz
*Imperia: anfangs umstrittene
Figur einer Kurtisane*

Unterwegs am Bodensee

Wer die Region Bodensee nicht unbedingt per Auto, Bus oder Bahn bereisen möchte, dem sei in dieser ausgesprochenen Ferienlandschaft geraten, sich auf Schusters Rappen oder mit dem Fahrrad auf den Weg zu machen. Dies kann selbstredend auf eigene Faust ganz ohne fremde Führung geschehen, doch ein intensiveres Erleben von Land, Leuten und Sehenswürdigkeiten ermöglichen die von Kennern des Landes ausgearbeiteten und im Gelände ausgeschilderten **Wander- und Radwanderwege**, von denen die wichtigsten nachstehend umrissen werden.

Dabei sind vor allem der Bodensee-Rundwanderweg und der Bodensee-Radweg anzuführen, beides bei Touristen ausgesprochen beliebte Touren, die rund um den See führen. Sie versprechen ein beeindruckendes Seeerleben und berühren die wichtigsten Sehenswürdigkeiten der Region. Hinzu kommt, dass beide Wege wenig Steigung einschließen, so dass sie relativ bequem zu bewältigen sind. Zudem kann man sich, wenn man nicht die ganze Umrundung des Sees machen möchte, je nach Geschmack und Kondition einzelne Streckenabschnitte heraussuchen.

Bodensee-Rundwanderweg

An erster Stelle sei hier der Bodensee-Rundwanderweg genannt, der rund um das Schwäbische Meer führt und sämtliche reizvollen Uferorte in Deutschland, Österreich und der Schweiz berührt. Der mit einem gebogenen **schwarzen Pfeil um einen blauen Punkt** ausgeschilderte Bodensee-Rundwanderweg führt mit wechselndem Abstand vom Seeufer und in wechselnder Höhenlage rings um den ganzen Bodensee. Die gesamte Streckenlänge des Rundwanderweges beträgt 272 km.

Man kann sie bei einem durchschnittlichen Wandertempo von etwa 4 km pro Std. – wobei ca. 10 Minuten pro 100 m Höhenunterschied hinzugerechnet werden – in rund 66 Stunden bewältigen. Mit Abkürzungen ist die Strecke 228 km lang und kann in 55 Std. zurückgelegt werden. Der Bodensee-Rundwanderweg folgt auf deutscher Seite meist den Wanderwegen des Schwarzwaldvereins beziehungsweise des Schwäbischen Albvereins; am südlichen schweizerischen Seeufer verläuft er gemeinsam mit den Europäischen Fernwanderwegen E 4 und E 5.

Touristisches Herz von Lindau ist der schöne Hafen, ➔
der vom bayerischen Löwen bewacht wird.

Tour 1 **Bodensee-Radweg**

Der Bodensee-Radweg mit einer Gesamtlänge von 273 km ist einer der beliebtesten Radwege Europas und eine landschaftlich einzigartige Rundstrecke. Er bietet eine ausgezeichnete Möglichkeit, die vielen Gesichter des Bodensees auf gesunde und umweltfreundliche Art kennenzulernen. Er folgt den Ufern praktisch aller Seeteile und bleibt in allen drei Bodenseeanrainerstaaten mit wenigen Ausnahmen rings um den See in nächster Ufernähe. Lediglich zur Umgehung des Alpenrheinmündungsdeltas macht er einen Bogen landeinwärts und muss die südliche Uferstrecke des Überlinger Sees zwischen Bodman und Wallhausen wegen der topografischen Gegebenheiten umgehen.

Der malerische Marktplatz von Meersburg

30 km

Überlingen
⑥
8 km ✶✶ Uhldingen-Mühlhofen

✶ Radolfzell ⑤
⑦
7 km ✶✶ Meersburg

✶✶ Reichenau

✶ Stein a. Rhein
② 11 km
① ✶✶ Konstanz
⑧
20 km ✶✶ Friedrichshafen

23 km

④
33 km
③
5 km
⑨
7 km ✶ Langenargen

✶ Kreuzlingen
⑩ 5 km ✶ Kressbronn
⑪ 10 km
⑫
✶✶ Lindau
①

33 km

✶ Bre

⑭ 24 km
✶ Rorschach

Eine der Hauptattraktionen am Bodensee ist das Pfahlbaumuseum in Unteruhldingen.

Fahrtdauer Im Allgemeinen wird der Bodensee-Radweg in 7 bis 8 Tagen zurückgelegt, und zwar im Uhrzeigersinn, weil man damit direkt auf der Seeseite der Straßen fährt. Man kann die Tour natürlich auch in Etappen einteilen; sehr beliebt ist beispielsweise die Runde um den Untersee.

Der Radweg ist zwar ganz ausgeschildert, aber noch nicht mit einheitlichen Schildern. Man wird aber keine Probleme mit der Orientierung haben. Der offizielle Führer »Bodensee-Radweg« aus dem Galli-Verlag enthält detaillierte Wegbeschreibungen und eine Karte. Die offizielle Karte beinhaltet auch Infos zu den Radweg-Hotels. Alle Unterlagen – auch ein Prospekt mit den Radweg-Hotels – sind beim Bodensee-Radweg Service in Konstanz erhältlich (►S. 87). Eine Radwanderführer und eine Radwanderkarte für den Bodensee gibt es auch von KOMPASS. Zum Übernachten stehen den Radlern mehr als 800 Hotels, Gasthöfe, Jugendherbergen und Heuhotels zur Verfügung. Eine rechtzeitige Buchung ist vor allem in den Sommerferien zu raten. Empfehlenswert sind die 23 **Radweg-Hotels**, zwischen denen das Gepäck der Gäste kostenlos transportiert wird. Aber auch von allen anderen Unterkünften gibt es von etwa März bis Oktober einen Gepäckservice, der bis spätestens um 16.00 Uhr des Vortages für den folgenden Tag unter der Telefonnummer 0 75 31/8 19 93 bestellt werden muss. Am Obersee, also zwischen Meersburg, Lindau, Bregenz und Konstanz, ist der Gepäcktransport allerdings nur im Uhrzeigersinn möglich.

Praktische Informationen

Als Ausgangspunkt für den Bodensee-Radweg wurde Konstanz als Hauptstadt des Bodensees gewählt, aber man kann die Tour natürlich auch an jeder anderen Station beginnen. Von ❶ ✶ ✶ **Konstanz** (s. Tour 3) sollte man zunächst einen Abstecher zur kunsthistorisch bedeutenden Insel ❷ ✶ ✶ **Reichenau** unternehmen. Die Route folgt nun der Tour 3 rund um den Untersee: über ❸ ✶ **Kreuzlingen**, der Nachbarstadt von Konstanz, und ❹ ✶ ✶ **Stein am Rhein** gelangt man über die Höri nach ❺ ✶ **Radolfzell**.

Routenverlauf

Von dort geht es weiter über den Bodanrück zum Überlinger See. Ab Ludwigshafen entspricht die Route Tour Nr. 3, die das hübsche Ferienstädtchen ❻**Überlingen**, ❼**Uhldingen-Mühlhofen** mit dem faszinierenden Pfahlbaumuseum und das malerische ❽**Meersburg** berührt. Der Radweg führt nun weiter zur bekannten Zeppelinstadt ❾ ✶ ✶ **Friedrichshafen**, wo das Zeppelin Museum zahlreiche Besucher anlockt. Nächste Station ist ❿ ✶ **Langenargen**; hier kann man im Café ein schön gelegenen Schloss Montfort eine Rast einlegen. Im unweit südwestlich gelegenem ⓫ ✶ **Kressbronn** sollte man nicht versäumen, die Argen-Hängebrücke, die älteste ihrer Art in Deutschland, zu befahren.

Schließlich erreicht man auf deutscher Seite die herrlich gelegene schöne Inselstadt ⓬ ✶ ✶ **Lindau**, das mit seinem hübschen Hafen ein großer Anziehungspunkt ist. Östlich von Lindau passiert man nun die Grenze zu Österreich und gelangt nach ⓭ ✶ **Bregenz**, die Hauptstadt Vorarlbergs. Nach Überquerung des Rheins führt die Tour zur Grenze zur Schweiz. Der erste größere Ort auf schweizerischen Gebiet ist die alte Handelsstadt ⓮ ✶ **Rorschach**. Die Route verläuft nun weiter entlang des Seeufers bis Kreuzlingen und damit zum Ausgangspunkt Konstanz auf deutscher Seite.

Tour 2 **Künstler und Kirchen**

Länge der Tour: 70 km   **Dauer:** 2 Tage

Auf der Tour rund um den Untersee kommen vor allem Kunstfreunde auf ihre Kosten. Hier ist besonders die Insel Reichenau zu nennen, die mit ihren drei romanischen Kirchen zum Weltkulturerbe der UNESCO gehört. Aber auch zwei Naturattraktionen, die wildromantische Marienschlucht und die Blumeninsel Mainau, können als Abstecher in die Tour eingebaut werden.

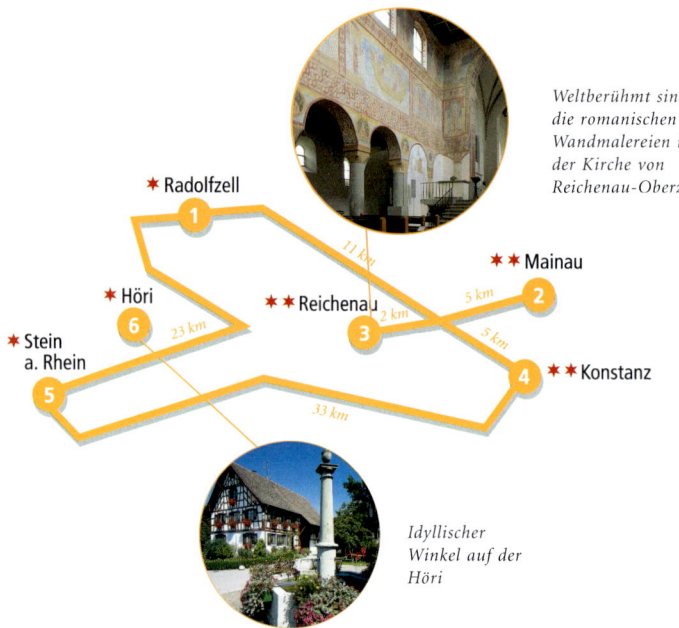

Weltberühmt sind die romanischen Wandmalereien in der Kirche von Reichenau-Oberzell.

Idyllischer Winkel auf der Höri

Die Tour beginnt in ❶ ✳ **Radolfzell**, wo man durch die malerische Altstadt bummeln kann. Vor allem sehenswert ist das gotische Münster. 7 km südwestlich kommt man durch Allensbach, bekannt als Ort der Demoskopie. Wem nach Natur zumute ist kann von hier einen nördlichen Abstecher zur wildromantischen ✳ **Marienschlucht** unternehmen. Südöstlich der Marienschlucht liegt die herrliche Blumeninsel ❷ ✳✳ **Mainau**, eine der Hauptattrakionen am Bodensee. Von der Bundesstraße 33 südlich von Allensbach erreicht man auf einem kurzen Dammweg die Insel ❸ ✳✳ **Reichenau**, deren drei romanische Kirchen von großer kunsthistorischer Bedeutung sind. Bald anschließend gelangt man nach ❹ ✱ ✱ **Konstanz**, der Hauptstadt des Bodenseeraums, dessen Münster ein bedeutendes Werk der Romanik ist. Im ✱ **SeaLife** hier eröffnet sich dem Besucher eine faszinierende Unterwasserwelt. Die Stadt lädt auch zu einer Pause auf der Marktstätte ein, das geschäftige Zentrum der Stadt mit Cafés und Restaurants. In ✱ **Kreuzlingen**, der schweizerischen Nachbarstadt von Konstanz, lohnt ein Spaziergang in der naturnahen Seeuferanlage. Man fährt nun in der Schweiz auf der Bundesstrasse 13 nach Westen und erreicht den alten Fischerort Ermatingen. Westlich davon erhebt sich hoch über dem Untersee ✱ **Schloss Arenenberg**, das schönste Schloss am Bodensee.

An der Bundesstrasse folgt nun Steckborn, dessen Ortsbild von malerischen Fachwerkhäusern geprägt ist. Man fährt weiter an der Schweizer Seite des Untersees entlang und gelangt schließlich nach ❺ ✱ **Stein am Rhein**, das eine sehr gut erhaltene mittelalterliche Altstadt auszeichnet. Ein kunsthistorisches Kleinod ist das Kloster St. Georgen. Die Tour verlässt nun wieder die Schweiz und verläuft nun in Richtung Höri, einer idyllischen Landschaft, wo der Urlauber noch Ruhe findet. Die ❻ ✱ **Höri** ist bekannt als Wohnstätte von Künstlern: So lebten in Gaienhofen der Dichter Hermann Hesse und in Hemmenhofen der Maler Otto Dix. Von der Höri erreicht man weiter nördlich bald wieder den Ausgangspunkt Radolfzell.

Immer enger wird die wildromantische Marienschlucht zum See hin.

Tour 3 Von der Steinzeit in die Gegenwart

Länge der Tour: 30 km   **Dauer:** 1 Tag

Die Tour entlang des Überlinger Sees ist zwar mit 30 km recht kurz, aber nirgends am Bodensee sind so viele Attraktionen auf so kleinem Raum versammelt wie hier. Wer also in kurzer Zeit viel sehen möchte, dem sei diese Route empfohlen. Wenn man die Insel Mainau weglässt, ist sie auch in einem Tag zu schaffen.

Stolz erhebt sich die herrliche Barockkirche Birnau über dem See.

1 Stockach
   10 km
2 ✳ Sipplingen
   6 km
   ✳ Überlingen
3 ✳ *3 km*
   Wallfahrtskirche Birnau
4 *4 km*
   ✳✳ Uhldingen-Mühlhofen
5 *5 km*
6 ✳✳ Meersburg

Am Landungsplatz in Überlingen lassen sich Sonne und See genießen.

Ausgangpunkt der Tour ist ❶ **Stockach**, das »Tor zum Bodensee«. Fährt man von Stockach die B 31 nach Süden, kommt man durch den Erholungsort Ludwigshafen, Teil der Doppelgemeinde Bodman-Ludwigshafen. Die Bundesstraße führt nun entlang des Ostufers des Überlinger Sees nach ❷ ✴ **Sipplingen**, das sich durch ein schönes Ortsbild auszeichnet. Wer sich für Technik interessiert, der sollte eine Führung bei der Bodenseewasserversorgung einplanen. Im hübschen, an der Uferstraße folgenden Ferienort ❸ ✴ **Überlingen** empfiehlt sich, an der schönen langen Uferpromenade zu flanieren und einen Kaffee mit Seeblick zu genießen. Sehr sehenswert ist das gotische Münster mit dem meisterhaft geschnitzten Hochaltar der Familie Zürn. Unweit südlich erhebt sich die ❹ ✴✴ **Wallfahrtskirche Birnau**, die prächtigste Barockkirche am Bodensee. Hier eröffnet sich auch ein herrlicher Blick auf den Überlinger See.

Im nahe gelegenen ❺ ✴✴ **Unteruhldingen** erwartet den Besucher das einzigartige Pfahlbaumuseum, eine der Hauptattraktionen am Bodensee. Auf sehr anschauliche Weise wird hier das Leben der Vorzeit lebendig. Besonders reizvoll ist ein Schiffsausflug zur ✴✴ **Insel Mainau**. Sie ist ein wahres Blumenparadies mit mediterranem Flair. Zurück am Ostufer gelangt man auf der B 31 zu dem malerischen Städtchen ❻ ✴✴ **Meersburg**, dem Touristenort schlechthin. Das sollte einen jedoch nicht abhalten, diesen wirklch schönen Ort mit seinen imposanten Fachwerkhäusern zu besuchen. Auch die Meersburg ist ein Erlebnis, die nicht nur einen authentischen Eindruck vom Leben im Mittelalter vermittelt, sondern auch die Wohräume der Dichterin Annette von Droste-Hülshoff zu sehen birgt. Als Belohnung winkt dann eine Weinprobe im Staatsweingut.

Reiseziele von A bis Z

ES GIBT VIEL ZU ENTDECKEN
AM BODENSEE: EINE HERRLICHE
SEELANDSCHAFT, INTERESSANTE
MUSEEN, BEZAUBERNDE ALTE
STÄDTCHEN, HERRLICHE
KIRCHEN UND NICHT ZULETZT
KULINARISCHE SPEZIALITÄTEN.

Arbon

F 7

Staat: Schweiz
Einwohnerzahl: 13000

Höhe: 398 m ü. d. M.

Städtebaulicher Anziehungspunkt des am Südufer des Bodensees gelegenen Orts Arbon ist die schöne Altstadt, die sich auf einer runden Landzunge an der Stelle des keltischen »Arbona« und des römischen »Arbor Felix« ausbreitet.

Ort mit hübscher Altstadt

In der Altstadt gruppieren sich historische Gebäude um das herrschaftliche Schloss, und eine 3 km lange Promenade zieht sich den See entlang. Wirtschaftlich prägend waren seit Mitte des 19. Jh.s die Maschinenfabrik Saurer und die Stickerei Heine. Die **Fahrzeug- und Motorenproduktion** wurde in den 1980er-Jahren eingestellt, was zu einem wirtschaftlichen Rückschlag für die Stadt führte.

 ## ARBON ERLEBEN

AUSKUNFT

Infocenter Arbon und Umgebung
Schmiedgasse 5
CH-9320 Arbon
Tel. (071) 4 40 13 80, Fax 4 40 13 81
www.arbon.ch

ESSEN

▶ **Preiswert**
Frohsinn
Romanshornerstr. 15
Tel. (071) 447 84 84
Fachwerklokal mit der ältesten und kleinsten Hausbrauerei der Schweiz; im rustikalen Braukeller mit historischem Gewölbe kann man das selbst gebraute Frohsinn-Bier probieren; in der gehobenen Frohsinn Stube gutbürgerliche Küche und mediterane Gerichte in der Enoteca; Biergarten unter Kastanienbäumen.

ÜBERNACHTEN

▶ **Komfortabel**
Metropol
Bahnhofstrasse 49

Tel. (071) 447 82 82
Fax 447 82 80
www.metropol-arbon.ch
42 Z.
Direkt an der Uferpromenade liegt das geschmackvoll eingerichtete Hotel. Zum Angebot gehören eine Sauna und ein Freibad. Im Restaurantbereich, der sich durch einen herrlichen Panoramablick auf den See und eine große Gartenterrasse auszeichnet, kann man zwischen einem Bistro und einem Gourmetrestaurant wählen.

Seegarten
Seestr. 66
Tel. (071) 447 57 57
Fax 447 57 58
www.hotelseegarten.ch
42 Z.
Das Hotel liegt im Grünen, daher gibt es zahlreiche Ausflugs- und Sportmöglichkeiten direkt vom Haus aus. Den Gast erwarten angenehme Zimmer.

Sehenswertes in Arbon und Umgebung

Nördlich vom Alten Hafen erhebt sich die Kirche St. Martin, deren Chor von 1490 und deren Langhaus von 1788 stammt. Die Madonna im Innern ist ein Werk aus dem Jahr 1525. Dem hl. Gallus, der in Arbon im 7. Jh. lebte, ist die romanische Kapelle St. Gallus auf dem Friedhof neben der Kirche geweiht.

St. Martin, St. Gallus

Auf den Fundamenten des 294 n. Chr. errichteten römischen Kastells erbaute 1515 Hugo von Hohenlandenberg das Schloss mit siebenstöckigem Turm (13. Jh.). Es dient heute als Kulturzentrum. In dem Schloss ist ein interessantes Historisches Museum untergebracht, in dem Exponate von der Jungsteinzeit bis zur Gegenwart ausgestellt sind. Öffnungszeiten: Mai – Sept. tgl. 14.00 – 17.00; Okt., Nov., März, Apr. So. 14.00 – 17.00 Uhr.

Schloss / Historisches Museum ⌚

Sehenswert sind ferner die folgenden historischen Gebäude: das **Rathaus**, das 1791 errichtet und nach einem Brand 1994 wieder aufgebaut wurde; der um 1500 entstandene **Römerhof**; daneben das an die Stadtmauer gebaute **Haus zur Torwache** (14. Jh.); das **Rote Haus** (1783) und das **Haus zur Straussenfeder**, das mit einem hübschem Renaissancegiebel versehen ist.

Weitere historische Gebäude

In der Kunsthalle (Grabenstrasse 6), die in ehemaligen Fabrikhallen untergebracht ist, wird zeitgenössische Kunst gezeigt. Öffnungs.: Ende Apr. – Sept. Mi., Fr. 17.00 – 19.00, Sa., So. 14.00 – 17.00 Uhr.

Kunsthalle ⌚

An einem hübschen Platz in Arbon steht das Rote Haus von 1783.

Saurer Museum Das Saurer Oldtimermuseum (Weitegasse 8) gibt einen Überblick über den Nutzfahrzeug-Motorenbau der Firma Saurer. Zu den Exponaten – das älteste ist von 1911 – gehören Militärfahrzeuge, Feuerwehrautos und Motoren sowie Stickmaschinen und Webstühle. Öffnungszeiten: tgl. 10.00 – 18.00 Uhr; Eintrittskarten im Hotel Wunderbar nebenan; www.saurermuseum.ch.

Saft- und Brennereimuseum In der Mosterei Möhl (St. Gallerstrasse 213) in Stachen sind Maschinen ab dem 19. Jh. der im Oberthurgau traditionellen Saft- und Apfelweinherstellung ausgestellt. Zudem wird die Geschichte der Mosterei (1895) erläutert. Öffnungszeiten: Mo. – Fr. 8.00 – 12.00, 13.30 bis 18.30, Sa. 8.00 – 16.00 Uhr; www.moehl.ch.

Bodman-Ludwigshafen

D 6

Höhe: 400 – 410 m ü. d. M.   **Einwohnerzahl:** 3800

Die alte Ortschaft Bodman (1200 Einw.), Teil der Doppelgemeinde Bodman-Ludwigshafen, ist beschaulicher Erholungsort und Wanderzentrum in malerischer Lage am Südufer des Überlinger Sees, am waldreichen Bodanrück in einem ausgedehnten Obstanbaugebiet.

Herkunft des Namens »Bodensee« Der Bodensee hat seinen Namen von der 639 bezeugten, karolingischen Königspfalz Bodema, die einst an der Stelle der heutigen Pfarrkirche von Bodman stand.

Sehenswertes An der Pfarrkirche (19. Jh.) ist noch der Turm (15. Jh.) auf vorkarolingischen Grundmauern erhalten. Das Gräfliche **Schloss** aus dem

▶ BODMAN-LUDWIGSHAFEN ERLEBEN

AUSKUNFT

Touristeninformation
Büro Bodman
Seestr. 5
D-78351 Bodman-Ludwigshafen
Tel. (077 73) 93 96 95
Fax 93 96 96

Büro Ludwigshafen
Hafenstr. 5
D-78351 Bodman-Ludwigshafen
Tel. (077 73) 93 00 40, Fax 93 00 43
www.bodman-ludwigshafen.de

ÜBERNACHTEN

▶ **Günstig**
Krone
Hauptstr. 25
Tel. (077 73) 931 30
Fax 93 13 40
www.bodenseehotelkrone.de, 22 Z.
Das traditionsreiche Gasthaus, das früher eine Poststation war und seit dem 19. Jh. in Familienbesitz blieb, ist ein kinderfreundliches Hotel; bei schönem Wetter kann man auf der Gartenterrasse essen.

Über Bodman steigt der Bodanrück an.

18. Jh. ist von einem Park umgeben. Öffnungszeiten: Apr. – Okt. Mo. 🕐
bis Fr. 9.00 – 18.00 Uhr.

Von dem Aussichtspavillon im Park hat man einen schönen Ausblick
auf den See. Baudenkmale im Ort sind ein Torkel (1772), ein Fachwerkbau mit einer riesigen Weinpresse, in dem ein Restaurant untergebracht ist, und das alte Torhaus an der gepflegten Uferanlage.

Das heimatkundliche **Bodman-Museum** (Seestr. 5) zeigt steinzeitliche
Funde. Öffnungszeiten: Mo. – Do. 9.00 – 12.00, 14.00 – 16.00, Fr. 🕐
9.00 – 12.00 Uhr.

Rundwanderungen mit prächtigen Bodenseeblicken führen zunächst
zu dem im Wald gelegenen **Kloster Frauenberg**, ursprünglich eine
Burg, die 1307 durch Blitzschlag zerstört wurde; es besitzt eine barocke, 1309 geweihte Wallfahrtskapelle. Dann kommt man zur 1332
vollendeten und 1643 zerstörten **Ruine Alt-Bodman** (592 m), wo sich
ein besonders schöner Blick über den See eröffnet.

Ludwigshafen

**Ludwigshafen (2700 Einw.), am nördlichen Ufer des Überlinger Sees
gelegen, ist der als Bade- und Erholungsort besuchte Teil der Doppelgemeinde.**

Großherzoglicher Ort

Der heutige Name des einst Sermatingen genannten Orts geht auf Großherzog Ludwig von Baden zurück. Man gab ihm den Namen des Regenten aus Dankbarkeit dafür, dass er hier einen Hafen anlegen ließ; der Hafen war jedoch ohne Bedeutung für die Bodenseeschifffahrt. In der Flachwasserzone vor dem Strandbad entdeckten Taucher 1992 in einer Pfahlbausiedlung Reste eines mit Wandmalerei und Reliefs versehenen Kultraumes.

Großherzog Ludwig wäre sicher nicht erfreut über das vom hiesigen Bildhauer **Peter Lenk** für ihn geschaffene **Denkmal** (2008) am Zollhaus hinter dem Ludwigshafener Rathaus. Der hintersinnige Provokateur stellt Politiker wie Angela Merkel und Gerhard Schröder nackt als Global Players und den Deutsche-Bank-Chef Josef Ackermann mit Victory-Zeichen dar – in Zeiten der Finanzkrise hochbrisant!

✴ Sipplingen und Umgebung

Ausgezeichneter Ort

Das ehemalige Fischer- und Weinbaudorf Sipplingen (4 km südöstlich von Ludwigshafen) schmiegt sich anmutig an den Fuß des bewaldeten und von zwei Burgruinen bekrönten Sipplinger Bergs. Es bietet ein schönes, **mit Preisen ausgezeichnetes Ortsbild**. Malerische Fachwerkhäuser, enge Gassen und Amtshäuser mit mächtigen Walmdächern prägen das Bild. Die im See gefundenen Reste einer 4000 Jahre alten **Pfahlbausiedlung** werden im Pfahlbaumuseum Unteruhldingen bzw. im Heimatmuseum von Überlingen aufbewahrt.

Sipplingen verbindet ein malerisches Ortsbild mit einer reizvollen Seelage.

Unter den Fachwerkhäusern im alten Dorfkern verdient besonders das **Bruderschaftshaus** (17. Jh.) Beachtung. An der Bundesstraße steht der **Konstanzer Spitalhof** (1601) mit einem Staffelgiebel. Das **Rathaus** (1669) verfügt über einen schönen Saal mit Kassettendecke. In der **Galerie im Bahnhof** werden wechselnde Kunstausstellungen gezeigt. Die **Kirche St. Martin und St. Georg** besitzt einen schiefen Turm, der noch aus dem 13. Jh. stammt. während der Chor und das Langhaus auf das 15./16. Jh. zurückgehen. Das Innere wurde im 18. Jh. barockisiert. Meisterwerke sind die Figuren der Kirchenpatrone (1750) von Joseph Anton Feuchtmayer.

! *Baedeker* TIPP

Trinkwasser für Millionen

Für Technikfreunde sei eine Besichtigung der Anlagen der Bodenseewasserversorgung auf dem Sipplinger Berg empfohlen. Besichtigung: Mo. – Sa. 9.00, 11.00, 13.30 und 15.30 Uhr; Anmeldung erforderlich; Tel. 075 51/833-11 57; www.zvbwv.de.

Auf einer halbstündlichen Wanderung gelangt man zur Ruine Alt-Hohenfels (530 m), um 1200 Sitz des Minnesängers Burkhard von Hohenfels. Geht man 20 Minuten weiter bergan, erreicht man den Haldenhof (635 m), einst Spitalgut der Reichsstadt Überlingen, jetzt Gasthof. Von dort eröffnet sich eine prächtige Aussicht auf den Bodensee und die Alpen.

Alt-Hohenfels, Haldenhof

★ Bregenz

H 7

Staat: Österreich
Einwohnerzahl: 28 000

Höhe: 395 m ü. d. M.

Bregenz, die Hauptstadt und zweitgrößte Stadt des österreichischen Bundeslandes Vorarlberg, breitet sich auf einem in Terrassen zum See abfallenden Plateau zu Füßen des Pfänders aus.

Seit über 2000 Jahren, seit 15 v. Chr., als die Römer die keltische Siedlung **Brigantium** eroberten und in der Folgezeit daraus ein Handels- und Verkehrszentrum machten, ist Bregenz für die Bodenseeschifffahrt ein bedeutender Hafenplatz. Darüber hinaus stellt die Stadt am See auch zu Land einen wichtigen **Verkehrsknotenpunkt im Dreiländereck Deutschland – Österreich – Schweiz** dar und ist wirtschaftliches, politisches und kulturelles Zentrum in Vorarlberg. Der wirtschaftliche Aufschwung setzte mit der Eröffnung der Arlbergbahn (1884), der österreichischen Dampfschifffahrt auf dem Bodensee und der systematischen Industrialisierung ein. Seit 1860 Sitz des Landtages von Vorarlberg, avancierte der österreichische Hauptort am Bodensee 1923 schließlich zur Landeshauptstadt. Seit 1946 sind die Bregenzer Festspiele Treffpunkt der internationalen Musikwelt und ziehen jedes Jahr zahlreiche Besucher an.

★ Hauptstadt von Vorarlberg

Die Bregenzer Seebühne macht durch spektakuläre Inszenierungen von sich reden.

Stadtbild In der Berg- und Seestadt begegnen sich Vergangenheit und Gegenwart: In der Unterstadt, aus der vereinzelt weiße Hochhäuser in den Himmel ragen, beherrschen das moderne Festspiel- und Kongresshaus am Ufer sowie das Kunsthaus, in dessen Glasplattenverkleidung sich der Bodensee widerspiegelt, das Bild der quirligen Stadt, während von der ruhigen, romantischen, sich hinter Baumkronen versteckenden, festungsartigen **Oberstadt** mit ihrer historischen Altstadt nur die Zwiebelkuppel des Martinsturms von Weitem zu erkennen ist. Die Uferanlagen mit Wegen unter Schatten spendenden Bäumen und herrlichem Blick auf den See laden zum Flanieren, zu Spaziergängen, zum Radfahren und Inline-Skating ein. Südliches Flair strahlt das Zentrum aus, ein Einkaufsviertel mit Märkten und schönen Geschäftsstraßen, die von Cafés und Restaurants belebt sind. Wer Ruhe sucht, steigt zur mittelalterlichen Oberstadt mit ihren kleinen Gassen – es sind nur drei – und Fachwerkhäuschen hinauf.

Uferanlagen

Seepromenade Schon 1888 wurden entlang dem Bodenseeufer weitläufige Parkanlagen gestaltet. Heute säumen die Seepromenade, die vom Zentrum der Unterstadt durch Bahnanlagen und die städtische Hauptverkehrsstraße abgetrennt ist, diverse **Freizeiteinrichtungen**. Im östlichen Teil der Seeanlagen lädt der Schiffshafen zu Ausflugs- und Kursschifffahrten auf dem Bodensee ein. Man kann in den Cafés entspannen und vor dem Musikpavillon zuweilen ein Promenadenkonzert genießen. Noch weiter westlich liegen das Festspiel- und Kongresshaus mit der Seebühne, das Spielkasino und ein ausgedehntes Sport- und Freizeitareal und einen Sporthafen.

▶ BREGENZ ERLEBEN

AUSKUNFT

Tourismus und Stadtmarketing
Rathausstr. 35 A
A-6900 Bregenz
Tel. (055 74) 49 59-0
Fax 49 59-59
www.bregenz.ws

ESSEN

► Fein & Teuer
② *Deuring Schlössle*
Ehre-Guta-Platz 4
Tel. (055 74) 478 00
Geschl. Mo., So.abend
Von der Terrasse des Schlösschens aus
dem 17. Jh., durch einen Waldgürtel
vom Bodensee getrennt, kann man
gerade noch die Seebühne sehen; der
Küchenchef des Hotelrestaurants
zählt zu den besten Vertretern der
neueren österreichischen Küche; er
offeriert eine große Auswahl an
Bodenseefischen.

► Erschwinglich
① *Gebhardsberg*
Gebhardsberg
Tel. (055 74) 425 15
Weite Aussicht von dem Burgrestau-
rant auf dem Gebhardsberg über den
Bodensee; gut zubereitete regionale
Gerichte wie Pute aus dem Bregenzer
Wald und Bodenseefische.

③ *Messmer*
Kornmarktstr. 16
Tel. (055 74) 423 56
Zum Bereich des Hotelrestaurants
gehören eine Weinstube und das
Bregenzer Stüble.

ÜBERNACHTEN

► Komfortabel
① *Germania*
Am Steinenbach 9
Tel. (055 74) 476 60
Fax 42 76 64
www.hotelgermania.at, 38 Z.
Unweit von Hafen und Zentrum
gelegenes modernes Haus mit kleinem Garten und Terrasse; Zimmer
auch im Nebengebäude; Wellness-
center; angeschlossen ist ein Fahrradverleih; das gepflegte Restaurant
mit Gartenbereich serviert leichte
regionale Küche und Vollwert-
gerichte.

② *Weißes Kreuz (Best Western)*
Römerstr. 5
Tel. (055 74) 49 88
Fax 49 88 67
www.bestwestern.com; 50 Z.
Traditionsreiches Haus, nahe der
Fußgängerzone gelegen, mit dem
Restaurant Kreuz-Stuben, ausgestattet
mit der Originaleinrichtung einer
Bergenzer Bauernstube; man sollte
die Zimmer zur Gartenseite vorzie-
hen, denn sie eröffnen einen schönen
Blick auf die Altstadt.

Baedeker-Empfehlung

Bregenzer Festspiele
Büro für die Bregenzer Festspiele
Postfach 311
A-6901 Bregenz
Tel. (055 74) 407-6
Fax 407-400
www.bregenzerfestspiele.com
Seit 1946 sind die Bregenzer Festspiele mit
der großartigen Seebühne fester Bestandteil
der internationalen Musiktheaterwelt und
ziehen jedes Jahr im Juli/August Hunderttausende von Besuchern in ihren Bann. Man genießt
hochkarätige Inszenierungen mit außer-
gewöhnlicher Akustik und ein herrliches
Seepanorama.

Bregenz Orientierung

Festspiel- und Kongresshaus, Seebühne

Das Festspiel- und Kongresshaus, ein mehr funktionaler als schöner Bau (1992–1997), steht direkt am Seeufer. In den See hinausgebaut ist die Seebühne für die Bregenzer Festspiele, die zu den weltweit bekanntesten Musikfestivals zählen. Begonnen hat die Geschichte der Seebühne im Jahr 1946 auf zwei Kieskähnen im Gondelhafen. Das Fundament der heutigen Seebühne, die als die größte der Welt auch im Guinness-Buch der Rekorde verzeichnet ist, besteht aus 200 Holzpylonen. Auf der Tribüne finden fast 7000 Zuschauer Platz.

Unterstadt

Kornmarktplatz

Den Mittelpunkt der neueren Unterstadt bildet der Kornmarktplatz, das frühere Zentrum des Kornhandels, wo heute jeden Dienstag und

Freitag ein Obst- und Gemüsemarkt abgehalten wird. Zwischen dem **Kornmarkttheater**, dem einstigen Kornhaus, und dem in klassischem »Schönbrunner Gelb« erstrahlenden **»Kaiserlich-Königlichen Postgebäude«** (1895) steht das Kunsthaus Bregenz. An der Nordseite des Kornmarktplatzes befindet sich das Vorarlberger Landesmuseum. Die Rokokorundkapelle **St. Nepomuk** (1757) unweit nordöstlich, an der Kornmarktstraße, ist dem hl. Johannes von Nepomuk, dem Schutzpatron der in Wassernot Geratenen, geweiht.

Das 1997 eröffnete Kunsthaus Bregenz (KUB), ein gläserner Kubus, den der Schweizer **Architekt Peter Zumthor** konzipiert hat, wirkt, von außen betrachtet, wie ein Leuchtkörper, der das wechselnde Licht des Himmels und des Sees in sich aufnimmt und je nach Tageszeit, Witterung und Blickwinkel zurückstrahlt. Es hat sich in kurzer Zeit zu einer wichtigen Adresse für Gegenwartskunst und zur Attraktion für Architekturliebhaber entwickelt. Die Innenräume wirken durch den dominierenden Beton sachlich-kühl. Ohne eigene Bestände präsentiert das Haus wechselnde Ausstellungen zur zeitgenössischen Kunst. Öffnungszeiten: Di.–So. 10.00–18.00, Do. bis 21.00 Uhr; www.kunsthaus.bregenz.at.

★ Kunsthaus Bregenz

Faszinierende Lichteffekte am Kunsthaus

Das **Vorarlberger Landesmuseum** (Kornmarktplatz 1) besitzt kultur- und kunstgeschichtliche Sammlungen von der Urzeit bis zur Gegenwart, darunter Funde der Stein-, Bronze- und Eisenzeit, römische Funde aus Brigantium (1.–4. Jh.), Musikinstrumente, Goldschmiedearbeiten sowie Kunstwerke aus karolingischer Zeit, Romanik, Gotik und Renaissance. Zurzeit entsteht der Neubau des Museums, deswegen ist es bis 2013 geschlossen. www.vlm.at.   ⊙

Durch die Rathausstraße mit dem Neuen Rathaus (1686; das Alte Rathaus wird heute als Wohnhaus genutzt) kommt man zum Leutbühel im Herzen der Stadt, der schon früher Marktplatz und Verkehrsknotenpunkt war. Eine in den Boden eingelassene Tafel zeigt an, bis zu welcher Stelle einst der Bodensee reichte. In der vom Leutbühel abgehenden Kirchstraße findet man die mit 86 cm **schmalste Hausfassade der Welt**.

Leutbühel

✳ Oberstadt (Altstadt)

Über die kopfsteingepflasterte Maurachgasse südöstlich des Leutbühel gelangt man nach einem kurzen Anstieg zum unteren, mit Wappen geschmückten Stadttor des unregelmäßigen Terrassenvierecks der malerischen Oberstadt (Altstadt), wo sich die keltische und später die ummauerte römische Stadt Brigantium befand.

Martinsturm Vom mächtigen Martinsturm (1599 – 1602; Martinsgasse 3 b), dem Wahrzeichen der Stadt, dessen barocke, mit Holzschindeln bedeckte **Zwiebelhaube als die größte Mitteleuropas** gilt, hat man einen herrlichen Blick auf die Stadt und den Bodensee. Im oberen Geschoss des Turms ist eine militärgeschichtliche Sammlung untergebracht. Die in dem Turm eingerichtete **Martinskapelle** ist vor allem wegen der aus dem 14. Jh. stammenden Fresken von Bedeutung.

Ehre-Guta-Platz Gleich nebenan befindet sich der Ehre-Guta-Platz, benannt nach einer sagenhaften Stadtretterin. Als im Jahr 1407 während des Appenzeller Krieges (1401 – 1408) Bregenz von Schweizern belagert wurde, soll die Bettlerin Guta ein Gespräch belauscht haben, in dem Belagerer den Angriff auf Bregenz besprachen. Rechtzeitig konnte sie die Bregenzer davor warnen und so die Stadt retten. Noch bis in die 1920er-Jahre hinein rief der Stadtwärter vom Martinsturm jeden Tag die Worte »Ehret die Guta« gleichsam als Schutz über die Stadt.

> ❗ *Baedeker* TIPP
>
> **Stadtausblick**
> Vom mächtigen Martinsturm in der Oberstadt von Bregenz bietet sich ein herrlicher Ausblick auf die Stadt. Öffnungszeiten: Apr. – Okt. Di. – So. 10.00 – 17.00 Uhr.

Deuring-schlösschen In der Westecke der Oberstadt steht das barocke Deuringschlösschen (1660 – 1690), das heute ein gepflegtes Hotel und ein edles Restaurant beherbergt. Von vielen Malern, u. a. von Egon Schiele, ist das schmucke Schlösschen in Bildern verewigt worden.

Kapuzinerkloster Südwestlich der Oberstadt liegt das Kapuzinerkloster mit der Kapuzinerkirche von 1636, die im 18. Jh. um eine Josephskapelle erweitert wurde. Der ganze Bezirk ist von einer Mauer eingefasst.

St. Gallus Auf dem Hügel südlich der Oberstadt erhebt sich die Pfarrkirche St. Gallus, ein einfacher gotischer Bau (14./15. Jh.), der um 1738 von Franz Anton Beer erweitert wurde. Die spätbarocke Innenausstattung gilt als besonders schönes Beispiel für den Bodenseebarock. Auf dem Altarblatt »Anbetung der Könige« trägt eine der Hirtinnen die Züge der österreichischen Regentin Maria Theresia.

Kloster Mehrerau Im Westteil von Bregenz befindet sich in idyllischer Lage nahe am Bodensee das Ende des 11. Jh.s gegründete, mehrfach zerstörte Zisterzienserkloster Mehrerau, zu dem eine neuromanische Kirche (1859), die von 1961 bis 1964 umgestaltet wurde, gehört. Die Anlage ist immer noch im Besitz des Zisterzienserordens. Heute beherbergt das Kloster eine Internatsschule, ein Sanatorium, einen Landwirtschaftsbetrieb und eine Gaststätte.

Umgebung von Bregenz

Gebhardsberg

3 km südlich von Bregenz erhebt sich auf einer steil abfallenden Felskanzel über dem Rheintal der Gebhardsberg (600 m) mit den Resten der **Burg Hohenbregenz**, die 1647 von den Schweden zerstört wurde. Hier steht auch einer **Wallfahrtskirche** (1791) mit Fresken um 1900. Von der Terrasse des Burgrestaurants bietet sich ein herrlicher Blick auf Bregenz, den Bodensee und das Rheintal. Lohnend ist der Abstieg südlich auf dem Ferdinand-Kinz-Weg.

✱
Pfänder

Den schönsten Blick auf Bregenz, den Bodensee sowie die nahe und ferne Bergwelt hat man vom 1064 m hohen Pfänder östlich von Bregenz, dem Hausberg der Bregenzer und der höchsten Erhebung am Bodensee. Der Berliner Dichter Wilhelm Scholz empfand gar Ende des 19. Jh.s den Blick »in das Tal des Alpenrheins wie ein weites Tor zum Paradies«. Mit der Pfänderbahn, einer Kabinenseilschwebebahn, gelangt man in wenigen Minuten auf den Berg. Betriebszeiten: ganz-

Ein herrlicher Blick auf Bregenz eröffnet sich vom Hausberg Pfänder aus.

Pfänderbahn
Museum ▶

jährig tgl. 8.00 – 19.00 Uhr; www.pfaenderbahn.at. In der Talstation ist das liebevoll gestaltete Pfänderbahn Museum zu besichtigen, in dem die Geschichte der Pfänderbahn dargestellt wird. Von Lochau (3 km nördlich von Bregenz) führt eine schmale Straße über Haggen auf den Berg hinauf, der auch ein beliebtes Wintersportgebiet ist. Von der Bergstation der Schwebebahn, wo man im Berghaus/Restaurant Pfänder einkehren kann, erreicht man in etwa fünf Minuten den Gipfel des Pfänder.

Alpenwildpark ▶

Auf dem 30-minütigem Rundwanderweg des Alpenwildparks bei der Bergstation kann man alpenländische Wildtiere, u. a. Alpensteinböcke, Hirsche, Mufflons, Wildschweine und Murmeltiere, beobachten. Ganzjährig geöffnet.

Adlerwarte ▶
🕐

Am Rundweg, 10 Gehminuten von der Bergstation entfernt, gibt es zudem eine Adlerwarte, die eine Greifvogel-Flugschau bietet. Vorführungen: Mai – Anfang Okt. 11.00, 14.30 Uhr; www.pfaender.at.
Lohnend ist der Abstieg von der Pfänder-Bergstation in 45 Minuten über Haggen nach Lochau. In ca. 3 Stunden kann man von der Bergstation bis hinab zum Bodensee wandern. Aber auch für Radfahrer ist der Pfänder von Interesse. Von der Bergstation führen landschaftlich reizvolle Wege den Pfänderrücken entlang. Räder können in der Pfänderbahn mitgenommen werden.

**Vorarlberger
Rheindelta**

Westlich von Fußach (5 km südwestlich) zieht sich entlang der Bucht das **Naturschutzgebiet** Vorarlberger Rheindelta, eine Ried- und Schilflandschaft, die zu den bedeutendsten Biotopen am Bodensee gehört. Sie entstand, als man den Rhein, der ursprünglich am Rheinspitz in den Bodensee mündete, als Schutz vor Überschwemmungen nach Osten verlegte. In dem Naturschutzgebiet zwischen »altem« und »neuem« Rhein, das nur zu Fuß oder mit dem Fahrrad zugänglich ist, leben ca. 300 heimische Vogelarten.

✶ Dornbirn

H 8

Staat: Österreich
Einwohnerzahl: 46000

Höhe: 436 m ü. d. M.

Dornbirn ist nicht nur die größte Stadt des Bundeslands Vorarlberg, sondern nach Hohenems auch dessen zweitjüngste Stadt: Zusammengewachsen aus fünf Gemeinden, wurde 1901 das bis dahin größte Dorf der Donaumonarchie zur Stadt erhoben.

**Größte Stadt
Vorarlbergs**

Nach dem Ersten Weltkrieg hätten viele Dornbirner gern ihre Nationalität gewechselt: 1919 votierten 70 % der städtischen Bevölkerung in einer Volksabstimmung für den Anschluss an die Schweiz, doch bei den Friedensverhandlungen in Saint-Germain kam dieses Thema, der Traum vom Schweizer Kanton, überhaupt nicht zur Sprache.

Dornbirn: wirtschaftliches Zentrum Vorarlbergs und eine beliebte Einkaufsstadt

Heute ist Dornbirn das wirtschaftliche Zentrum Vorarlbergs – viele namhafte Betriebe der Textil- und Metallindustrie haben hier ihren Sitz – und ein Messestandort von internationalem Rang. Auf dem Messegelände, das sich in den letzten Jahren zu einem Multisportzentrum (Tennis, Klettern, Leichtathletik, Eislauf etc.) entwickelt hat, finden Sportbegeisterte ein wahres Eldorado vor. Das Zentrum der **»Gartenstadt im Grünen«**, wie die Bewohner ihre Kommune liebevoll nennen, ist die Fußgängerzone rund um den Marktplatz, auf dem vor allem mittwochs und samstags, wenn Markt abgehalten wird, reges Leben herrscht. Überhaupt genießt Dornbirn in der Region einen guten Ruf als Einkaufsstadt.

Sehenswertes in Dornbirn

Das markanteste bauliche Element am Marktplatz ist die wuchtige **klassizistische Fassade** der Kirche St. Martin (1840), eine gewaltig wirkende, tempelartige Säulenvorhalle mit bemaltem Giebelfeld. Die Kirche gruppiert sich zusammen mit dem klassizistischen Pfarrhof um den hohen, freistehenden gotischen Glockenturm (1493). **St. Martin**

Das Rote Haus südlich ließ die bekannte Vorarlberger Familie Rhomberg 1639 erbauen. Es ist ein Rheintaler Haus aus Holz mit Außenstiege, Butzenscheibenfenstern und Spitzgiebeln, das rot gestrichen wurde. Die rote Farbe stammt von der früher üblichen Färbung mit Ochsenblut. In dem ansprechenden Haus befindet sich heute ein **Restaurant** mit ausgezeichneter Küche. **Rotes Haus**

▶ DORNBIRN ERLEBEN

AUSKUNFT

Dornbirn Tourismus
Rathausplatz 1
A-6850 Dornbirn
Tel. (055 72) 221 88
Fax 312 33
www.dornbirn.at

ESSEN UND ÜBERNACHTEN

▶ Erschwinglich

Krone
Hatlerstr. 2
Tel. (055 72) 2 27 20
www.kronehotel.at, 77 Z.
Restaurant im Vorarlberger Landhausstil, das neben leichten regionalen Gerichten auch internationale Spezialitäten serviert. Das traditionsreiche Hotel besteht aus einem Altbau mit rustikalen Zimmern, einem modernen Teil und einer neuen Gartenvilla mit modernen, eleganten Zimmern. Im Sommer kann man das Essen auf einer Terrasse genießen.

Rose
Hatlerstr. 31
Tel. (055 72) 22 46 19
www.rose.co.at
In dem Restaurant werden regionale Schmankerl und Hausmannskost offeriert; bei schönem Wetter stehen den Gästen eine Sonnenterrasse und ein Biergarten zur Verfügung.

Stadtmuseum 1997 wurde in einem 200 Jahre alten Patrizierhaus am Marktplatz das städtische Museum eröffnet, das die Geschichte Dornbirns und seiner Bewohner dokumentiert. Im selben Gebäude ist auch das Stadtarchiv untergebracht. Öffnungszeiten: Di. – So. 10.00 – 12.00, 14.00 – 17.00 Uhr.

inatura Eine besondere Attraktion ist die inatura-**Erlebnisnaturschau** (Jahngasse 9). Hier kann man 3-D-Reisen zu anderen Planeten und zu urzeitlichen Meerestieren unternehmen oder im Unterwasserkino heimische Fische sehen. Aber auch lebendige Tiere gibt es zum Beobachten und Streicheln. Ergänzt wird das Programm durch ein Schmetterlingswiesenbiotop. Öffnungszeiten: tgl. 10.00 – 18.00 Uhr.

Kunstraum In dem in einer ehemaligen Montagehalle (Jahngasse 9) im Stadtgarten eingerichteten Kunstraum werden Wechselausstellungen zu zeitgenössischer Kunst gezeigt. Öffnungszeiten: Di. – So. 10.00 – 18.00 Uhr; geschlossen im Winter; www.kunstraumdornbirn.at.

Umgebung von Dornbirn

Karren 2,5 km südlich der Stadt erhebt sich der Karren (975 m), den man mit einer Kabinenseilbahn (Talstation: Gütlestraße) in fünf Minuten erreicht und von dem man eine Aussicht über das gesamte Rheintal genießen kann. Auch ein Panoramarestaurant gibt es auf dem Berg. Betriebszeiten: ganzjährig; www.karren.at.

Der Gasthof Gütle bildet den Ausgangspunkt für Erkundungen der wildromantischen, von der tosenden Ache durchströmten Rappenlochschlucht (4 km südlich von Dornbirn), die an der engsten Stelle 62 m in den Fels gegraben ist. Öffnungszeiten: Mitte Apr. – Oktober.

✴ **Rappenloch-schlucht**

Auf einem künstlichen Steig gelangt man in 30 Minuten zum Staufensee, einem Staubecken mit Kraftwerk, und von dort weiter zur malerischen **Alplochschlucht**

Direkt vor dem Eingang zur Rappenlochschlucht wurde in einem 150 Jahre alten Gebäude, einer ehemaligen Spinnerei, das Rolls-Royce-Museum aus der Sammlung Franz Vonier eröffnet. Zu der Sammlung gehören vorwiegend Fahrzeuge der »Goldenen Jahre« (1923 – 1938), die alle berühmte Vorbesitzer wie König George V., den Diktator Franco und John Lennon haben. In der Cooke Street wird gezeigt, wie Rolls Royce vor 100 Jahren in Manchester gearbeitet hat. Öffnungszeiten: Apr. – Okt. 10.00 – 18.00, Nov. – März 10.00 bis 17.00 Uhr; www.rolls-royce-museum.at.

◄ Rolls-Royce-Museum

🕐

Ebenfalls im Gütle untergebracht ist ein Krippenmuseum mit 150 Krippen. Öffnungszeiten: Mai – 6. Jan. Di. – So, 10.00 – 17.00 Uhr.

◄ Krippenmuseum

🕐

Besonders reizvoll sowohl im Winter als auch im Sommer ist das Bergdorf Ebnit, das nur über ein teilweise sehr steiles Bergsträßchen mit einigen Tunnels und Engstellen vom Weiler Gütle erreicht werden kann. www.ebniterleben.at

Ebnit

Etwa 10 km östlich oberhalb von Dornbirn erreicht man das Bödele (1148 m), ein landschaftlich reizvolles Fleckchen Erde mit Wiesen, Moorsee und Fichtenwäldern, das sowohl als Sommererholungsregion wie auch als schneesicheres Skigebiet geschätzt wird. Das Bödele war der Trainingsort vieler österreichischer Skipioniere. Von den nahen Aussichtspunkten bietet sich eine schöne Aussicht, die vom Säntis im Westen über das Bodenseegebiet bis zu den Allgäuer Alpen und zur Braunarlspitze (2649 m), dem höchsten Gipfel des Bregenzer Waldes, im Osten reicht. www.boedele.info.

✴ **Bödele**

In der 6 km sudwestlich von Dornbirn gelegenen einstigen Rheintal-Residenz Hohenems, die sich trotz mittelalterlicher Stadtrechte erst seit 1983 Stadt nennen darf und damit die jüngste Stadt Vorarlbergs ist, sind viele historische Baudenkmäler zu bewundern. Auf dem Schlossberg über der Stadt, den man in ca. 40 Minuten besteigen kann und von wo sich eine schöne Aussicht in das Rheintal und zum Bodensee bietet, thronen die **Ruine Alt-Ems** (713 m; 12. Jh.) und das als Zweitburg erbaute **Schloss Neu-Ems** (Burg Glopper; 14. Jh.).

Hohenems

Im eigentlichen Stadtgebiet erhebt sich die 1797 erbaute klassizistische Kirche **St. Karl Borromäus**, die mit Fresken von Andreas Brugger ausgeschmückt ist und einen Renaissancehochaltar hat. Der Palast der Grafen Hohenems (1563) nebenan ist ein außerordentliches Beispiel italienischer Renaissance, in dessen Archiv 1755 und 1779 die Handschriften C und A des **Nibelungenliedes** gefunden wurden.

Jüdisches Museum ▶ | Ab 1617 gestatteten die Grafen von Hohenems in ihrer Stadt die Ansiedlung von Juden, deren Gemeinde in der Folgezeit schnell überregionale Bedeutung erlangte. Nachdem man nach 1945 Jahrzehnte lang das jüdische Erbe nicht beachtet hatte – die Synagoge wurde 1955 zu einem Feuerwehrhaus umgebaut –, richtete die Stadt 1991 in der Villa Heimann-Rosenthal (Schweizer Straße 5) von 1864 ein Jüdisches Museum ein, das das Leben der Hohenemser Juden in bemerkenswerter Weise dokumentiert. Öffnungszeiten: Di. – So., Fei. 10.00 – 17.00 Uhr.

Museum »Stoffels Säge-Mühle« ▶ | Die »Stoffels Säge-Mühle« (Sägerstr. 11) im historischen Gewerbegebiet ist eine europaweit einzigartige kulturgeschichtliche Dokumentation über 2000 Jahre Mühlentechnik. Öffnungszeiten: 25. Apr. bis Okt. tgl. 9.00 – 18.00 Uhr.

Lustenau | Etwa 10 km westlich von Dornbirn breitet sich unmittelbar an der Grenze zur Schweiz Österreichs größte Marktgemeinde Lustenau aus, ein Schwerpunkt der Stickereierzeugung in Österreich.

Stickereizentrum ▶ | Das Stickereimuseum (Pontenstr. 20) gibt einen Einblick in den bis heute florierenden Wirtschaftszweig, indem es die Entwicklung der Stickerei von der einfachen Handarbeit bis zur maschinellen Produktion aufzeigt. Öffnungszeiten: Do., Fr. 15.00 – 19.00 Uhr.

Galerie Stephanie Hollenstein ▶ | Ebenfalls in der Pontenstr. 20 ist die Galerie Stephanie Hollenstein untergebracht, die Gemälde und Zeichnungen der Lustenauer Malerin Stephanie Hollenstein (1886 – 1944) zeigt. Aber auch andere Künstlerinnen werden hier vorgestellt. Öffnungszeiten: Mi. – Fr. 18.00 – 21.00, Sa. 16.00 – 20.00, So. 9.00 – 12.00 Uhr.

Radiomuseum ▶ | Anhand von etwa 550 Exponaten wird die Entwicklung des Radios von den ersten Empfängern bis zu modernen Geräten dargestellt. Öffnungszeiten: Do. 15.00 – 21.00 Uhr.

Rhein-Schauen ▶ | In dem Natur- und Flussbaumuseum Rhein-Schauen (Höchster Str. 4) am Nordrand von Lustenau wird die Geschichte des Rheins mit den Themenbereichen Rheinmühlen, Schifffahrt, Flößerei, Fähren und Brücken dargestellt. Öffnungszeiten: Mai – Mitte Okt. Mi., Fr. – So. 13.00 – 17.00 Uhr; www.rheinschauen.at.

★ ★ Friedrichshafen

F 7

Höhe: 400 – 500 m ü. d. M.   **Einwohnerzahl:** 58000

Die »Messe- und Zeppelinstadt« Friedrichshafen am nördlichen Bodenseeufer ist nach Konstanz die zweitgrößte Stadt am Bodensee. Sie wird vor allem weltweit mit dem Namen »Zeppelin« und dem Luftschiffbau verbunden (▶Baedeker Special S. 138/139).

Zeppelin-Stadt | Die Stadt verdankt ihren Namen Friedrich I., dem ersten König von Württemberg, der 1811 die alte Stadt Buchhorn mit dem Dorf und

▶ FRIEDRICHSHAFEN ERLEBEN

AUSKUNFT

Touristeninformation
Bahnhofplatz 2
D-88045 Friedrichshafen
Tel. (075 41) 30 01-0
Fax 725 88
24-Stunden-Zimmernachweis:
Tel. 194 12
www.friedrichshafen.
info

*Luftschiff-
konstrukteur
Graf Zeppelin*

ESSEN

▶ Erschwinglich

① *Goldenes Rad*
Karlstr. 43
Tel. (075 41) 285-0
www.goldenes-rad.de
Ausgezeichnetes Restaurant mit
Fisch- und regionalen Spezialitäten
und einer ausgesuchten Weinkarte.

② *Krone*
OT Schnezenhausen
Untere Mühlbachstr. 1
Tel. (075 41) 40 80
Hotelrestaurant am Stadtrand mit
verschiedenen Stuben und Terrasse;
Spezialitäten der Küche sind Wild und
Fisch.

① *Kurgartenrestaurant*
Olgastr. 20
Tel. (075 41) 320 33
Das gediegene Restaurant im Graf-
Zeppelin-Haus ist vor allem wegen
des herrlichen Seeblicks zu
empfehlen.

ÜBERNACHTEN

▶ Komfortabel

① *Seehotel*
Bahnhofplatz 2
Tel. (075 41) 303-0
Fax 303-100
www.seehotelfn.de, 132 Z.
Zentral gelegenes Hotel mit Restau-
rant und Fitnessbereich; Zimmer
teilweise mit Balkon.

② *Flair Hotel Gerbe*
OT Ailingen
Hirschlatter Str. 14
Tel. (075 41) 50 90
Fax 551 08
www.hotel-gerbe.de, 60 Z.
In einer ehemaligen Färberei unter-
gebrachte Gasthof mit schönem
Garten; gemütliches Restaurant mit
Garten; Kinderspielplatz und Reitge-
legenheit; der in der Nähe gelegene
Gerbehof mit eigener Landwirtschaft
bietet einen Streichelzoo sowie
Kutschfahrten und Ponyreiten.

③ *Traube*
OT Waggershausen
Sonnenbergstr. 12
Tel. (075 41) 606-0
Fax 606-169
www.hoteltraube-fn.de, 54 Z.
Traditionsreiches Familienhotel in
ruhiger Vorstadtlage, 3 km vom See
entfernt; das gemütliche Restaurant
besitzt auch eine Terrasse; Fahrrad-
verleih; gute Ausgangslage für
Ausflüge und Radtouren.

ehemaligen Kloster Hofen vereinigte und den Hafen anlegte. Die im Zweiten Weltkrieg größtenteils zerstörte und durch Demontage ihrer Fabriken schwer geschädigte Stadt ist nach dem Wiederaufbau die **bedeutendste Industriestadt am Bodensee** mit den Weltfirmen ZF, MTU, Georg Fischer und EADS (früher Dornier). Auch als Messestadt ist Friedrichshafen bekannt; 2002 wurde die neue Messe fertiggestellt. Das Stadtbild ist von modernen, funktionalen Bauten geprägt. Friedrichshafen ist Verkehrsknotenpunkt der Region: Es besitzt einen bedeutenden Bodenseehafen und Regionalflughafen.

Sehenswertes in Friedrichshafen

★ ★
Zeppelin Museum

In dem ehemaligen Hafenbahnhof, einem Komplex im Bauhausstil, ist das großzügig und schön gestaltete Zeppelin Museum (Seestr. 22) untergebracht. Es hat ein ungewöhnliches Konzept umgesetzt: die **Verbindung von Technik und Kunst**. Das Museum umfasst einerseits die weltweit größte Sammlung zur Geschichte und Technik der Luftschifffahrt und andrerseits eine umfangreiche Kunstsammlung vom Mittelalter bis zur Moderne. Außerdem werden Wechselausstellungen zu den Bereichen Luftschifffahrt und Kunst gezeigt. Die Einbindung von Kunstwerken in die Zeppelinsammlung und von technischen Exponaten in die Kunstabteilung eröffnet Einblicke in die zeitgeschichtlichen und kulturellen Zusammenhänge.

Technik-
sammlung ▶

Die Sammlung zur Luftschifffahrt gewährt anhand zahlreicher Originale, Modelle, Pläne und Fotos einen Überblick über die Entwick-

Das zeitgemäß gestaltete Zeppelin Museum vereint Technik und Kunst.

Zeppelin Museum *Orientierung*

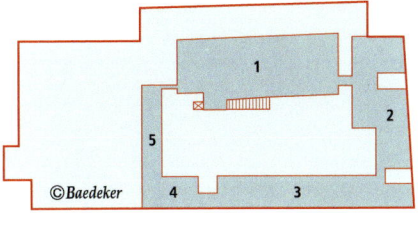

2. OBERGESCHOSS
Kunstabteilung

1 Kunstwerke aus Mittelalter, Neuzeit und Moderne
2 Skulpturen aus Mittelalter und Neuzeit
3 Ansichten vom und über den Bodensee
4 Karl Casper, Maria Casper-Filser
5 Zeichenkunst und Druckgrafik

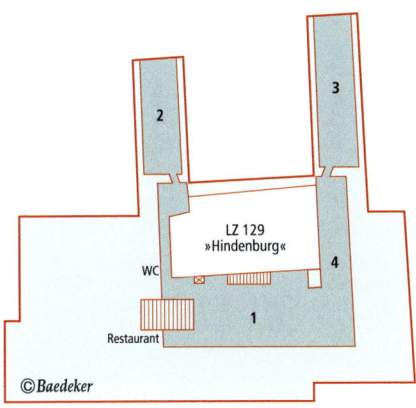

1. OBERGESCHOSS
Zeppelinabteilung

1 Konstruktion, Technik und Aerodynamik
2 Militärische Nutzung der Luftschiffe
3 Zivile Nutzung der Luftschiffe
4 Funk und Navigation

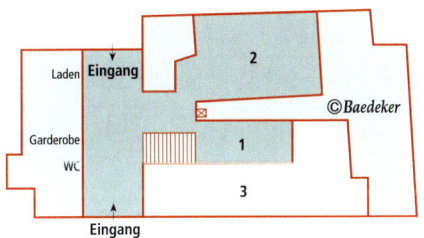

ERDGESCHOSS
Zeppelinabteilung

1 Geschichte des Zeppelin-Konzerns
2 Vorgänger, Bauarten, physikalische Grundlagen, Start und Landung
3 Wechselausstellungen

lung des Luftschiffbaus und über das Leben des Grafen von Zeppelin. Eigene Abteilungen befassen sich mit den physikalischen Grundlagen der Luftschifffahrt und führen die besonderen Schwierigkeiten bei Start und Landung vor Augen. Weitere Themen sind Navigation und Funktechnik. Höhepunkt der Sammlung ist der Nachbau eines Teils der Passagiergondel des legendären **Zeppelins LZ 129 »Hindenburg«**, der auch von innen zu besichtigen ist. Ergänzt wird die Sammlung durch eine umfangreiche Bibliothek, die auch das Firmenarchiv der Luftschiffbau Zeppelin GmbH umfasst.

Friedrichshafen *Orientierung*

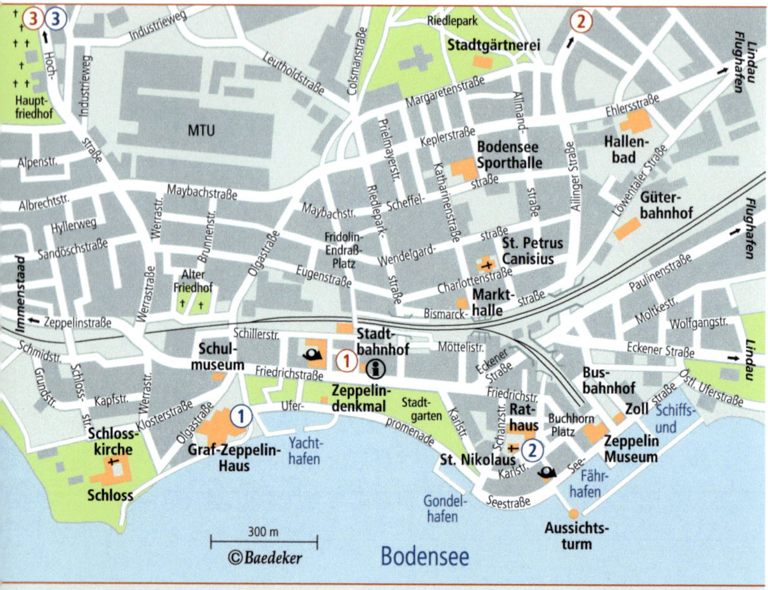

Übernachten

① Seehotel

② Gerbe

③ Traube

Essen

① Kurgarten-restaurant

② Goldenes Rad

③ Krone

Kunstsammlung ▶ Der Schwerpunkt der Kunstabteilung liegt auf der **süddeutschen Malerei und Skulptur** sowie der Kunst des 20. Jh.s. Der Bogen der Künstler spannt sich von Franz Anton Maulbertsch bis zu Otto Dix und Max Ackermann. Sehr interessant ist die Darstellung mittelalterlicher Schnitz- und Maltechniken. Gezeigt werden auch zahlreiche Gemälde des Bodensees, der etwa seit Beginn des 19. Jh.s ein beliebtes Ausflugsziel war. Die grafische Sammlung, der größte Einzelbestand der Kunstabteilung mit dem Schwerpunkt auf der Kunst des 20. Jh.s, wird nur in Wechselausstellungen gezeigt. Öffnungszeiten: Mai – Okt. Di.– So. 9.00 – 17.00; Juli – Sept. auch Mo.; Nov.– Apr. Di. – So. 10.00 – 17.00 Uhr; www.zeppelin-museum.de.

Städtisches Museum Im modernen Rathaus westlich vom Zeppelin Museum befinden sich das Städtische Museum, in dem jungsteinzeitliche Funde vom nördlichen Seeufer ausgestellt sind, und die Städtische Kunstsammlung.

★ **Schulmuseum** Das originale Oberschwäbische Schulmuseum (Friedrichstr. 14) stellt Ausschnitte aus der Schulgeschichte dar, von der mittelalterlichen Klosterschule bis zur heutigen Zeit. So wird man in drei original eingerichteten Klassenräumen von 1850, 1900 und 1930 in den Unterricht vergangener Zeiten zurückversetzt. Auch Lehr- und Lernmittel wie Episkope, Filmgeräte, Grammophone und Radios werden gezeigt. Öffnungszeiten: Apr. bis Okt. tgl. 10.00 – 17.00; Nov. bis März Di. – So. 14.00 – 17.00 Uhr; www.schulmuseum-fn.de

Schloss

Westlich steht in einem Park das Schloss, das von 1654 bis 1701 als Kloster Hofen von Michael Beer erbaut wurde, nach der Säkularisierung vom württembergischen Staat erworben und im 19. Jh. von König Wilhelm I. als Sommerresidenz umgebaut wurde. Heute ist es Wohnsitz von Herzog Karl von Württemberg (unzugänglich).

> **!** *Baedeker* TIPP
>
> ### Schwäbisches Nationalgebäck
>
> Wie wär's zur Stärkung mit einer Laugenbrezel, dem schwäbischen Nationalgebäck? Besonders lecker wird sie in der traditionsreichen Webers Backstube (Albrecht-Dürer-Str. 60) aus erstklassigen Zutaten hergestellt.

Die **Schlosskirche** mit ihren beiden 55 m hohen Zwiebeltürmen ist das Wahrzeichen von Friedrichshafen. Sie wurde von 1695 bis 1701 vom Kloster Weingarten nach Plänen des Vorarlbergers Christian Thumb als Wandpfeilerbasilika errichtet und nach Zerstörungen im Zweiten Weltkrieg um 1950 restauriert. Sie besitzt reiche Stuckdekoration von Johann und Franz Schmuzer sowie Altarblätter von Johann Michael Feuchtmayer. Öffnungszeiten: Mitte Apr. – Okt. Mo., Di., Do., Sa. 9.00 – 18.00, Mi. bis 14.30, Fr. 11.00 – 18.00, So. 12.00 – 18.00 Uhr; www.ev.kirche-fn.de.

Militärhistorisches Museum

Französische Garnisonsgeschichte ist das Thema des Militärhistorischen Museums (Fallenbrunnen 1/5) in der ehemaligen Flakkaserne nordwestlich des Zentrums. Öffnungszeiten: Apr. – Okt. Mo. – Do. 16.00 – 18.00, Sa., So. 14.00 – 18.00 Uhr.

Dornier Museum

Das Dornier Museum (Claude-Dornier-Platz 1) in einem ansprechenden Neubau beim Flughafen veranschaulicht die Entwicklung der Luft- und Raumfahrt und stellt die von der Firma Dornier entwickelten Flugzeuge vor. Zu den Highlights zählen die Do 27 und 28 und das Turbopropflugzeug Do 31. Öffnungszeiten: Mai – Okt. 9.00 – 17.00, Nov. – Apr. 10.00 – 17.00 Uhr; www.dorniermuseum.de.

Ailingen

Der Stadtteil und Erholungsort Ailingen im »Obstgarten am Bodensee« bietet Familien einen abwechslungsreichen Urlaub u. a. mit etlichen Wanderwegen, Ponytrecking, Kutschfahrten sowie einem Spaß- und Erlebnisbad. Im Rathaus ist in den Räumen des Fremdenverkehrsamtes eine **geologische Schausammlung** untergebracht. In Weiler, bei Unterlottenweiler, kann man im Freigelände des **Obstbau-Museums** 160 Obstbäume sehen, darunter 60 Apfel- und Birnensorten. Informationen beim BUND, Tel. (0 75 44) 51 62.

◀ weiter S. 140

GIGANTEN AM HIMMEL

Die Zeppeline waren einst die Könige der Lüfte. Die große Ära der Giganten am Himmel endete im amerikanischen Lakehurst mit einem Inferno, das immer noch zu vielfältigen Spekulationen Anlass gibt. Doch nun scheint die Zeit der »fliegenden Zigarren« neu anzubrechen.

Die Idee kam ihm im Amerikanischen Bürgerkrieg. Ferdinand Graf von Zeppelin (1838–1917), der als württembergischer Leutnant 1863 das Kriegsgeschehen in den USA beobachtete, war fasziniert von den Ballons, die die Nordstaatler benutzten, um die Stellungen und Bewegungen der Südstaatler auszukundschaften. Fortan träumte er von einem lenkbaren Fluggerät für den Personen- und Frachttransport über weite Strecken. Im Jahr 1900 war es dann soweit: 18 Minuten flog das 128 m lange **»Luftschiff Zeppelin 1« (LZ 1)** über Friedrichshafen, bevor es wegen Motorversagens auf dem Bodensee notwassern musste. Auch die nachfolgenden Luftschiffe erwiesen sich als unfallträchtig. Erst 1911 gelang dem genialen Erfinder Zeppelin der Durchbuch am Himmel. Erfolgreich waren die »fliegenden Zigarren« zunächst in der zivilen Luftfahrt. Im

Ersten Weltkrieg setzte das Militär 96 »Kolosse der Luft« als Aufklärer und Langstreckenbomber ein. Doch die Erwartungen der kaiserlichen Armee erfüllten sich nicht: Für die neuen wendigen Flugzeuge boten die langsamen überdimensionalen Luftschiffe ein zu bequemes Angriffsziel – 72 von ihnen kehrten nicht mehr zurück. 1917 starb Graf Zeppelin. Er erlebte nicht mehr, wie seine Giganten die Erde umkreisten und der deutschen Luftfahrt zu weltweitem Ansehen verhalfen. Den größten Ruhm und Erfolg unter den Passagierluftschiffen erreichte die LZ 127 (**»Graf Zeppelin«**), der 1929 ein triumphaler Flug in sechs Etappen rund um den Globus gelang. 1934 erbauten die Zeppelin-Werke in Friedrichshafen den bis dahin gigantischsten Zeppelin, die 245 m lange »Hindenburg«, die 1936 den Linienverkehr zwischen Frankfurt am Main und New York aufnahm.

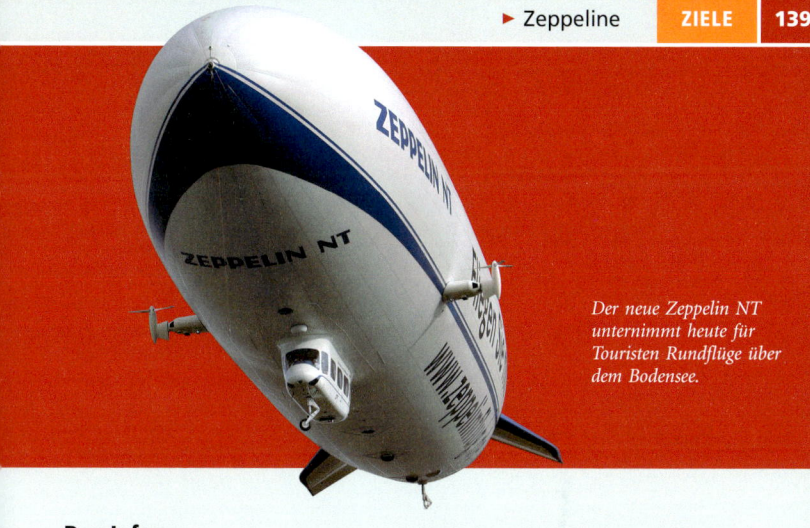

Der neue Zeppelin NT unternimmt heute für Touristen Rundflüge über dem Bodensee.

Das Inferno

Es war der 6. Mai 1937, als eine Menge von Zuschauern und Presseleuten die Ankunft der »Hindenburg« auf dem Flughafen **Lakehurst** in New York erwartete. Obwohl schon längst ein regelmäßiger Flugverkehr zwischen Europa und den USA bestand, war der majestätische Luxusliner immer noch ein großes Medienspektakel. Die verspätete »Hindenburg« setzte zur Landung an. Landeseile wurden aus 25 m herabgelassen. Passagiere winkten aus den Fenstern den Schaulustigen am Boden zu. Plötzlich vernahmen die Männer im Heck des Luftschiffs ein »Plop«. Innerhalb von Sekunden stand die »Hindenburg« in Flammen, krachte auf den Boden und brannte völlig aus. Was hatte die Explosion ausgelöst? Noch heute glauben manche an einen Sabotageakt gegen das NS-Regime, doch sehen die meisten Experten im zum ersten Mal benutzten Außenlack den wahren Grund: Dieser Schutzlack eignete sich nicht als elektrischer Leiter, d.h. die elektrische Spannung zwischen Luftschiff und Erdboden nahm während der Landung zu und entlud sich. Eindeutig geklärt ist die Ursache der Explosion jedoch bis heute nicht. Fest steht nur, dass das Unglück nicht passiert wäre, wenn die »Hindenburg« nicht mit hoch explosivem Wasserstoff, sondern mit nicht brennbarem Helium gefüllt gewesen wäre. Doch Helium war schwer zu beschaffen, denn der Monopollieferant USA hatte ein Exportverbot verhängt. Noch bis 1940 waren deutsche Zeppeline am Himmel zu sehen, dann ließ Reichsluftfahrtminister Hermann Göring die letzten »Gasblasen«, wie er sie verächtlich nannte, verschrotten.

Die Zeit dieser Giganten schien endgültig vorüber zu sein. Die heliumgefüllten »Blimps«, die man zuweilen als fliegende Litfaßsäulen über Deutschland erblickt, sehen zwar wie Zeppeline aus, sind aber keine, da ihnen das starre Innengerüst fehlt. Und doch erlebt der Zeppelin von einst eine Wiedergeburt. 1997 startete in Friedrichshafen das Hightech-Luftschiff **Zeppelin NT** zu seinem Jungfernflug. Seit 2001 unternimmt dieser neue Zeppelin für Touristen Rundflüge über den Bodensee. Auch heute noch faszinieren die majestätischen Luftschiffe, was im Zeppelin Museum in Friedrichshafen spürbar ist.

✳ Eriskirch

Naturnaher Ort

Eriskirch, 6 km südöstlich von Friedrichshafen, ist ein ruhiger, ländlicher Urlaubsort. Ausgedehnte Obstbaumanlagen, Hopfengärten und Wälder laden zu Spaziergängen und Radausflügen ein.

✳
Unserer Lieben Frau ▶

Markant im Ortsbild von Eriskirch ist der hohe Turm der gotischen Pfarr- und Wallfahrtskirche Unserer Lieben Frau, die eine **bedeutende Stätte der Marienverehrung** war. In der Kirche, besonders im Chor, sind wertvolle Wandmalereien aus der Zeit um 1410/1420 erhalten mit Szenen aus dem Alten und dem Neuen Testament. Auf dem linken Seitenaltar befindet sich das Gnadenbild »Unserer Lieben Frau von Eriskirch« (um 1400). Beachten sollte man auch die Fenster im Chor mit kunstvoller Glasmalerei. Das Stifterfenster links vom Hochaltar zeigt Graf Heinrich von Montfort im Gebet.

✳
Eriskircher Ried

Der Seeuferstreifen zwischen Ach- und Schussenmündung sowie die daran anschließende Flachwasserzone im Bodensee bilden das 552 ha große Eriskircher Ried, das größte Naturschutzgebiet am nördlichen Bodenseeufer. Nach dem Abschmelzen der Gletscher Ende der letzten Eiszeit lagerten sich an der Mündung der Schussen große Mengen Sand und Kies ab. In den letzten 10 000 Jahren entstand hier ein Flussdelta, das Eriskircher Ried. Die Ufer der Schussen und ihrer Altwasser werden von einem urwüchsigen Wald gesäumt, in dem Silberweiden, Pappeln und Erlen vorherrschen, in höher gelegenen Bereichen auch Eichen.

Im Eriskircher Ried

Das Ried ist Lebensraum und Rückzugsgebiet für eine große Zahl seltener Pflanzen und Wasservögel. Tausende von Enten, Möwen und die seltenen Singschwäne überwintern hier. Zur Blütezeit der **Sibirischen Schwertlilie** (Iris sibirica) von Ende Mai bis Anfang Juni verwandeln sich ausgedehnte Wiesen in einen lila Teppich. Im ehemaligen Bahnhof von Eriskirch wurde das **Naturschutzzentrum Eriskirch** (Bahnhofstr. 24) mit einem Naturkundemuseum zu Ried und Bodensee eingerichtet. Öffnungszeiten: Apr. – Sept. Di. bis Fr., So. 14.00 – 17.00, Fr. zusätzlich 9.00 – 12.00, Okt. – März Di. – Do. 14.00 – 16.00, Fr. 9.00 – 12.00, So., Fei. 14.00 – 17.00 Uhr. Es bietet regelmäßig Führungen durch das Ried an. Tel. 075 41/818 88; Internetadresse: www.naz.eriskirch.de.

✳ Hegau

Der landschaftlich reizvolle Hegau, vom Schriftsteller Ludwig Finckh liebevoll als des Herrgotts Kegelspiel bezeichnet, öffnet sich von den weiten Höhen des Witthoh nach Südosten hin zum Bodensee. Seine Vulkankegel ragen weithin sichtbar über die sanften Hügel empor. Auf allen Erhebungen finden sich noch die Überreste von Burgen.

Die mit Ablagerungen des Molassemeeres und eiszeitlichen Sanden und Geröllen angefüllte Beckenlandschaft ist geprägt von zwei Reihen Vulkanruinen. Die westliche Schlotreihe, deren markanteste Erhebung der Doppelgipfel des Hohenstoffels (844 m) und des Hohenhewens (846 m) ist, entstand vor etwa 16 Mio. Jahren, als gewaltige Tuffmassen und basaltische Schmelzen aus der Tiefe empordrangen. Vor rund 7 Millionen Jahren durchstießen Phonolithe das Deckengebirge und bildeten die östliche Reihe der Hegauvulkane, zu denen der Hohentwiel (686 m), der Hohenkrähen (643 m) und der Mägdeberg (664 m) gehören.

Beeindruckende Vulkanlandschaft

Ziele im Hegau

Das idyllische Engen im nördlichen Hegau besticht durch eine malerische, mustergültig sanierte Altstadt mit einem reichen Bestand an mittelalterlichen und frühneuzeitlichen Gebäuden. Es gilt als **eine der besterhaltenen Stadtanlagen Süddeutschlands**. www.engen.de Die ursprünglich spätromanische, später barock umgestaltete **Kirche Mariä Himmelfahrt** besitzt zwei interessante romanische Stufenportale mit figürlichen Darstellungen. Beachtenswert ist zudem das **Krenkinger Schloss**, das auf das 14. Jh. zurückgeht und in seiner heutigen Form aus dem 16. Jh. stammt. Das **Städtische Museum** (Klostergasse 19) mit Galerie im ehemaligen Kloster St. Wolfgang zeigt Funde aus der Vorzeit, wertvolle sakrale Kunst, darunter einen der ältesten deutschen Tischaltäre, und eine Informationsschau zur Stadt- und Dorfsanierung. Das herausragende Ausstellungsstück ist die 14 000 Jahre alte, aus Gagat geschnitzte »Venus von Engen«, eine stilisierte Frauenfigur. In der angeschlossenen Galerie finden Wechselausstellungen zur modernen Kunst statt. Öffnungszeiten: Di. – Fr. 14.00 bis 17.00, Sa., So. 10.00 – 17.00 Uhr. Im Ortsteil Bargen wurde eine **römische Villa rustica** ausgegraben. Beim Steinzeitlager am Petersfels im Brudertal nordöstlich von Engen wurde im **Eiszeitpark** eiszeitliche Vegetation angepflanzt. Dadurch erhält man einen Eindruck von der Umwelt der

✳
Engen

AUSKUNFT

Arbeitsgemeinschaft Hegau Touristik
Hohgarten 4
D-78224 Singen
Tel. (077 31) 85-2 62
Fax 85-5 13
www.hegau.de

Engen besitzt eine der besterhaltenen Stadtanlagen Süddeutschlands.

🕐 steinzeitlichen Jäger vor 15 000 Jahren. Öffnungszeiten: Mo., Di., Do., Fr. 8.30 – 12.00, Mi. 14.00 – 18.00 Uhr. Eine besondere Attraktion ist der **Planetenlehrpfad**, in dessen Mittelpunkt die Sonne als vergoldete Kugel im Maßstab 1:1 Mrd. auf dem Engener Kirchturm steht. Darauf sind die Planeten, die auf Bronzeplatten an dem Pfad dargestellt werden, in der Entfernung bezogen. www.planetenlehr pfad.engen.de. Auf dem **Hohenhewen** (846 m), dem Hausberg von Engen, südlich sind die Reste einer Burg (um 1170) erhalten.

Eigeltingen Das inmitten lieblicher Landschaft 12 km östlich von Engen gelegene Dorf Eigeltingen ist Ausgangspunkt für Wanderungen in das wildromantische **Naturschutzgebiet Krebsbachtal**. In der am östlichen Ortsende gelegenen **Lochmühle**, einem 400 Jahre alten ehemaligen Bauernhaus, ist ein **Kutschenmuseum** untergebracht, angeschlossen ist zudem ein Streichelzoo. Angeboten werden außerdem Fahrten mit Oldtimertraktoren und Kutschen sowie Ponyreiten.

★ Unweit südwestlich von Eigeltingen sprudelt die idyllische Aachquel-
Aachquelle le (481 m), der Quellsee der Radolfzeller Aach und die **größte Quelle Deutschlands**. Hier treten pro Sekunde zwischen 1000 und 24 000 l Wasser aus, wobei es sich hauptsächlich um das weiter nördlich in Immendingen und Fridingen versickerte Wasser der Donau handelt. Im Jahr 1886 wurden die ersten waghalsigen, aber erfolglos verlaufenden Höhlentauchversuche unternommen. Bei weiteren Expeditionen in die Höhle ereigneten sich mehrere tödliche Unfälle.

! **Baedeker** TIPP

Höhenweg

Zu den schönsten Wanderungen im Hegau zählt der Höhenweg (E 1) von Engen nach Singen (Gehzeit: etwa 6 Std.). Er führt über den Hohenhewen, den Hohenstoffel, den Mägdeberg und den Hohenkrähen bis zum Hohentwiel und bietet damit eine Menge an Aussichten.

In dem 3 km südlich von Eigeltingen gelegenen **Schloss Langenstein** (1570 bis 1605) sollte man das interessante **Fasnachtsmuseum** besuchen. Gezeigt werden hier unter anderem Dokumente zur Geschichte der schwäbisch-alemannischen Fasnacht, diverse Masken aus Holz und Narrengewänder. Eine Besonderheit ist die Kollektion von bunt bemalten Tonfiguren aus Zizenhausen, die im 19. Jh. von Zizenhauser Bauernfamilien hergestellt wurden. Eine Darstellung von Fastnachtsbräuchen in aller Welt rundet die Austellung ab. Während des ganzen Jahres finden in dem Museum Veranstaltungen der Narrenzünfte aus dem Raum Hegau/ Bodensee statt. Öffnungszeiten: März bis Nov. Mi – So., Fei. 13.00 – 17.00, geschl. Dez. – Feb. bis einschließlich Aschermittwoch.

Im Fasnachtsmuseum Schloss Langenstein

Steißlingen

Das Feriendorf Steißlingen, 8 km südlich von Eigeltingen, am Steißlinger See gelegen, besitzt an Sehenswürdigkeiten ein **Schloss** der Freiherren von Stotzingen sowie einen **Torkel** aus dem 17. Jahrhundert. Eine einstündige Wanderung führt ostwärts zur **Burgruine Homburg** (547 m) aus dem 11. Jh., die im Dreißigjährigen Krieg zerstört wurde. Badefreuden verspricht der Steißlinger See.

Hilzingen

Die südliche Hegaugemeinde Hilzingen spielte eine wichtige Rolle bei den Bauernaufständen im 16. Jahrhundert. Als »Barockjuwel des Hegau« gilt die **Kirche St. Peter und Paul**, die von 1747 bis 1749 von Peter Thumb errichtet wurde. Herrlich ist die prachtvolle Innenausstattung. Das **heimatkundliche Museum** ist in einem historischen Gebäude (1653) im Schlosspark eingerichtet.

✳ Höri

C 6

Höhe: 400 – 708 m ü. d. M.

Die 63 km² große idyllische Halbinsel Höri mit dem auf 708 m ansteigenden waldreichen Schiener Berg schneidet tief in den Untersee ein. Diese kleine Naturoase ist für Leute geeignet, die einen ruhigen und erholsamen Urlaub verbringen möchten.

▶ HÖRI ERLEBEN

AUSKUNFT

Tourismus Untersee e. V.
Im Kohlgarten 2
D-78343 Gaienhofen
Tel. (077 35) 91 90 55
Fax 91 90 56
www.tourismus-untersee.eu

Kultur- und Gästebüro
Im Kohlgarten 1
D-78343 Gaienhofen
Tel. (077 35) 818 23
Fax 818 18
www.gaienhofen.de

ÜBERNACHTEN

► **Erschwinglich**
In Gaienhofen-Hemmenhofen:
Höri
Uferstr. 20 – 23
Tel. (077 35) 81 10
Fax 81 12 22
www.seehotel.hoeri.de
80 Z.
Das Sport- und Tagungshotel verfügt über einen Seepark und einen eigenen Badestrand, einen Wellnessbereich und ein Fitnesscenter. Restaurant mit Seeterrasse und Wintergarten.

★
Idyllisches Urlaubsgebiet

Auf der Halbinsel, deren Uferstreifen fast ganz unter Naturschutz gestellt sind, gibt es seltene Vogel- und Pflanzenarten, so dass auch Naturliebhaber hier voll auf ihre Kosten kommen. Die Halbinsel wird überwiegend landwirtschaftlich genutzt; Obst- und Gemüseanbau werden hier betrieben. Zur Höri gehören die Gemeinden Gaienhofen, Moos und Öhningen.

Mit der politischen Befriedung im 19. Jahrhundert nach jahrhundertelangen blutigen Auseinandersetzungen gewann dieser Teil des Bodensees rasch den Ruf ruhevoller Beschaulichkeit und ländlicher Idylle, was Künstler von überall her anzog. So wurde die Höri bald zum **bevorzugten Wohnsitz von Dichtern und Malern** (► Baedeker Special S. 146/147). Heute wird die Höri als gutes Wandergebiet von immer mehr Touristen geschätzt.

Moos

Gepflegter Ferienort

In der Gemeinde Moos erwarteten den Besucher eine gepflegte Seenlandschaft und sanfte Hügel. Die Einwohner leben noch heute zum Großteil vom Gemüseanbau.

Die traditionelle, auf ein Gelübde zurückgehende **Mooser Wasserprozession**, die im Juli veranstaltet wird und nach Radolfzell führt, findet zu Ehren der hll. Theopont, Senes und Zeno statt und soll vor Tierseuchen bewahren (►Abb. S. 77).

Iznang

Iznang ist der Geburtsort von Franz Anton Mesmer, dem Entdecker des »tierischen Magnetismus«, einer umstrittenen Heilmethode. An Mesmer erinnern heute das Geburtshaus und eine Gedenkstube im Gasthof Adler.

Solch hübsche Plätzchen kann man auf der Höri entdecken.

Gaienhofen

Gaienhofen wurde mehrfach für seine intakte und liebevoll gepflegte Landschaft ausgezeichnet. Die Gemeinde und ihre Ortsteile Gundholzen, Hemmenhofen und Horn, alle ruhig und direkt am See gelegen, sind hervorragende Erholungsorte. Sie eignen sich für Naturliebhaber, die ihren Urlaub z. B. auf dem schönen, umweltorientierten Campingplatz Horn am See verbringen können. Gaienhofen war schon früh bevorzugter Wohnsitz von Malern und Dichtern, von denen der berühmteste **Hermann Hesse** war. Auf den Spuren der Dichter kann man in Gaienhofen wandeln. Künstlerort

Unmittelbar neben der Schiffslände steht das Schloss, das im 12. Jh. als Jagdschloss und Verwaltungssitz der Bischöfe von Konstanz erbaut, im Dreißigjährigen Krieg verwüstet und um 1700 als Sitz der bischöflichen Obervögte erneuert wurde. Nachdem im 19. Jh. die letzten der ursprünglich neun Türme abgetragen worden waren, ging das Gebäude in Privatbesitz über und beherbergt heute eine **Internatsschule**. Schloss

Die bekannteste Sehenswürdigkeit von Gaienhofen ist das Hermann-Hesse-Höri-Museum (Kapellenstr. 8), das die **Hermann-Hesse-Gedächtnisstätte** und das **Höri-Museum** umfasst. Die Gedächtnisstätte ★ Hermann-Hesse-Höri-Museum

Im Hermann-Hesse Museum kann man die ehemaligen Wohnräume des Dichters besichtigen

KÜNSTLER AUF DER HÖRI

Vor allem während der ersten Jahrzehnte des 20. Jh.s war die Höri mit ihren beschaulichen Orten wie Gaienhofen und Hemmenhofen Refugium und Inspirationsquelle für zahlreiche Schriftsteller und Maler.

Hermann Hesse zog es als Ersten auf die Höri: »Gaienhofen ist ein ganz kleines schönes Dörflein, hat keine Eisenbahn, keine Kaufläden, keine Industrie, nicht einmal einen eigenen Pfarrer ... Es hat auch keine Wasserleitung, so daß ich alles Wasser am Brunnen hole, keine Handwerker, so daß ich die nötigen Reparaturen im Haus selbst machen muß, und keinen Metzger, also hole ich Fleisch, Wurst etc. jeweils im Boot über den See aus dem nächsten thurgauischen Städtchen. Dafür gibt es Stille, Luft und Wasser gut, schönes Vieh, famoses Obst, brave Leute.« Diese Zeilen schrieb Hesse (1877–1962) 1904 an den Schriftsteller Stefan Zweig nach Wien. Nach seinem Erstlingserfolg mit der Erzählung »Peter Camenzind«, der ihn finanziell unabhängig machte, hatte sich Hesse entschlossen, die ländliche Idylle der Großstadt vorzuziehen und jene Naturinnigkeit zu leben, die in seinem literarischen Frühwerk eine wichtige Rolle spielt. Ein Jahr später beschloss sein Dichterfreund Ludwig Finckh (1876–1964) aus Tübingen, sich ebenfalls in Gaienhofen niederzulassen. Hermann Hesse fand zunächst Unterschlupf in einem gemieteten alten Bauernhaus und zog nach der Geburt seines Sohnes 1907 in ein eigenes Haus, das er im Erlenloh bauen ließ. Hier schrieb er u. a. »Gertrud«, einen Roman über Künstlertum, Freundschaft und Liebe. Als Hesse 1912 die Höri verließ, hatte die Halbinsel auch unter Malern an Reiz gewonnen, die vor allem nach dem Ersten Weltkrieg die verträumten Winkel entdeckten und ihre Landschaftseindrücke in naturalistischer oder impressionistischer Manier auf der Leinwand festhielten.

Künstlerexil

Otto Dix (1891–1969), der Maler des kritischen Realismus, dessen boshaft-satirische Großstadtszenen und Anti-

Das Hermann-Hesse-Höri-Museum vermittelt einen Einblick in das Werk des einflussreichen Dichters.

kriegsbilder in der Weimarer Republik für Diskussionsstoff sorgten, zog sich 1933 nach dem Verlust seiner Professur an der Dresdner Kunstakademie zunächst auf Schloss Randegg bei Singen zu seinem Schwager zurück und wohnte dann ab 1935 im eigenen Haus in Hemmenhofen. Hier schuf er bis 1945 in der inneren Emigration vorwiegend Landschaften als verschlüsselte Seelenzustände in altmeisterlicher Manier und wandte sich anschließend im Spätwerk dem Expressionismus zu. Nach dem Bürgerbräukeller-Attentat auf Hitler 1939 fand bei dem Regimegegner Dix eine Hausdurchsuchung statt.

Der Maler **Max Ackermann** (1878 bis 1975) gründete 1930 in Stuttgart ein Seminar für »absolute Malerei«, erhielt aber wegen seines Eintretens für die abstrakte Malerei 1936 ebenfalls Lehrverbot und siedelte nach Hornstaad über, wo er insgeheim abstrakte Arbeiten schuf und offiziell Landschaften malte.

Kriegswirren

Mitten im Zweiten Weltkrieg verschlug es den Maler **Erich Heckel** (1883–1970) ebenfalls nach Hemmenhofen. Der Mitbegründer der expressionistischen Künstlergruppe »Die Brücke« in Dresden im Jahr 1905 hatte miterleben müssen, dass über 700 seiner Werke als »entartet« deklariert wurden und aus deutschen Museen verschwanden. 1944 bezog er das Sommerhaus des Architekten Wurm. Auch als Heckel nach dem Krieg an der Kunstakademie in Karlsruhe lehrte, behielt er seinen Wohnsitz in Hemmenhofen. Zuflucht vor den Kriegswirren suchten auch noch andere Künstler am Untersee wie der Maler Ferdinand Macketanz, der seit 1942 in Kattenhorn lebte, und der Fotograf Hugo Erfurt.

Bei so viel Präsenz moderner Kunst war es kein Wunder, dass eine der ersten großen Ausstellungen zeitgenössischer Kunst schon 1945 in Überlingen präsentiert werden konnte. Auch in den folgenden Jahrzehnten blieb die beschauliche Halbinsel Höri ein beliebtes Künstlerdomizil. Wie vielfältig sich die Künstler literarisch und malerisch der Höri angenommen haben, lässt sich gut in den Dichterzimmern und der kleinen Gemäldegalerie im Hermann-Hesse-Höri-Museum in Gaienhofen nachvollziehen.

Hermann Hesse

zeigt die ehemaligen Wohnräume von Hermann Hesse. Eine Besonderheit ist der Schreibtisch des Dichters, den er an seinen verschiedenen Wohnorten fast 60 Jahre lang benutzt hat. Das Höri-Museum gegenüber präsentiert Dokumente über Hesse und Ludwig Finckh, eine **Gemälde- und Skulpturengalerie**, darunter Werke von Otto Dix und Erich Heckel, sowie Funde der Pfahlbaukultur aus der Jungsteinzeit am Untersee. Außerdem werden in dem Museum Wechselausstellungen veranstaltet. Um das Museum wurde ein einfacher bäuerlicher Garten angelegt nach Ideen von Hesse, wie er sie in seinem Buch »Freude am Garten« niedergeschrieben hat. Öffnungszeiten: 15. März – Okt. Di. – So., Fei. 10.00 – 17.00; Nov. – 14. März Fr., Sa. 14.00 – 17.00, So. 10.00 – 17.00 Uhr; www.hermann-hesse-hoeri-museum.de.

Hemmenhofen
Im Kur- und Ferienort Hemmenhofen lebte seit 1936 der **Maler Otto Dix** (▶ Berühmte Persönlichkeiten). 1991 wurde sein ehemaliges Wohnhaus als **Otto-Dix-Haus** (Otto-Dix-Weg 6) der Öffentlichkeit zugänglich gemacht. Das Museum dokumentiert Leben und Werk des sozialkritischen Malers, zudem sind grafische Werke von ihm ausgestellt, darunter der Zyklus »Der Krieg«. Außerdem werden wechselnde Kunstausstellungen. Geschlossen bis 2012; Internetadresse: www.otto-dix-haus.com
Den Ort Hemmenhofen schmücken schöne Fachwerkhäuser und eine große ehemalige Zehntscheuer. Die spätgotische **Kirche St. Agatha und Katharina**, entstanden um 1400, besitzt einen teilweise romanischen Chorturm.

Horn
Im Ortsbild von Horn fallen die hübschen Fachwerkhäuser ins Auge. Von der einzigartig gelegenen spätgotischen Kirche **St. Johann und St. Veit**, dem Wahrzeichen der Höri, wurde barock ausgestattet und besitzt zwei gemalte Altarflügel (um 1500) Von hier kann man eine fantastische Aussicht auf den Untersee mit der Insel Reichenau genießen. In dem herrlich am See gelegenen Schloss Hornstaad ist das **Restaurant »Schlössli«** untergebracht, in dem man gut essen kann. Der umweltorientierte, mehrfach ausgezeichnete **Campingplatz Horn** verfügt über ein schönes Strandbad und naturkundliche Wege.

Öhningen

Öhningen
Der Erholungsort Öhningen in der Hinteren Höri geht auf eine frühe alemannische Siedlung zurück. Sein Ortsbild ist von Fachwerkhäusern des 15. bis 19. Jh.s geprägt. Das ehemalige **Augustiner-Chorherrenstift** wurde 965 gegründet, doch stammen die heutigen Gebäude hauptsächlich aus dem 17. Jahrhundert. In der ehemaligen Stiftskirche **St. Peter, Paul und Hippolyt** (um 1615) sind im barockisierten Innenraum ein Chorgestühl von 1670 und schöne Barockfiguren zu sehen. Der Konventssaal ist mit einer beachtenswerten Stuckdecke und Fresken ausgeschmückt.

Im Ortsteil Oberstaad steht am See ein mittelalterliches Schlösschen, das Jacques-Schiesser-Haus aus dem 12./13. Jh., das vom 17. bis zum 19. Jh. verändert wurde.

Oberstaad

Kattenhorn, ein bei Malern beliebtes Dorf, bietet an Sehenswertem ein **Schloss**, im 12. Jh. erbaut und im 19. Jh. grundlegend umgestaltet, und die kleine Blasiuskapelle aus dem Jahr 1520. Die **Petruskirche** (1958) ist mit Glasmalereien von Otto Dix zur Petrusgeschichte verziert. Informationen: Ev. Pfarramt. Tel. 077 35/20 74.

Kattenhorn

Der ruhige Erholungsort Schienen, am Hang des aussichtsreichen Schiener Berges gelegen, ist als Wanderzentrum beliebt. Sehenswert sind die Wallfahrtskirche **St. Genesius** (10. Jh.), eine frühromanische Pfeilerbasilika, sowie das Propsteigebäude (16. Jh.), in dem heute das Pfarrhaus untergebracht ist. Eine Wanderung führt in 30 Min. nördlich zur 1441 zerstörten Ruine der Schrotzenburg (691 m).

Schienen

Der Ortsteil Wangen ist ebenfalls ein bei Künstlern beliebtes Erholungsdorf mit malerischen Fachwerkhäusern. Das älteste Haus von 1604 wurde von seinem ursprünglichen Standort an die Hauptstraße versetzt und beherbergt als **Museum Fischerhaus** das Heimatmuseum. Dieses stellt Pfahlbaufunde und Fossilien aus den Öhninger Kalksteinbrüchen aus. Öffnungszeiten: Apr. – Okt. Di., Sa., So. 11.00 bis 17.00, So., Fei. 14.30 – 17.00 Uhr; www.museum-fischerhaus.de. Das nahe **Schloss Marbach**, das sich durch einen schönen Park auszeichnet, geht auf eine Raubritterburg des 13. Jh.s zurück. Heute dient es dem Konzern Jacobs-Suchard als Bildungszentrum. Bei Wangen liegen die an Fossilien reichen **Öhninger Kalksteinbrüche**.

Wangen

🕐

Immenstaad

F 6/7

Höhe: 407 m ü. d. M.   **Einwohnerzahl:** 6000

Immenstaad, idyllisch zwischen Obstgärten und Weinbergen gelegen, ist ein beliebter Touristenort mit schönen Fachwerkhäusern. Er wurde mehrfach für seine Familienfreundlichkeit ausgezeichnet.

Treffpunkte sind die beiden Jachthäfen und die Uferanlagen. Bei Weinkennern geschätzt ist die Sorte »Immenstaader Sonnenufer«.

»Immstaader Sonnenufer«

Sehenswertes in Immenstaad

Von der spätgotischen Pfarrkirche St. Jodokus (Ende 15. Jh.) sind aus der Bauzeit noch der mächtige Wehrturm und der Chor erhalten. Der Rest der Kirche ist modern. Im Innern sollte man den reich verzierten Schnitzaltar und die Madonna von 1479 beachten.

St. Jodokus

▶ IMMENSTAAD ERLEBEN

AUSKUNFT

Tourist-Information
Dr.-Zimmermann-Str. 1
D-88090 Immenstaad
Tel. (075 45) 20 11 10
Fax 20 12 08
www.immenstaad.de

ESSEN UND ÜBERNACHTEN

▶ **Erschwinglich**
Seehof
Am Jachthafen

Badstr. 15
Tel. (075 45) 936-0
Fax 936-33
www.seehof-hotel.de
39 Z.
Das Seehotel bietet einen eigenen Strand mit Liegewiese und komfortable Zimmer überwiegend mit Seeblick. In dem traditionsreichen Lokal mit gemütlichen Gasträumen – der Weinstube und der Zirbelstube – genießen die Gäste die sehr gute Küche.

Schwörerhaus
Der Pfarrkirche gegenüber steht das Schwörerhaus, ein typisches alemannisch-gestelztes Fachwerkhaus von 1578.

Altes Rathaus
Weiter östlich an der Hauptstraße sieht man das Alte Rathaus (1716), das heute als Bürgerhaus genutzt wird. An der Stelle des 1982 erbauten neuen Rathauses stand ursprünglich das Anwesen Deutsch, dessen Staffelgiebel und historischer Keller erhalten sind; hier finden heute Weinproben statt.

Schloss Hersberg
Das um 1550 erbaute und von 1650 bis 1780 erneuerte Renaissanceschloss Hersberg am westlichen Ortsrand thront hübsch auf einer Anhöhe zwischen Weinbergen. Es ist heute **Bildungsstätte St. Joseph des Pallottinerordens**. Im Schlosshof finden im Sommer Konzerte und andere kulturelle Veranstaltungen statt. Auch Zimmer zum Übernachten stehen zur Verfügung. www.hersberg.de

! *Baedeker* TIPP

Historischer Segler

Ein stimmungsvolles Erlebnis ist eine Sonnenuntergangsfahrt mit der Lädine St. Jodok, der Nachbau eines historischen Lastenseglers. Von April bis Oktober startet die Lädine von Immenstaad, Überlingen und Langenargen aus. Auch Rundfahrten im Angebot. Informationen beim Lädinen-Verein Bodensee, Badstr. 17, Tel. 01 51 15 13 08 80 oder im Internet unter www.laedine.de

Das **Schloss Kirchberg** (18. Jh.), 1 km westlich von Schloss Hersberg gelegen, war bis 1802 als Sommerresidenz der Zisterzienserabtei Salem und ging danach in markgräflich-badischen Besitz über. Es wurde in eine Wohnanlage umgewandelt und dient heute als Altersruhesitz.

Der Ortsteil **Kippenhausen** nordwestlich wurde für sein Ortsbild mehrfach ausgezeichnet. Das Fachwerkhaus Montfort (1796) in der Montfortstraße (Nr. 13) beherbergt das **Heimatmuseum** und die **Montfortgalerie**. Im Heimatmuseum machen eine Wohnstube, eine Küche und eine Eisenwarenhandlung alte Zeiten lebendig. Öffnungszeiten: Ende März bis Anfang Okt. Sa., So., Fei. 12.00 bis 14.00, 18.00 – 20.00 Uhr. Die Montfortgalerie präsentiert wechselnde Kunstausstellungen. Öffnungszeiten: Ostern – Okt. Di. – So. 11.00 bis 14.00, 17.00 – 23.00 Uhr.

Volle Fahrt voraus!

Das hübsche **Museum und Café Zum Puppenhaus** (Kirchberger Str. 15) hat Puppen, Puppenhäuser und Spielzeug aus zwei Jahrhunderten gesammelt. Sonderausstellungen finden hier ebenfalls statt. Im Puppenhauscafé kann man anschließend hausgemachte Kuchen und Torten genießen. Öffnungszeiten: Museum Di. – So. 14.00 bis 17.00; Café Di., Do. 11.00 – 15.00, Mi., Fr. – So. 11.00 – 18.00 Uhr. 🕐

Umgebung von Immenstaad

In Frenkenbach (6 km nordwestlich) steht eine der wenigen romanischen Kirchen des nördlichen Bodenseeufers, **St. Oswald und St. Othmar** (13. Jh.), deren Mauerwerk aus unverputzten Feldsteinen besteht. Der Innenraum beeindruckt durch Einfachheit und harmonische Proportionen.

Frenkenbach

✶ ✶ Konstanz

D/E 6/7

Höhe: 404 m ü. d. M.   **Einwohnerzahl:** 78000

Konstanz liegt reizvoll am Seerhein zwischen Obersee und Untersee, »in einer innigen Umschlingung des Wassers«, wie der Dichter Werner Bergengruen schreibt. Die weitläufig gebaute Neustadt im Norden schmiegt sich an die sanften Hänge des Bodanrücks, während sich die malerische Altstadt in mehr als 1000 Jahren südlich vom Seerhein entwickelte. Seit Jahrhunderten von Kriegszerstörung nahezu verschont, bewahrte sich das geschichtsträchtige Konstanz weitgehend sein mittelalterliches Stadtbild, das von Giebeln, Türmen und Arkaden geprägt ist.

▶ KONSTANZ ERLEBEN

AUSKUNFT

Touristen-Information
Bahnhofplatz 13
D-78462 Konstanz
Tel. (075 31) 13 30-30
Fax 13 30-60
www.konstanz-tourismus.de

ESSEN

▶ Erschwinglich

① *Elefant (▶ Abb. S. 67)*
Salmannsweiler Gasse 34
Tel. (075 31) 221 64
Geschl. So.
Restaurant mit rustikaler Einrichtung,
das badische und schwäbische Küche
offeriert, unter anderem köstliche
Bodenseefische.

② *Rössle*
Wollmatingen
Radolfzeller Str. 19 A
Tel. (075 31) 9 26 00
Geschl. Mo., Di.
Der traditionsbewusste Gasthof strahlt
einen gewissen Charme aus; besondere
Pluspunkte sind die gepflegte Küche
und der umfassende Service.

③ *Waldhaus Jakob*
Eichhornstr. 84
Tel. (0 75 31) 810 00
Traumhaft gelegenes Fachwerkhaus
am Waldrand mit Seeblick und Bier-
garten; verfeinerte regionale Küche.

ÜBERNACHTEN

▶ Luxus

Steigenberger Inselhotel
Auf der Insel 1
Tel. (075 31) 125-0
Fax 264 02
www.steigenberger.com, 102 Z.
Eines der schönsten Hotels der
Region, in einem ehemaligen Domi-
nikanerkloster untergebracht, direkt

am See gelegen; das sehr elegante Haus
strahlt historisches Flair aus; das
Seerestaurant bietet exquisite Küche
und die zirbelholzgetäfelte Dominika-
nerstube regionale Spezialitäten.

Baedeker-Empfehlung

Seenachtfest
Alljährlich im Sommer veranstaltet Konstanz gemeinsam mit der Schweizer Nach-
bargemeinde Kreuzlingen das viel besuchte
Seenachtfest, das größte Sommerfest am See.
Den Besucher erwarten Straßentheater, Attraktionen und natürlich viel Musik. Höhepunkt ist das große Feuerwerk.

▶ Komfortabel

① *Golden Tulip Halm*
Bahnhofplatz 6
Tel. (075 31) 121-0
Fax (075 31) 218 03
www.goldentuliphalmkonstanz.com
99 Z.
Stilvolles Haus gegenüber dem Bahnhof; komfortable Zimmer, von denen
die zur Altstadt hin gelegenen ruhig
sind; Restaurant im prächtigen
Maurischen Saal des 19. Jh.s.

② Bayrischer Hof
Rosgartenstr. 30
Tel. (075 31) 13 04-0
Fax 13 04-13
www.bayrischer-hof-konstanz.de
23 Z.
Im Zentrum, unweit des Sees und
dennoch ruhig gelegen.

③ Villa Barleben am See
Seestr. 15
Tel. (075 31) 94 23 30

Fax 2 17 12
www.hotel-barleben.de
8 Z.
Das idyllische ruhige Hotel Garni ist
in einer historischen, architektonisch
ungewöhnlichen Villa untergebracht
und liegt direkt an der autofreien
Seepromenade von Konstanz; die
Zimmer sind liebevoll mit Antiquitäten ausgestattet; ein großer Garten
macht das stimmungsvolle Ambiente
komplett.

Konstanz ist die **größte Stadt sowie wirtschaftliches und kulturelles Zentrum des Bodenseeraums** – traditionelle Funktionen, die sich Konstanz bewahrt hat. Bedeutende Faktoren des Kulturlebens sind die Universität und die Fachhochschule, das rege Theater- und Musikleben sowie Museen und Kunstgalerien, zudem gilt die Stadt als bevorzugter Tagungs- und Kongressort. Im Wirtschaftsleben kommt neben Handel, Dienstleistungsgewerbe (Fremdenverkehr), Handwerk und Weinbau insbesondere der Industrie (Elektrotechnik, Metallverarbeitung, chemische Erzeugnisse) Gewicht zu.

»Bodensee-hauptstadt«

Als Keimzelle der Stadt wird eine keltische Fischersiedlung angenommen, die in spätrömischer Zeit den Namen »Constantia« erhielt. Das hier um 590 gegründete Bistum war damals das größte im deutschen Raum. Im Schnittpunkt wichtiger Handelswege nach Italien, Frankreich und Osteuropa blühte die Stadt im Mittelalter auf, erhielt im Jahr 900 Marktrecht und war von 1192 bis 1548 Reichsstadt. In Konstanz wirkte im 14. Jh. der **Mystiker Heinrich Suso** (►Berühmte Persönlichkeiten).

Geschichte

Auf dem Konstanzer Reformkonzil (1414 – 1418), dem 16. Ökumenischen Konzil der Kirchengeschichte und mit etwa 20 000 Teilnehmern (bei nur 6000 Stadtbewohnern) der größte mittelalterliche Kongress des Abendlandes, wurde **Martin V.** zum Papst gewählt und damit das Schisma der Gegenpäpste Johannes XXIII., Gregor XII. und Benedikt XIII. beendet. Den tschechischen Reformator Jan Hus verurteilte das Konzil zum Tod und ließ ihn 1415 auf dem Scheiterhaufen verbrennen. Ambrosius Blarer führte in Konstanz die Reformation ein, worauf die Bischöfe 1526 ihre Residenz nach Meersburg verlegten und auch dort blieben, als Konstanz nach der Niederlage des Schmalkaldischen Bundes und der daraus folgenden Einverleibung durch Österreich (1548) zwangsweise wieder katholisch wurde. Beim Preßburger Frieden 1805 schlug man Konstanz dem Großherzogtum Baden zu. Im Jahr 1838 wurde in Konstanz der Luftfahrtpionier und Erbauer lenkbarer Luftschiffe **Ferdinand Graf von Zeppelin**

◄Konstanzer Konzil

Highlights Konstanz

(▶ Berühmte Persönlichkeiten) geboren. In der zweiten Hälfte des 19. Jh.s wurde die Stadtbefestigung größtenteils niedergerissen. Jedoch besitzt die während des Zweiten Weltkrieges wegen der Nähe zur neutralen Schweiz von Luftangriffen verschonte Stadt in ihren Bauten zahlreiche Zeugen einer großen Vergangenheit. Im Jahr 2003 wurden bei der Sanierung des Münsterplatzes Reste eines römischen Kastells (4. Jh.) freigelegt.

✳ Altstadt

»Imperia«

Am Hafen, an der Südostseite der Altstadt, steht das neue Wahrzeichen von Konstanz: die sich drehende, 9 m hohe Statue der »Imperia«, die der **Bildhauer Peter Lenk** 1993 geschaffen hat. Die Frauenfigur, die die Kurtisane Imperia darstellt, hält in der einen Hand den Kaiser und in der anderen den Papst. Die »Schöne Imperia«, der der französische Dichter Honoré de Balzac ein literarisches Denkmal gesetzt hat, wird in der Darstellung fälschlicherweise in die Zeit des Konstanzer Konzils verlegt, zu dem viele »Hübschlerinnen« in die Stadt kamen. Die echte Römerin lebte aber erst in der zweiten Hälfte des 15. Jh.s. So veranschaulicht die Statue den Zusammenhang zwischen Erotik und Macht. Sie löste nach ihrer Aufstellung weithin heftige Diskussionen aus.

Konzilsgebäude

Das ehemalige Kaufhaus (1388) in der Nähe ist der größte mittelalterliche Profanbau Süddeutschlands. Es wird »Konzilsgebäude« genannt nach dem Konstanzer Konzil, bei dem hier im Jahr 1417 Kardinäle und Gesandte zum Konklave eingeschlossen wurden und nach drei Tagen bei der **einzigen Papstwahl auf deutschem Boden** den Kardinal Oddone Colonna als Martin V. zum Papst wählten. Heute dient das Gebäude als Konzert- und Kongresshaus. Auch ein Restaurant ist in das historische Gebäude eingezogen.

Zeppelindenkmal

Der Obelisk an der Südseite des kleinen Gondelhafens wurde 1920 zu Ehren des Grafen von Zeppelin aufgestellt. Auf der Spitze ist »Wieland der Schmied« dargestellt.

Der Hafen mit dem Konzilgebäude und der anfangs umstrittenen »Imperia«

In dem 1235 gegründeten und 1785 aufgehobenen Dominikaner-kloster weiter nördlich befindet sich seit 1875 das Inselhotel. Von 1310 bis 1340 lebte der Dichtermönch Heinrich Suso im Kloster, das während des Konzils Tagungsort verschiedener Nationen und durch Jahrhunderte ein bedeutender Kulturträger im Bodenseeraum war. Nach der Aufhebung dienten die Klosterbauten Genfer Emigranten als Kattunfabrik. Im Jahr 1838 wurde hier **Ferdinand Graf von Zeppelin** geboren. Die 1966 gegründete Universität war bis 1969 im Inselhotel untergebracht. Die gotische ehemalige Klosterkirche, die heute als Festsaal genutzt wird, ist an der Nordwand mit mittelalterlichen Fresken geschmückt, der sehenswerte frühgotische Kreuzgang mit Fresken des ausgehenden 19. Jh.s.

Dominikaner-kloster/ Inselhotel

Jenseits der Bahngleise steht das 1609 als Jesuitenkolleg errichtete Stadttheater, die **älteste noch bespielte Bühne in Deutschland**.

Stadttheater

Das von 1052 bis 1089 im romanischen Stil erbaute Münster Unserer Lieben Frau, ein historisch und kunsthistorisch sehr bedeutender Bau, wurde im 14. und 15. Jh. gotisch umgestaltet und erweitert, 1680 barock eingewölbt und von 1846 bis 1860 mit einem neugotischen Turmaufsatz versehen. Die Turmhöhe beträgt insgesamt 76 m. An der Südseite des Münsters erhebt sich eine Mariensäule von 1683. Das Hauptportal ist mit 20 kunstvoll geschnitzten Reliefs (1470) von Simon Hayder geschmückt; darüber hängt der »Konstanzer Herrgott«, ein Holzkruzifix von 1518.
Das Innere des Münsters wurde durch den Schweizer Reformator Ulrich Zwingli, der hier 1505 zum Priester geweiht worden war,

★ ★
Münster
(▶3 D S. 159)

◀ Inneres

Konstanz *Orientierung*

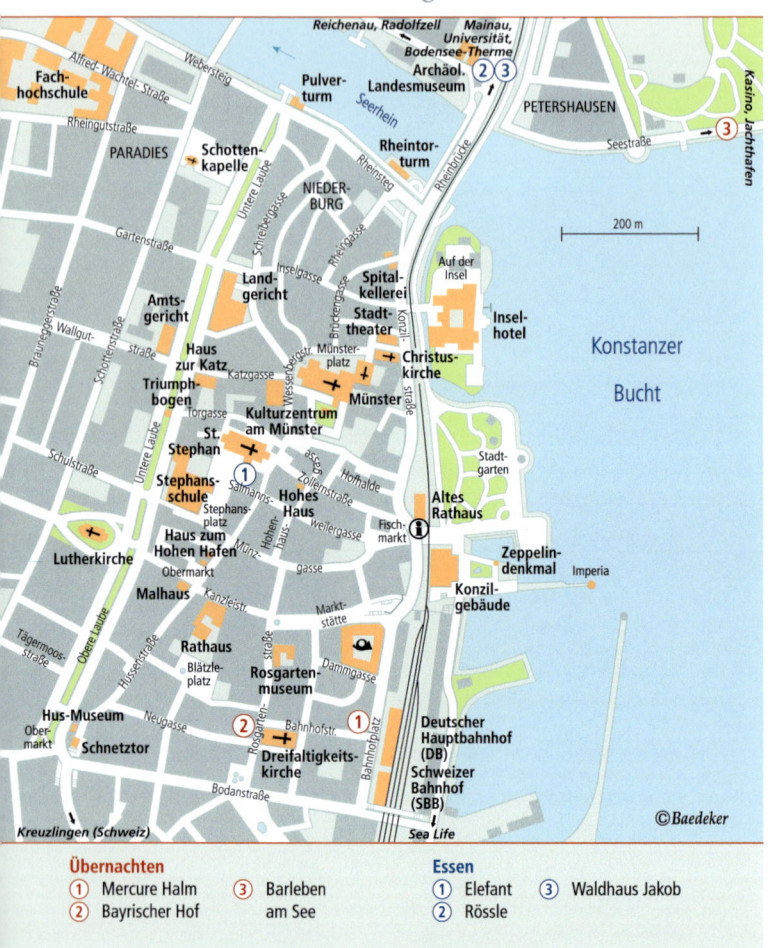

Übernachten

① Mercure Halm
② Bayrischer Hof
③ Barleben am See

Essen

① Elefant
② Rössle
③ Waldhaus Jakob

größtenteils seiner wertvollen Ausstattung beraubt. Beachtenswert sind die Renaissanceorgelbühne (1517 – 1520), die hochgotische Welserkapelle (1474 – 1491), die erste Kapelle links, mit modernen Glasfenstern von Hans Gottfried von Stockhausen, die Kanzel (1680) und das Chorgestühl (1465 – 1470). Im Thomaschor befinden sich der marmorne Thomasaltar (um 1680), das Hauptwerk von Christoph Daniel Schneck, und links der »Schnegg« genannte steinerne Treppenturm (1438). In der frühromanischen **Krypta** (995), ein dreischiffiger Raum mit sechs teilweise mit Akanthusblättern verzierten

Säulen, hängen die vier berühmten großen **vergoldeten Kupferscheiben** (11. – 13. Jh.). Von der Konradikapelle gelangt man zum spätgotischen Kreuzgang, von dem noch zwei Flügel erhalten sind. Hier ist der Zugang zur Mauritiusrotunde (13. Jh.), die mit Renaissancemalerei (1578) ausgestattet ist. Ein Meisterwerk ist das **Heilige Grab** (13. Jh.) mit herrlicher Maßwerkarchitektur und reichem Figurenschmuck. Öffnungszeiten: tgl. 8.00 – 17.30 Uhr.

Versäumen sollte man nicht die Besteigung des **Turms** (76 m), die auf eine Plattform in 52 m Höhe führt. Öffnungszeiten: Mo. – Sa. 10.00 bis 17.00, So. 12.30 – 17.30 Uhr.

Bei der Neugestaltung des Münsterplatzes 2003 stieß man auf die Reste eines **römischen Kastells**, die von einer Glaspyramide geschützt werden und dadurch einsehbar sind.

Am Münsterplatz, der von den ehemaligen stattlichen Domherrenhöfen eingerahmt ist, steht das rote Haus »Zur Kunkel« (Nr. 5), ein ehemaliges Mesnerhaus. Die bedeutenden Wandfresken im zweiten Stock stammen aus der Zeit um 1300 und sind damit die ältesten erhaltenen profanen Wandmalereien nördlich der Alpen. Sie stellen die Arbeit der Leinweber dar (Besichtigung nur bei Stadtführungen).

Haus »Zur Kunkel«

Das 1998 eröffnete Kulturzentrum am Münster (Wessenbergstr. 39 bis 42) ist ein multifunktionales Gebäude, in das historische Bauten an der Katzgasse und der Wessenbergstraße mit einbezogen sind. Hier sind Wessenberg-Galerie, Kunstverein, Volkshochschule und Stadtbücherei untergebracht. Der Kunstverein präsentiert zeitgenössische Kunst.

Kulturzentrum am Münster

Im 1617 aus verschiedenen Teilen gebauten Wessenberghaus mit klassizistischer Fassade ist die Wessenberg-Galerie untergebracht. Die Galerie, eine Gründung des Generalvikars und Bistumsverwesers Ignaz Heinrich Freiherr von Wessenberg (1774 – 1860), ist eine hochrangige Kunstsammlung. Sammlungsschwerpunkte sind die **Malerei und Grafik des Bodenseeraums und des deutschen Südwestens**; die umfangreichen Bestände werden in wechselnden Präsentationen gezeigt. Die Räume im zweiten Stock sind Freiherrn von Wessenberg gewidmet. Außerdem finden in der Galerie überregional interessante Sonderausstellungen statt. Öffnungszeiten: Di. – Fr. 10.00 – 18.00, Sa., So., Fei. 10.00 – 17.00 Uhr.

★
◄ Wessenberg-Galerie

Die spätgotische St.-Stephans-Kirche unweit südlich vom Kulturzentrum wurde von 1424 bis 1486 erbaut. Im Innern bemerkenswert sind die barocke Orgel und Teile des Chorgestühls (um 1300), auf dem Fabeltiere und Blumen abgebildet sind. Das Sakramentshäuschen (1594) im Chor schuf der Konstanzer Bildhauer Hans Morinck.

St. Stephan

Der in Bodman lebende **Bildhauer Peter Lenk** setzt sich mit dem Brunnen (Untere Laube 24) in der Nähe kritisch mit dem Autowahn und dem Freizeitverhalten unserer Gesellschaft auseinander.

Lenk-Brunnen

MÜNSTER KONSTANZ

✶ ✶ Stadtbildbeherrschend erhebt sich das Münster Unserer Lieben Frau in der Altstadt von Konstanz. »Das bedeutendste Bauwerk an der Südgrenze Deutschlands« ist das steinerne Zeugnis für das einst wichtigste Bistum des Reichs. Der Bau des Münsters geht auf das Jahr 1089 zurück und erfuhr einige Umgestaltungen.

🕐 Öffnungszeiten:
8.00 – 17.30 Uhr

① »Schnegg«

Ein sehr schönes Werk ist der »Schnegg« genannte zierliche freistehende Treppenturm (1438) im Thomaschor. Das nach französischem Vorbild gestaltete Bauwerk ist mit Reliefs mit der Darstellung Mariens geschmückt.

② Goldscheiben

Berühmt sind die vier vergoldeten Kupferscheiben (11. – 13. Jh.) in der frühromanischen Krypta; sie leuchteten einst am Chorgiebel (heute Kopien). Auf ihnen sind die Majestas, die Kirchenpatrone Konrad und Pelagius und der Adler des Evangelisten Johannes dargestellt.

③ Heiliges Grab

Die Mauritiusrotunde wurde nach dem Vorbild der Grabeskirche Christi geschaffen. Sie enthält ein Meisterwerk: das Heilige Grab (13. Jh.) mit herrlichem Maßwerk und reichem Figurenschmuck.

④ Kreuzgang

Zwei Flügel des Kreuzgangs haben einen Brand überstanden. An ihnen lässt sich der schnelle Wandel in der Entwicklung der gotischen Maßwerkformen erkennen. An den Kreuzgang schloss einst die Domschule an.

⑤ Turm

Von der Plattform des 76 m hohen Turms eröffnet sich ein fantastischer Blick auf Stadt und See.

Münster Unserer Lieben Frau Orientierung

1 Hauptportal (1519)
2 Orgel (1517-1520)
3 Wandbilder des hl. Christophorus (15. Jh.)
4 Vermuteter Standort des Jan Hus bei seiner Verurteilung durch das Kirchenkonzil im Jahr 1414 (dunklere Bodenplatte)
5 Kanzel (um 1680)
6 Flügelaltar (1524)
7 Treppenturm "Schnegg" (1438)
8 Chorgestühl (1467-1470)
9 Hochaltar (1774)
10 Kreuzigungsbild (1348)
11 Heiliges Grab (1303)
12 Maria-End-Altar

©Baedeker

N

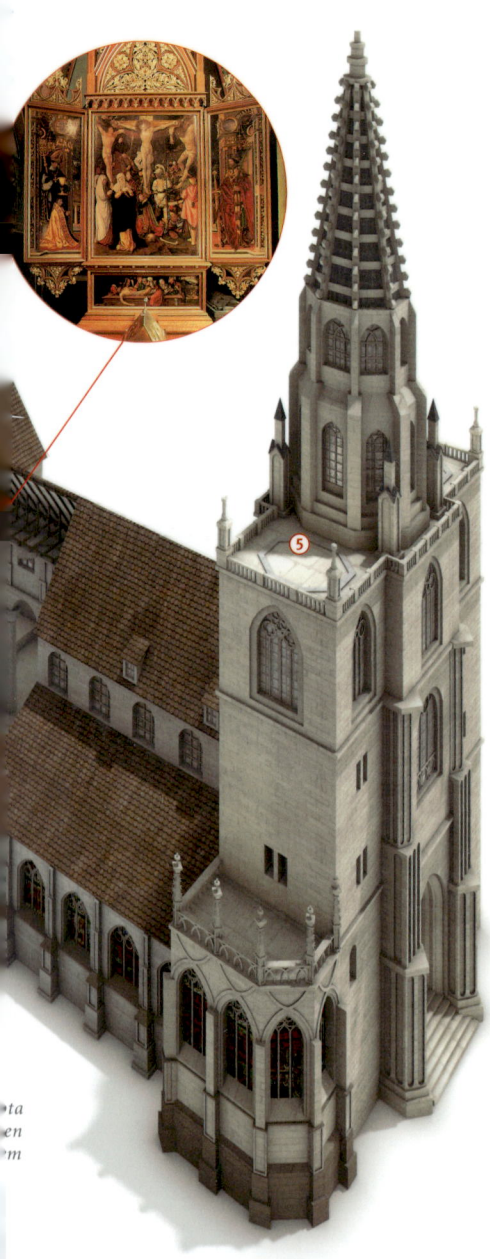

ta
en
m

Die im 13. Jh. angele
Konradikapelle enth
den Kreuzigungsaltar
Bischofs Hugo v
Hohenlandenb
(16. Jh

Die Goldscheibe mit der
Darstellung des Adlers des
Evangelisten Johannes.

© Baedeker

Die frühromanische Kr
bildet den stimmungsvo
Rahmen für die wertvo
Goldscheiben.

Hohes Haus Östlich der Stephanskirche, an der Zollernstraße, sieht man das Hohe Haus, das mit fünf Stockwerken für das Baujahr 1294 ungewöhnlich hoch ist.

Altes Rathaus Das Alte Rathaus an der Konzilstraße stammt aus dem 15. Jh. und wurde 1733 von Johann Michael Beer weitgehend umgebaut. Es dient auch heute noch als Sitz von städtischen Ämtern.

Obermarkt Die Wessenbergstraße mündet südlich auf den Obermarkt. Am **Haus zum Hohen Hafen** (um 1420) an seiner Nordseite schildern die Wandmalereien (um 1900) das Konstanzer Konzil. Das **Hotel Barbarossa** daneben, das schon seit 1419 Wirtschaft und seit 1865 Hotel ist, wurde nach dem Friedensschluss benannt, den hier Kaiser Friedrich I. (»Barbarossa«) 1183 mit den lombardischen Städten schloss. An der Südseite des Obermarkts steht das **Malhaus** (13./14. Jh.), das seit dem 14. Jh. als Apotheke genutzt wird.

Rathaus Das Rathaus südöstlich vom Obermarkt, an der Kanzleistraße, wurde von 1589 bis 1594 von Alexander Guldinast aus dem alten Zunfthaus der Leinweber und Krämer (14. Jh.) im florentinischen Renaissancestil zur Stadtkanzlei umgebaut. Die Außenmalereien mit Themen zur Stadtgeschichte schuf Ferdinand Wagner d. Ä. 1864. Das Rathaus besitzt einen reizvollen Innenhof, in dem im Sommer Serenadenkonzerte stattfinden.

Marktstätte Die Kanzleistraße öffnet sich ostwärts zur Marktstätte, dem geschäftigen Zentrum der Stadt, das vor allem im Sommer mit seinen Außenlokalen sehr beliebt ist. Bemerkenswerte Gebäude an dem Platz sind der **Kaiserbrunnen** (1897); der ehemalige Gasthof zum Goldenen Adler (Nr. 8), im 18. Jh. das beste Quartier der Stadt und heute Sitz einer Bank; das Haus zum Roten Korb (Nr. 18); auf der Südseite die mächtige Hauptpost (1888–1891) und beim Ostende das ehemalige Spital zum Heiligen Geist (Nr. 4; seit 1225). Die Figuren (1990) des Kaiserbrunnens wurden von Gernot und Barbara Rumpf geschaffen. Dargestellt sind mit nationalistischem Pathos die Kaiser Friedrich I., Maximilian I. und Otto I. Das achtbeinige Pferd erinnert an Kaiser Friedrich II., der 1212 nach einem Gewaltritt aus Apulien in Konstanz eintraf.

★
Rosgarten-museum Gleich südlich der Marktstätte trifft man in der Rosgartenstraße auf das mittelalterliche Zunfthaus der Metzger, das »Haus zum Rosgarten« (Nr. 3), in dem das seit 1871 bestehende Rosgartenmuseum untergebracht ist. Es ist das zentrale Museum für die Kunst und Kultur des Bodenseeraumes und seines historischen Mittelpunktes Konstanz. Die Räume des Zunfthauses bilden einen stimmungsvollen Rahmen für die Sammlungen, die von der Steinzeit

Kaiserbrunnen: ein beliebter Treffpunkt für Jung und Alt →

bis zur Gegenwart reichen. Im Vordergrund steht die **Stadtgeschichte**; ein Stadtmodell gibt das Stadtbild um 1600 wieder. Mehrere Wohnräume, von der mittelalterlichen Stube bis zum Nierentischwohnzimmer der 1950er-Jahre, veranschaulichen verschiedene Lebenswelten. Der gotische Zunftsaal enthält eine besondere Kostbarkeit des Museums: die **illustrierte Chronik des Konstanzer Konzils** von Ulrich Richental. Bemerkenswert ist der »Historische Saal« mit der Museumsausstattung des 19. Jh.s. Er enthält die umfangreichen archäologischen Bestände, die Exponate zur Petrografie, Paläontologie sowie zur Vor- und Frühgeschichte.

Von hervorragender Bedeutung sind die paläolithischen Funde aus der Höhle Kesslerloch bei Thayngen/Kanton Schaffhausen mit Ritzzeichnungen (12 000 – 9000 v. Chr.) sowie die wohl umfassendste Sammlung zur **Pfahlbaukultur**. Außerdem veranschaulichen vielfältige kulturgeschichtliche Ausstellungsstücke und Kunsthandwerk aller Epochen vergangene Lebensformen. Öffnungszeiten: Di. – Fr. 10.00 bis 18.00, Sa., So., Fei. 10.00 – 17.00 Uhr.

★
Dreifaltigkeits-
kirche

Die gotische Dreifaltigkeitskirche am Südende der Rosgartenstraße entstand kurz vor 1300 für den Augustinerorden. Ihre mittelalterliche Innenausstattung wurde beim Bildersturm des 16. Jh.s zerstört, später erhielt die Kirche aber Stuckdecken sowie schöne Barockaltäre aus Einsiedeln. Von hoher kunstgeschichtlicher Bedeutung sind vor allem die an den Obergaden freigelegten **Fresken aus der Konzilszeit**, die die Geschichte des Augustinerordens zum Thema haben. Seit der Restaurierung erstrahlen sie in neuem Glanz. Dabei wurden weitere Fresken zwischen den Langhausfenstern freigelegt. Gelungen ist die Einfügung neuzeitlicher Bauelemente in den Kirchenraum.

Hus-Museum

Westlich der Dreifaltigkeitskirche steht das Hushaus (Hussenstr. 64; 15./16. Jh.), das man fälschlicherweise für das Wohnhaus des böhmischen Reformators **Jan Hus** während des Konstanzer Konzils hielt. Der Reformator wurde auf dem Konzil zum Tod verurteilt und vor den Toren der Stadt 1415 verbrannt, obwohl ihm freies Geleit zugesichert war. Die Prager Museumsgesellschaft erwarb das Haus und richtete darin das Hus-Museum ein. In dem Museum wird anhand von Bildern und Dokumenten das Leben und Wirken des Reformators sowie die Geschichte der Hussitenbewegung nachgezeichnet. Öffnungszeiten: Apr. – Sept. tgl. 11.00 – 17.00; Okt. – März Di. – So. 11.00 – 16.00 Uhr.

★
Sea Life

Eine viel besuchte Attraktion ist die Aquarienanlage Sea Life (Hafenstr. 9) hinter dem Bahnhof. Hier leben zahllose Süß- und Salzwasserfische. Bei einem beeindruckenden Rundgang folgt man dem Verlauf des Rheins von der Quelle bis zur Mündung ins Meer. Man durchquert dabei einen Unterwassertunnel. Bezaubernd ist die **Sammlung von Seepferdchen**. Sea Life will nicht nur den Besuchern die Wunderwelt des Meeres nahebringen, sondern auch mit dem

S.O.S.-Programm zu deren Rettung beitragen. Öffnungszeiten: Juli – Mitte Sept. tgl. 10.00 – 19.00, Mai, Juni, Mitte Sept. – Okt. 10.00 bis 18.00, Nov. – Apr. Mo. – Fr. 10.00 – 17.00, Sa., So., Fei., Schulferien 10.00 – 18.00 Uhr; www.sealife.de.

◄ Bodensee-Naturmuseum

Angeschlossen ist das Bodensee-Naturmuseum, das einzige seiner Art im Bodenseeraum. Seine Themen sind die Entstehung des Sees und seine Eiszeiten sowie der See und seine Umwelt. Außerdem wird Wissenswertes über Hydrobiologie, Fischerei, Wasserwirtschaft sowie in der Vogelabteilung über das Leben der im Wollmatinger Ried brütenden Vögel vermittelt. Öffnungszeiten beider Museen: Juli – Sept. tgl. 10.00 – 19.00, Apr. – Juni, Okt. tgl. 10.00 – 18.00, Nov. – März tgl. 10.00 – 17.00 Uhr.

Am eindrücklichsten lässt sich die Vergangenheit der Stadt auf einem Spaziergang durch die zwischen Münster und Rhein sich erstreckende malerische **Niederburg** erleben. In den verwinkelten Gassen des ursprünglich von Fischern und Handwerkern bewohnten ältesten Stadtteils stehen auch die ältesten Häuser der Stadt aus dem 13. bis 16. Jahrhundert. Winzige Geschäfte – vom italienischen Spezialitätenladen bis zum Trödler – in diesen massiven Häusern vermitteln etwas vom mittelalterlichen Leben in dem Viertel. Einladend wirken die zahllosen, seit Jahrhunderten hier ansässigen Weinstuben.

Baedeker TIPP

Köstliche Tropfen

Die seit 1272 bestehende Spitalkellerei (Brückengasse 12), eine der ältesten deutschen Weinkellereien, empfiehlt sich für eine Besichtigung und vor allem für eine Weinprobe. Die ökologisch ausgerichtete Kellerei ist für außerordentlich gute Einzellagen bekannt. Eine Besonderheit ist der mittelalterliche Holzfasskeller mit handgeschnitzten Weinfässern. Öffnungszeiten der Weinboutique: Mo. – Fr. 9.00 – 12.00, 14.00 – 18.00, Sa. 9.00 – 13.00 Uhr; öffentliche Weinproben: 1., 3. Do. im Monat 19.00 Uhr (Anmeldung erforderlich) oder n. V., Tel. (075 31) 128 76-0; www.spitalkellerei-konstanz.de.

Im Dachgeschoss des **Rheintorturms** (um 1200) ist das Fasnachtsmuseum Konstanz untergebracht. Es veranschaulicht anhand von Masken und Kostümen das örtliche Fasnachtswesen. Öffnungszeiten: Fr. 18.00 – 22.00, Sa., So. 14.00 – 17.00 Uhr; www.rheintorturm.de.

Fasnachts-museum

Außerhalb der Altstadt

Jenseits der Rheinbrücke liegen Trakte der ehemaligen Benediktiner-Reichsabtei Petershausen, die dem Stadtteil den Namen gab. Sie gehörten von 983 bis 1803 zum Kloster und dienten von 1814 bis 1977 als Kaserne. Später wurden die Gebäude zu einem Kulturzentrum umgestaltet. Der U-förmige Konventbau des Klosters am Benediktinerplatz (Nr. 5) beherbergt im Westflügel das Stadtarchiv.

Kloster Petershausen

Im Mittelbau und im Ostflügel des Konvents ist das interessante Archäologische Landesmuseum untergebracht, dessen Exponate schön

Archäologisches Landesmuseum

präsentiert sind. Die Themenpalette reicht von steinzeitlichen Pfahlbauten über keltische Hügelgräber, römisches Stadtleben, alemannische Adelsgräber bis zum Mittelalter. Herausragende Ausstellungsstücke sind die **Kupferscheibe von Hornstaad**, das älteste Metall von
Baden-Württemberg, ferner der **Schatzfund von Ladenburg** aus römischer Zeit und das Totenbett von Lauchheim aus alemannischer
Zeit. In der Schifffahrtsabteilung werden die Schifffahrtsgeschichte
des Bodensees und die Entwicklung der Binnenschifffahrt in Baden-
Württemberg veranschaulicht.

✷
◀ Lastensegler ▶ Das Prunkstück dieser Abteilung ist ein um 1330 gebauter, fast voll-
ständig erhaltener Lastensegler, der älteste Schiffsfund im Bodensee.
⏱ Für den 18 m langen Segler, der 1991 im Bodensee bei Immenstaad
gefunden wurde, erstellte man einen eigenen Anbau. Öffnungszeiten:
Di. – So., Fei. 10.00 – 18.00 Uhr; www.konstanz.alm.bw.de.

Seestraße Von der Rheinbrücke zieht die Seestraße am Casino Konstanz vorbei
zum Jachthafen. Von dieser platanenbestandenen Promenade hat
man schöne Ausblicke auf die Altstadtsilhouette. Bemerkenswert ist
das qualitätsvolle Ensemble der sich die Seestraße entlangziehenden
Häuserzeile im Stil des Historismus.

Universität Etwa 4 km nördlich der Rheinbrücke erstreckt sich auf dem Gießberg in aussichtsreicher Lage das Areal der Universität Konstanz, wo
funktionelle Architektur eine gelungene Synthese mit künstlerischem
Formempfinden eingeht. Die 1966 gegründete Hochschule war zunächst provisorisch im Inselhotel, dann auf dem Sonnenbühl untergebracht, bis sie 1972 die ersten Bauten auf dem Gießberg bezog.
Der Neubau geht auf Pläne des Architektenteams **Wenzel Ritter von
Mann und Wilhelm von Wolff** zurück. Eindrucksvoll sind die durch
ein Labyrinth von Gängen, Treppen und Wasserspielen miteinander
verbundenen, um einen formbewegten Innenhof angeordneten Bau-
gruppen. Zahlreiche Künstler setzten durch Kunst am Bau wirkungs-
volle Akzente in der Anlage.

✷
Bodensee- Die neueste Attraktion von Konstanz und ein architektonischer
Therme Blickfang ist die Bodensee-Therme im Ortsteil Staad (4 km nordöstlich) direkt am See. Das verglaste Gebäude in Schiffsform zeichnet
sich durch besondere Leichtigkeit aus. In dem Thermal- und Sport-
bad mit Saunaflügel werden viele Wellnesswünsche wahr. Außerdem
sorgt ein abgetrennter Eltern-Kind-Bereich mit Wasserpilz und
⏱ Schiffchenkanal für Spaß. Öffnungszeiten: Bad tgl. 9.00 – 22.00 Uhr.

Litzelstetten Eine sonnige Hanglange am Überlinger See zeichnet den zu Konstanz
gehörenden Luftkurort Litzelstetten (10 km nördlich) aus. Vom
Hausberg Purren (508 m) bietet sich ein schöner Blick auf den See.

Dingelsdorf Der Stadtteil Dingelsdorf (3 km nördlich von Litzelstetten) wird als
Erholungsort am Überlinger See gern besucht. Sehenswert sind hier

die hübschen Fachwerkhäuser aus dem 17. und 18. Jh. und die im Innern barockisierte Kirche St. Nikolaus (1493). Unzählige Wanderwege führen durch die ortsnahen Wälder und durch das Naturschutzgebiet **Dingelsdorfer Ried** sowie entlang des Sees. Der weitläufige und flache Strand in Dingelsdorf ist für Kinder geeignet.

Der Stadtteil Wallhausen, das 800 Jahre alte ehemalige Fischerdorf am Überlinger See, hat sich zum beliebten Feriendorf (»Wallorca«) und Wassersportzentrum entwickelt. Er ist idealer Ausgangspunkt für Wanderungen auf dem Bodanrück und für Radtouren. Ein Fußweg führt in 30 Minuten nordwestlich zur Marienschlucht (►S. 167). **Wallhausen**

Ein besonders symbolträchtiges Werk ist die Kunstgrenze zwischen Konstanz und Kreuzlingen, wo 22 Skulpturen von Ralf Dörflinger die Grenze und die dazugehörigen Kontrollen ersetzen. Es sind Symbolfiguren des alten Tarot-Spiels. **Kunstgrenze**

Allensbach und Umgebung

Der Ferienort Allensbach (10 km nordwestlich) ist vor allem bekannt als Sitz des Instituts für Demoskopie, das 1947 von Elisabeth Noelle-Neumann gegründet wurde (►Baedeker Special S. 166). Der Ort, am Nordufer des Gnadensees gelegen, war einst Richtstätte des Klosters Reichenau, auf dessen heiligem Boden nicht hingerichtet werden durfte. Wenn bei der Überführung des Verurteilten der Abt das Armesünderglöcklein läuten ließ, war der Gefangene frei – daher der Name **»Gnadensee«**. Allensbach wird besucht als Luftkurort und Kneippbad sowie als Tourenzentrum für den Bodanrück. **Ort der Demoskopie**

Die Kirche St. Nikolaus, das Wahrzeichen von Allensbach, wurde um 1300 erbaut, von 1732 bis 1735 bis auf den spätgotischen Turm abgetragen und im Barockstil erneuert. Das saalartige Innere ist mit schö- **St. Nikolaus**

Von Allensbach hat man einen unmittelbaren Blick auf die Insel Reichenau.

Elisabeth Noelle-Neumann, die Gründerin des bekanntesten deutschen Meinungsforschungsinstituts

DIE PYTHIA VOM BODENSEE

Die Journalistin Elisabeth Noelle-Neumann (1916 – 2010) betrat Neuland, als sie 1947 das erste deutsche Meinungsforschungszentrum, das Institut für Demoskopie Allensbach, gründete.

Die aus Berlin gebürtige Institutsleiterin Elisabeth Noelle-Neumann hatte während ihrer Schulzeit auf Schloss Salem Gefallen am Bodensee gefunden. Später bekam sie dann noch preiswerten Wohn- und Arbeitsraum in einem alten Fachwerkhaus (Radolfzeller Str. 8) im Bodenseeort Allensbach, so dass mit wenigen Mitarbeitern in Ludwigshafen 1947 die erste Feldforschung betrieben werden konnte. Noelle-Neumann hatte während eines Auslandsstipendiums 1937 in Missouri die amerikanische Lebensart kennengelernt und besuchte dann im Auftrag eines Papierherstellers Kunden in Fernost. 1940 promovierte sie schließlich über die Meinungsforschung in den USA, die der Demoskop George Gallup entwickelt hatte. Seine wissenschaftlichen Methoden wurden fortan weiter ausgearbeitet, um immer besser herauszufinden, was die Menschen über Politik, Wirtschaft und sich selbst dachten. Noelle-Neumann wollte den Wiederaufbau Deutschlands durch kritische Umfragen begleiten und Trends durch **repräsentative Meinungsauswertung** einschätzen.

Analysen

Mittlerweile beschäftigt das Institut für Demoskopie in Allensbach unter Leitung von Renate Köcher rund 90 Mitarbeiter, denen 1800 Interviewer landesweit zur Seite stehen. Bekannt geworden ist die weise Frau der Umfrageforschung, die »Pythia vom Bodensee«, wie Noelle-Neumann ironisch genannt wird, hauptsächlich durch **Untersuchungen zur aktuellen Politik**, zum Wahlverhalten und zur Parteienstruktur. Ein wichtiger Anteil der wissenschaftlichen Arbeit des Instituts entfällt aber auch auf die Markt- und Medienforschung. Große sozialwissenschaftliche Untersuchungen wie die über den Wertewandel in über dreißig Ländern zählen zu den weiteren Aufgaben des international anerkannten Instituts.

Um das Institut auch weiterhin abzusichern, wurde 1996 eine Stiftung gegründet. Ein Jahr später konnte das Allensbacher Institut für Demoskopie sein 50-jähriges Jubiläum feiern. Auch weiterhin können die Bundesbürger aus dem kleinen »Dorf am See« erfahren, welche Trends in ihrem Leben maßgeblich sind.

nen Stuckarbeiten und Deckengemälden ausgestattet. Der klassizistische Hochaltar von Alois Dürr entstand 1805, die beiden Rokokoseitenaltäre wurden um 1750 angefertigt.

Im Fachwerkbau der alten Schule neben der Kirche ist das Heimatmuseum untergebracht. Es werden Ausstellungsstücke zur Vor- und Frühgeschichte und zur Ortsgeschichte sowie Fasnachtsfiguren gezeigt. Öffnungszeiten: Pfingsten – Okt. Sa. 10.00 – 12.00, Juli / Aug. auch Do. 10.00 – 12.00 Uhr.

Heimatmuseum

🕑

4 km nordwestlich von Allensbach erstreckt sich auf dem Bodanrück, in einer schönen Parkanlage, der Wild- und Freizeitpark Allensbach (Gemeinmärk 7). Hier sind mehr als 350 überwiegend einheimische Wildtiere zu sehen. Neben Rot-, Schwarz-, Dam-, Muffel- und Sikawild leben dort auch selten gewordene Arten wie Wolf, Luchs, Bär und Wisent. Zudem ist ein Garten mit Heilpflanzen angeschlossen. Bei Kindern besonders beliebt ist der Streichelzoo. Öffnungszeiten: Mai – Sept. tgl. 9.00 – 18.00; Okt. – Apr. 10.00 – 17.00 Uhr; Internet: www.wildundfreizeitpark.de.

Wild- und Freizeitpark Allensbach

🕑

Das **Barockschloss** (1699) im 8 km nördlich gelegenen Ortsteil Freudental besitzt im Innern schöne Stuckdecken und Gemälde mit Themen aus der griechisch-römischen Sagenwelt. Es ist heute Bildungszentrum des Humboldt-Instituts der Fachhochschule Konstanz.

Freudental

Etwa 3 km nördlich von Freudental liegt der Ortsteil Langenrain. In dem **Barockschloss** (1684 – 1686) hier sind heute ein Hotel und Tagungszentrum untergebracht. Sehenswert in Langenrain sind außerdem die barocke Kirche **St. Joseph** (1699) und das **Bauernmuseum**, das dem Besucher Einblick in die bäuerliche Arbeitswelt vermittelt.

Langenrain

Die wildromantische Marienschlucht (Naturschutzgebiet) bei Langenrain ist **eines der beeindruckendsten Naturdenkmäler am Bodensee**. Die 100 m lange und stellenweise nur 2 m breite Felsspalte führt zum Überlinger See. Der kürzeste Fußweg zur Schlucht ist vom Parkplatz aus, vorbei an der 1525 zerstörten mittelalterlichen Ruine Kargegg. Gern gegangen wir der Wanderweg (7 km) von Bodman aus hierher. Die Schlucht erreicht man auch mit dem Boot von Bodman, Ludwigshafen und Sipplingen aus. www.marienschlucht .de

✶
Marienschlucht

Der Ortsteil Hegne (4 km südöstlich von Allensbach) ist mit seinem Campingplatz direkt am See, den zahlreichen Rad- und Wanderwegen sowie gemütlichen Unterkünften ein beliebter Ferienort. Es wartet mit einem **Renaissanceschloss** auf, das den Bischöfen von Konstanz als Sommersitz diente und im 19. und beginnenden 20. Jh. mehrfach umgestaltet wurde. Seit 1892 ist es das Provinzialmutterhaus der Barmherzigen Schwestern vom Heiligen Kreuz und dient als Urlaubs- und Tagungshotel..

Hegne

★ Kressbronn

G 7

Höhe: 400 – 520 m ü. d. M.   **Einwohnerzahl:** 8000

Der beliebte Erholungsort Kressbronn, 1934 durch die Zusammenle-gung von Hemigkofen und Nonnenbach entstanden, liegt direkt am Bodensee, östlich der Argenmündung. Er wurde als familien-freundlicher Ferienort ausgezeichnet.

»Blühender« Ort
Weinreben, Obstplantagen und Hopfengärten dominieren das Land-schaftsbild. Während der Blüte von Kirsch- und Apfelbäumen bietet sich dem Besucher ein beeindruckendes Naturerlebnis. Über die Re-gion hinaus bekannt ist der Ort durch die Bodan-Werft, die sogar Schiffe bis nach Afrika exportiert. Das **Kressbronner Blütenfest** wird Ende April gefeiert. Kressbronn ist Geburtsort des Barockmalers **Andreas Brugger** (1737 – 1812); er schuf Werke in vielen Kirchen und Schlössern Oberschwabens.

► KRESSBRONN ERLEBEN

AUSKUNFT

Touristinformation
Im Bahnhof
D-88079 Kressbronn
Tel. (075 43) 96 65-0
Fax 96 65 15
www.kressbronn.de

ESSEN UND ÜBERNACHTEN

Campingplatz Gohren
Gohren
Tel. (075 43) 60 59-0
Fax 60 59-29
www.campingplatz-gohren.de
In Gohren, einem südlichen Ortsteil von Kressronn, gibt es einen großen, beliebten Campingplatz, der über einen 2 km langen Naturstrand verfügt. Das hiesige Wassersportzen-trum hält für die Gäste ein umfan-greiches Angebot bereit: Segeln, Surfen, Tauchen, Wasserski können betrieben werden. Außerdem ist dem Campingplatz der größte Jachthafen des Bodensees angeschlossen.

► **Erschwinglich**
Strandhotel
Uferweg 5
Tel. (075 53) 9 61 00
Fax 70 02
www.strandhotel-kressbronn.de
28 Z.
Hotel mit eigenem Badestrand; die komfortablen Zimmer haben meistens Seeblick; das Restaurant »Am Kretzer-grund« besitzt eine eigene Metzgerei, einen Fischteich und ein Wildgehege; schöner Ausblick.

Sehenswertes in Kressbronn

In der Ortsmitte ist die barocke Eligiuskapelle (1748 – 1752) sehenswert, die heute als Kriegergedenkstätte hergerichtet ist.

Eligiuskapelle

Südwestlich davon erstreckt sich an der Straße zum See der schöne **Schlösslepark** mit herrlichen Bäumen. Das Schlössle (Seestr. 20) von 1829 beherbergt das **Museum für »Historische Schiffsmodelle«**, in dem originalgetreue Modelle von historischen Schiffen ausgestellt sind. Öffnungszeiten: Apr. – Okt. Di. – So. 10.00 – 12.00, 15.00 – 18.00 Uhr; www.historische-schiffsmodelle.com.

Schlössle

⏱

Im ehemaligen Stall- und Gesindehaus, das zum **Haus des Gastes** umgewandelt wurde, ist das **Länd Museum und Galerie** untergebracht, das heimische Künstler in Wechselausstellungen vorstellt. Öffnungszeiten: Di. – So. 15.00 – 17.00 Uhr.

⏱

In der Nähe führt die von 1896 bis 1898 erbaute Argen-Hängebrücke über den Fluss. Sie ist die **älteste erhaltene Hängebrücke in Deutschland** und war Vorbild für die weltberühmte Golden Gate Bridge in San Francisco / Kalifornien, obgleich sie im Unterschied zu dieser keine stählernen, sondern aufgemauerte Tragepfeiler besitzt.

✱
Argen-Hängebrücke

Umgebung von Kressbronn

Ein beliebter hübscher Spaziergang führt von Kressbronn in einer halben Stunde ostwärts auf den **Ottenberg**; vom Turm dort hat man bei schönem Wetter sogar Alpensicht. Von dort geht es 2 km weiter südöstlich zum aussichtsreichen **Antoniusberg** mit der Kapelle

Über die Argen spannt sich die älteste Hängebrücke Deutschlands.

St. Antonius. Auf einer weiteren empfehlenswerten Wanderung gelangt man nordöstlich über den Nunzenberg in einer Stunde zum malerischen **Schleinsee** und weiter zum östlich gelegenen **Degersee**, wo ein Strandbad für Erfrischung sorgt.

Tettnang

Die »Hopfenstadt« Tettnang, 8 km nördlich von Kressbronn, ist Mittelpunkt des Obst- und Hopfenanbaugebiets am Bodensee. Bedeutung erlangte der Ort durch die Herrschaft der Grafen von Montfort, die von 1246 bis 1780 die Grafschaft regierten und ihn 1268 zur Residenz erhoben. Zeugen jener Zeit machen heute das Flair der Stadt aus. Aber auch eine schöne Lage mit weitem Blick über See und Alpen zeichnet Tettnang aus.

»Hopfenstadt«

Montfortplatz Im Westen der Altstadt, die schöne Bürgerhäuser des 17. und 18. Jh.s besitzt, liegt der Montfortplatz. Die Südostseite des Platzes nimmt das 1667 erbaute **Alte Schloss** (1667) mit Staffelgiebel ein, das jetzt als Rathaus dient. An der gegenüberliegenden Seite des Platzes steht die Rokokokapelle St. Georg.

Neues Schloss Vom Montfortplatz führt ein Weg zu dem von 1712 bis 1720 errichteten viertürmigen Neuen Schloss, das nach einem Brand 1753 erneuert wurde. Die barocken Räume in der Belétage (1. Obergeschoss), die heute als **Schlossmuseum** zugänglich sind, wurden u. a. von Joseph Anton Feuchtmayer mit reichen und feinen Stuckierungen versehen. Künstlerische Höhepunkte sind die lebendigen Malereien von Andreas Brugger. Führungen: Apr., Okt. tgl. 14.30, Mai bis Sept. zusätzlich 16.00, Juli, Aug. zusätzlich Mi.–Fr. 10.30 Uhr.

Montfort-Museum Im Torschloss (15.–17. Jh.) hat sich das Montfort-Museum etabliert, das Dokumente zur **Stadtgeschichte** präsentiert. Öffnungszeiten: Apr.–Okt. Di.–Fr., So. 14.00–18.00, Sa. 10.00–12.00 Uhr.

Elektronik-Museum ► Das Elektronik-Museum ebenfalls im Torschloss vermittelt einen Eindruck von der Elektronikstadt Tettnang. Es ist in zwei Abteilungen aufgebaut: Die Sammlung Rundfunktechnik präsentiert Geräte aus der regionalen Produktion und Tonaufzeichnungsgeräte, und der Elektroniksektor zeigt Rechenmaschinen, Messgeräte und Sensorik. Öffnungszeiten: Di.–So. 14.00–18.00, Sa. zusätzlich 10.00 bis 12.00 Uhr; www.emuseum-tettnang.de.

Mit imposanter Fassade präsentiert sich das Neue Schloss in Tettnang.

! *Baedeker* TIPP

»Hopfenerlebnis«

Ein umfassendes »Hopfenerlebnis« verspricht die 4 km lange Wanderung auf dem Hopfenwanderpfad, der von der Kronenbrauerei im Zentrum von Tettnang zum Hopfenmuseum nach Siggenweiler führt. In der Brauerei wird man bei einer Führung in der Geheimnisse der traditionellen Braukunst eingeweiht (Führung Sa. 17.00 Uhr nach Vereinbarung unter Tel. 075 42/74 52). Entlang des Pfads durch Hopfengärten, Obstanlagen und Wiesen erläutern Informationstafeln den Hopfenanbau. www.tettnanger-hopfen.de.

Das HopfenMuseum (Hopfengut 20) im Ortsteil Siggenweiler vermittelt auf verschiedene Weise Einblick in den Hopfenanbau: In der Hopfendarre wird die 150-jährige Geschichte des Hopfenanbaus dargestellt. Die riesige Hopfenpflückmaschine in der Maschinenhalle ist zur Zeit der Hopfenernte Anfang September in Betrieb. Schließlich werden in der Siegelhalle Technik und Geschichte des Bierbrauens veranschaulicht. Öffnungszeiten: Apr. Sa., So. 12.00–17.00, Mai bis Okt. Di.–Do. 10.30–18.00, Fr.–So. bis 20.00 Uhr; Internetadresse: www.hopfenmuseum-tettnang.de.

HopfenMuseum

🕐

✴ Kreuzlingen

E 7

Staat: Schweiz
Einwohnerzahl: 19000

Höhe: 404 m ü. d. M.

Kreuzlingen, die Schwesterstadt von Konstanz, ist durch die schweizerisch-deutsche Grenze, die mitten durch die Stadt verläuft, von dieser getrennt. Die beiden Orte veranstalten alljährlich im Sommer gemeinsam das viel besuchte Seenachtfest. Ihren Namen verdankt die Stadt einer Reliquie vom Kreuz Christi, die in der Klosterkirche aufbewahrt wird.

Sehenswertes in Kreuzlingen

An der Hauptstraße sieht man den ehemaligen Augustinerkonvent (1668), ein Werk von Michael Beer und Jakob Sayler, und die barocke Klosterkirche. Die Kirche wurde nach einem Brand 1963, bei dem bis auf den Chor und die Ölbergkapelle alles zerstört wurde, rekonstruiert. Sie verfügt über einige beachtenswerte Ausstattungsstü-

Augustinerkirche

▶ KREUZLINGEN ERLEBEN

AUSKUNFT

Kreuzlingen Tourismus
Sonnenstrasse 4
CH-8280 Kreuzlingen
Tel. (071) 672 38 40, Fax 672 17 36
www.kreuzlingen-tourismus.ch

ESSEN

▶ **Fein & Teuer**
Seegarten
Promenadenstr. 40
Tel. (071) 688 28 77
Geschl. Mo., Sept. – Apr. auch Di.
Außergewöhnlich ist der verspiegelte
Salon Admiral; fantastische Küche und
eine hervorragende Weinkarte; im
Sommer kann man im Garten speisen.

▶ **Erschwinglich**
Schloss Seeburg
Seeburgpark

Seeweg 1
Tel. (071) 688 47 75
Geschl. Mo., Juni – Aug. Di., Mi.
Restaurant im ehemaligen Landsitz der
Konstanzer Bischöfe (16. Jh.); schöne
Aussichtsterrasse im idyllischen
Garten; mediterrane Küche.

ÜBERNACHTEN

▶ **Komfortabel**
Bahnhof Post
Nationalstr. 2
Tel. (071) 672 79 72
Fax 672 49 82, 25 Z.
www.hotel-bahnhof-post.ch
Traditionsreiches Bahnhofshotel
gegenüber dem Bahnhof; das Spek-
trum der Übernachtungsmöglichkei-
ten reicht vom Schlafsaal bis zum
Doppelzimmer; gut bürgerliche
Schweizer Küche.

---

cke: Deckenfresken (18. Jh.) von Franz Ludwig Herrmann und ein
schönes Chorgitter (1737 – 1740). Außergewöhnlich ist in der linken
Ölbergkapelle der **Ölberg** mit etwa 300 geschnitzten Figuren (um
1730), die in 18-jähriger Arbeit geschaffen wurde. Das große gotische
Gnadenkreuz ist mit natürlichem Haupthaar versehen.

Museen Im Rathaus verdient das **Feuerwehrmuseum** (Bärenstrasse 5) einen
Besuch. Öffnungszeiten Juli – Sept. 1. So. im Mon. 14.00 – 16.00 Uhr.
Das **Museum Rosenegg** (Bärenstrasse 6) gegenüber, das in einem
historischen Gebäude (1685 – 1775) eingerichtet wurde, widmet sich
dem Thema Maße und Gewichte und vermittelt mit sieben historischen Räumen einen Einblick in die bürgerliche Wohnkultur. Öffnungszeiten: Fr., So. 14.00 – 17.00, Mi. 17.00 – 19.00 Uhr; Internet:
www.museumrosenegg.ch.

Seeuferanlage Die Seeuferanlage, eine ungewöhnliche Mischung aus Park und naturnahen Teilen, zieht sich östlich des Zentrums am See entlang und
bietet seltenen und gefährdeten Tier- und Pflanzenarten einen Lebensraum. Es gelang sogar, hier Weißstörche anzusiedeln. Besondere
naturschützerische Bedeutung hat die aufgeschüttete **Wollschwemin-**

sel im Hafen. Hier gibt es viele brütende und durchziehende Vögel, die vom Aussichtsturm am Parkufer gut zu beobachten sind. Der Name der Insel kommt daher, dass im Winter hier Wollschweine ausgesetzt werden, um die Vegetation kurz zu halten. Außerdem leben in Gehegen der Seeuferanlage einheimische Tiere.

Die Seeburg im nördlichen Teil der Seeuferanlage wurde 1598 als Landsitz für die Konstanzer Bischöfe erbaut, im Dreißigjährigen Krieg weitgehend zerstört und im 19. Jh. als Herrschaftssitz im historistischen Stil umgebaut. Sie war Drehort für den Film »Martha« von Rainer Werner Fassbinder. Heute sind hier das Didaktische Zentrum des Kantons Thurgau und ein Restaurant (s. o.) untergebracht.   ◄ Seeburg

In der nahegelegenen ehemaligen Kornschütte wurde ein Seemuseum eingerichtet, das die Themen Schifffahrt und Handel, Fischerei, Seenforschung, Gewässerschutz sowie Malerei, Tourismus und Landschaft der Bodenseeregion vorstellt. Öffnungszeiten: Apr. – Juni, Okt. Mi., Sa., So. 14.00 – 17.00, Juli – Sept. Di. – So. 14.00 – 17.00, Nov. bis März So. 14.00 – 17.00 Uhr; www.seemuseum.ch.   ◄ Seemuseum

Südwestlich vom Zentrum, in der Braitenrainstr. 21, kann man in der Sternwarte auf Entdeckungsreise ins All gehen. Vorführungen: Di. 20.00, Mi. 15.00 (Kinderprogramm), 17.00, Fr., Sa. 20.00, So. 15.00 (Familienprogramm), 17.00 Uhr.   **Planetarium und Sternwarte**

Zwei spannende Planetenwege wurden im Maßstab 1:1 Milliarde angelegt: der südliche Weg führt von Siegershausen bis Kreuzlingen und der nördliche von der Bodensee-Therme in Konstanz zum Planetarium. Auf Informationstafeln werden die Planeten erläutert. Informationen: Tel. 0 71/6 77 38 00; www.planetarium-kreuzlingen.de.   ◄ Planetenwege

Im ehemaligen Pächterhaus des **Schlosses Girsberg** im Ortsteil Emmishofen sind im Puppenmuseum 500 Puppen aus verschiedenen   **Puppenmuseum**

Die Seeburg war sogar schon einmal Filmkulisse.

Epochen und Ländern ausgestellt. Außerdem gibt es hier ein **Zeppelin-Zimmer** mit originalen Arbeitsmöbeln und einer Fülle von Erinnerungsstücken an Graf von Zeppelin (▶ Berühmte Persönlichkeiten), der hier von 1890 bis 1900 an seinen Erfindungen arbeitete. Öffnungszeiten: 1. So. im Monat 15.00 – 17.00 Uhr; www.schlossgirsberg.ch.

Grossweiher, Pfaffenweiher, Neuweiher

Die idyllische Stimmung des Naturschutzgebiets Grossweiher / Pfaffenweiher / Neuweiher zieht seit Langem viele Menschen an. Die Sumpflandschaft bietet Lebensraum für viele gefährdete Tier- und Pflanzenarten. Zu den verschiedenen hier lebenden Wasservögeln gehören Eisvögel, Flussseeschwalben, Haubentaucher, Graureiher und Kormorane. In dem Naturschutzgebiet gedeiht beispielsweise die Sumpfwurz, eine seltene Orchideenart, außerdem das Knabenkraut und die Gelbe Schwertlilie.

Umgebung von Kreuzlingen

Conny-Land

Im Familienpark Conny-Land, 12 km südwestlich von Kreuzlingen, bei Lipperswil gelegen, sind Spaß und Vergnügen garantiert. Dafür sorgen Delphin-Lagune, Papageienzirkus, Seelöwenarena, Fahrgeschäfte, Piratenschiff, Streichelzoo und ein Dino Park. In der Unterwasserbar kann man Seelöwen beobachten. Öffnungszeiten: Ende März – Ende Okt. tgl. 10.00 – 18.00 Uhr; www.connyland.ch

Gottlieben

Das ehemalige Fischerdorf Gottlieben 5 km westlich zeichnet sich durch eine idyllische Lage unmittelbar an der Riedlandschaft des Seerheins aus. Mit seinen gepflegten Bauten, gediegenen Hotels und Restaurants sowie guten Einrichtungen für den Wassersport ist Gottlieben ein beliebtes Ausflugsziel. In Gottlieben lebte der Lyriker, Erzähler und Dramatiker Emanuel Freiherr von und zu Bodman.

Den Ort, dessen ursprüngliche Anlage noch erkennbar ist, schmücken schöne alte Riegelhäuser wie die Drachenburg und das Waaghaus sowie die so genannte Burg und das Haus Rheineck. Die Konstanzer Bischöfe erbauten 1251 ein **Schloss** als Nebenresidenz, in dem 1415 der Reformator Jan Hus und der Pisaner Gegenpapst Johannes XXIII. gefangen saßen. Louis Napoléon, der spätere Kaiser Napoleon III., erwarb 1836 das Gebäude und ließ es 1837/1838 neugotisch umgestalten. Heute ist das Anwesen in Privatbesitz.

Ein hervorragendes Beispiel eines Fachwerkhauses ist die **Drachenburg** (17. Jh.) am Dorfplatz, benannt nach der Form der Wasser-

! **Baedeker TIPP**

Feines Gebäck

Versuchen Sie doch einmal die Hüppen, eine Gottlieber Spezialität: edle Waffelröllchen mit Creme in verschiedenen Geschmacksrichtungen gefüllt. Im Gottlieber Seecafé (Espenstrasse 9) kann man sie in dem angeschlossenen Manufakturladen kaufen. Öffnungszeiten: Mai – Sept. 9.00 – 20.00, Okt. – Apr. Mo. – Fr. 9.00 – 17.00, Sa., So. 10.00 – 18.00 Uhr, Tel. (071) 667 01 77.

speier. Sie ist mit zwei Erkern mit Zwiebeldach versehen. Heute ist hier ein Hotel untergebracht.

Im **Bodman Haus**, einem ehemaligen Handelshaus (um 1800), ebenfalls am Dorfplatz, ist eine Gedenkstätte für den Dichter Emanuel Freiherr von Bodman u. a in seinem Arbeitszimmer eingerichtet, der von 1920 bis zu seinem Tod 1946 hier wohnte. Außerdem finden hier Lesungen und Wechselausstellungen statt. Öffnungszeiten: Mi. bis Sa. 10.00 – 17.00 Uhr; www.bodmanhaus.ch.

Der alte Fischerort Ermatingen liegt 2 km westlich von Gottlieben, am Untersee, auf der Landzunge Staad. Seinen Reiz machen die kleinen Fischerhäuser, hübschen Gässchen und idyllischen Winkel aus. Heute leben allerdings nur noch wenige Einwohner vom Fischfang; in dem Ort befindet sich die kantonale Fischbrutanstalt. Weltbekannt ist die altertümliche **Groppenfasnacht** – die »Groppe« ist eine Gangfischart –, die nur alle drei Jahre und erst drei Wochen vor Ostern gefeiert wird; die nächste findet 2007 statt. Der Ort besitzt mehrere malerische Fachwerkhäuser: das Haus zum Schiff (1708), den Kehlhof (1694) und das stattliche **Hotel Adler**. Dieses Gebäude ist das älteste Thurgauer Hotel, in dem schon Graf Zeppelin, Thomas Mann und Hermann Hesse übernachtet haben.

Ermatingen

Das Museum Vinorama (Hauptstrasse 62) stellt die Geschichte und Gegenwart des Weinbaus dar. Auch Weinproben bietet es an. Außerdem gewährt es Einblick in die reiche Regionalgeschichte. Öffnungszeiten: Mai – Okt. Fr. –So. 14.00 – 17.00, Nov. – Apr. Sa., So. 14.00 bis 19.00 Uhr; www.vinorana-ermatingen.ch.

◄ Vinorama

In Arenenberg verlebte der spätere Kaiser Napoleon III. seine Jugend.

✱
**Napoleon-
museum
(▶Abb. S.175)**

Westlich von Ermatingen erhebt sich hoch über dem Untersee **Schloss Arenenberg** (458 m), das schönste Schloss am Bodensee, das von 1540 bis 1546 errichtet und später umgebaut wurde. Von 1830 bis zu ihrem Tod 1837 war es Wohnsitz der Hortense de Beauharnais, der ehemaligen Königin von Holland und Stieftochter Napoleons I. Ihr Sohn Louis Napoléon, der spätere **Kaiser Napoleon III.**, verlebte hier seine Jugendjahre. Kaiserin Eugénie, die Gemahlin Napoleons III., erwarb das Schloss 1855 und schenkte es 1906 dem Kanton Thurgau, der hier das Napoleonmuseum einrichtete. Das Schloss ist mit einer exklusiven Empireeinrichtung ausgestattet, die wertvolles Mobiliar und kostbare Gemälde umfasst. Außerdem gehören herrliche Parkanlagen dazu, in denen man spazieren und den schönen Blick auf den Untersee genießen kann. Öffnungszeiten: Anfang Apr.–Mitte Okt. Mo. 13.00–17.00, Di.–So. 10.00–17.00 Uhr, sonst nicht Mo.; Führungen: Ende Mai–Ende Sept. So. 14.00 Uhr; www.napoleonmuseum.tg.ch.

Münsterlingen

Das ehemalige Benediktinerinnenkloster Münsterlingen liegt 5 km südöstlich von Kreuzlingen. Die **Klosterkirche** wurde in den Jahren 1709 bis 1716 von dem Barockbaumeister **Franz Beer** in das Kloster eingefügt. Sie ist ein kleines Meisterwerk in der Zusammenfügung von einem tonnengewölbten Langhaus, das durch Wandpfeiler gegliedert ist, mit einem querschiffartigen Ovalkuppelbau und Rechteckchor, der von einer Tambourkuppel abgeschlossen wird. Eine Besonderheit ist die spätgotische Büste des Johannes (16. Jh.), die nach altem Brauch bei **»Seegfrörne«** – wenn der Bodensee völlig zugefroren ist – in einer feierlichen Prozession abwechselnd in die hiesige Kirche oder in die Pfarrkirche von Hagnau gebracht wird. Zuletzt wurde die Figur 1963 über das Eis hierhergebracht.

Landschlacht

Die romanische Einraumkapelle **St. Leonhard** (um 900) in Landschlacht (2 km südöstlich von Münsterlingen) birgt wertvolle gotische Wandmalereien. Die bedeutendsten Werke sind die Passionsfolge (14. Jh.) im Langhaus und Szenen aus dem Leben des Kirchenpatrons (1432) im Chor (1400), die vor allem durch ihre feine, harmonische Farbigkeit beeindrucken.

Langenargen

G 7

Höhe: 400 m ü. d. M.   **Einwohnerzahl:** 7800

Langenargen liegt umgeben von Obstgärten direkt am Bodensee zwischen der Mündung der Argen und der Schussen. Es ist ein viel besuchter freundlicher Erholungsort, der mit einem Umweltgütesiegel ausgezeichnet wurde.

▶ LANGENARGEN ERLEBEN

AUSKUNFT

Amt für Tourismus, Kultur und Marketing
Postfach 4273
D-88081 Langenargen
Tel. (075 43) 93 30 92
Fax 46 96
www.langenargen.de

ESSEN

▶ Fein & Teuer
Adler
Oberdorfer Str. 11
Tel. (075 43) 30 90
Geschl. So.
Gourmetrestaurant mit Terrasse; besonders zu empfehlen sind die Fischgerichte.

▶ Erschwinglich
Löwen
Obere Seestr. 4
Tel. (075 43) 30 10

Geschl. Di.
Restaurant/Café mit Wintergarten, großer Seeterrasse und Biergarten; eigene Konditorei; eine saisonale Spezialität ist Spargel; Spitzenweine vom Bodensee.

ÜBERNACHTEN
▶ Komfortabel

Baedeker-Empfehlung

Schwedi
Schwedi 1
Tel. (075 43) 934 95-0
Fax 934 95-100
www.hotel-schwedi.de
28 Z.
Hotel in sehr schöner Lage direkt am See und Naturschutzgebiet; große Gartenterrasse und Liegewiese; das Restaurant ist bekannt für seine leckeren Fischgerichte.

Sehenswertes in Langenargen

Am Marktplatz im sogenannten Städtle, dem historischen Ortskern, steht die barocke Kirche St. Martin. Herausragende Werke im Innern sind das **»Schutzengelbild«** (um 1762) am linken Pfeiler der Eingangshalle von Johann Konrad Wengner und die Rosenkranzreliefs aus der Zürnschule. Die Deckengemälde stammen von Anton Maulbertsch, dem Vater des berühmten Franz Anton.

St. Martin

Das ehemalige **Pfarrhaus** gegenüber der Kirche beherbergt heute ein Kunstmuseum, das Werke vom Mittelalter bis zur Neuzeit aus dem Bodenseegebiet und eine münzsammlung zeigt. Ein eigener Raum ist dem in Langenargen geborenen Barockmaler **Franz Anton Maulbertsch** (▶ Berühmte Persönlichkeiten) gewidmet. Außerdem besitzt das Museum eine umfangreiche Sammlung des Spätimpressionisten **Hans Purmann** (1880 bis 1966), der zeitweise in Langenargen wohnte. In dem Museum werden auch Wechselausstellungen veranstaltet. Öffnungszeiten: Apr. – Okt. Di. – So. 10.00 – 12.00, 14.00 – 17.00 Uhr; Führungen: Mi. 10.00 Uhr; www.museum-langenargen.de.

★
Langenargen Museum

Schloss Montfort: markantes Wahrzeichen von Langenargen

Schloss Montfort Das Schloss auf der Spitze der Halbinsel, das prägnant im Ortsbild erscheint, ist das Wahrzeichen von Langenargen. Es wurde von 1861 bis 1866 im maurischen Stil erbaut (»Bodensee-Miramare«) und zum Kultur- und Kongresszentrum umgestaltet. Die **Gemäldesammlung** zeigt Werke vom 16. bis 18. Jahrhundert. Vom **Turm** bietet sich eine weite Aussicht. Öffnungszeiten: Mitte Apr.–Okt. tgl. 10.00 bis 12.00, 13.00–17.00 Uhr. Das Kavaliershaus am Rand des Schlossparks beherbergt ein Restaurant-Café.

Argen-Hängebrücke ►Kressbronn

✳ Liechtenstein

außerhalb

Souveräner Staat	**Fläche:** 160 km²
Hauptstadt: Vaduz	
Höhe: 460 – 2124 m ü. d. M.	**Einwohnerzahl:** 35000

Das nur 24 km lange und 12 km breite Fürstentum Liechtenstein, einer der kleinsten, aber reichsten selbstständigen Staaten der Welt, liegt im Alpengebiet zwischen Österreich (Bundesland Vorarlberg) und der Schweiz. Das Land erstreckt sich von der Westabdachung des Rätikon zum Rhein.

⏵ LIECHTENSTEIN ERLEBEN

AUSKUNFT

Liechtenstein Tourismus
Städtle 37
FL-9490 Vaduz
Tel. (004 23) 239 63 00
Fax 239 63 01
www.tourismus.li

ESSEN IN VADUZ

► Fein & Teuer

① *Torkel*
Hintergass 9
Tel. (004 23) 232 44 10
Geschl. So.
Restaurant in einem Torkel aus dem
17. Jh., in den Weinbergen der
Fürstlichen Hofkellerei gelegen;
ausgezeichnete internationale und
französische Küche mit frischem
Fisch aus heimischen Gewässern;
schön bepflanzte Terrasse mit
Ausblick; Spitzenweine und Sekt aus
der Fürstlichen Hofkellerei.

ÜBERNACHTEN

► Komfortabel

① *Sonnenhof*
Mareestrasse 29
Tel. (004 23)
239 02 02
Fax 239 02 03
www.sonnenhof.li, 29 Z.
In einem schönen Park gelegenes,
absolut ruhiges Hotel mit exklusivem
Ambiente; Blick auf die Alpen und ins
Rheintal.

② *Löwen*
Herrengasse 35
Tel. (004 23) 238 11 44
Fax 2 38 11 45
www.hotel-loewen.li, 8 Z.
Ältestes Hotel in Liechtenstein in
einem Gebäude von 1380 mit histo-
rischen Räumlichkeiten; große
Gartenwirtschaft mitten im hauseige-
nen Weinberg mit Blick aufs Schloss.

Das **Landschaftsbild** des Zwergstaates wird von den Alpen und dem Tal des Alpenrheins bestimmt. Aus der 430 m ü. d. M. liegenden Rheinebene im Norden ragen vereinzelt Hügel und niedrigere Berge auf, während der von Ausläufern des Rätikons geprägte Süden des Landes sehr gebirgig ist und mit der Grauspitze, dem höchsten Berg, eine Höhe von 2599 m erreicht.

★
Unabhängiges, wohlhabendes Fürstentum

Alles in allem besteht der Staat zu zwei Dritteln aus Gebirge, rund 35 % der Landesfläche sind bewaldet. Obwohl weitere 40 % der Landesfläche landwirtschaftlich genutzt werden – Obst- und Gemüsean-bau in der dichter besiedelten Rheinebene, Milch- und Viehwirt-schaft in der Gebirgsregion –, sind mittlerweile nur noch 1 % der Er-werbstätigen im Agrarbereich beschäftigt. Reich geworden ist Liechtenstein, dessen Bewohner über eines der höchsten Pro-Kopf-Einkommen der Welt verfügen, einerseits als **Industriestandort** – in der Metallverarbeitung, chemisch-pharmazeutischen Industrie, Tex-til- und Lebensmittelindustrie arbeitet rund die Hälfte aller Erwerbs-tätigen –, andererseits als **international bedeutender Finanzplatz**. Wegen des Bankgeheimnisses und der günstigen Steuergesetze wurde das Land zum Sitz zahlreicher Holdinggesellschaften, so dass schät-

Liechtenstein und Vaduz Orientierung

Essen
① Torkel

Übernachten
① Sonnenhof
② Löwen

© Baedeker

zungsweise rund 85 000 Firmen und Stiftungen in dem Ländchen registriert sind. Die Amtssprache im Fürstentum ist Deutsch; die **Bevölkerung** spricht jedoch einen alemannischen Dialekt. Etwa 80 % der Einwohner sind katholisch, 7 % protestantisch. Die Ausländer, vor allem Schweizer, Österreicher, Deutsche, machen rund ein Drittel der Bevölkerung des Landes aus. Größere Orte sind eher die Ausnahme, die Hälfte der Einwohner lebt im ländlichen Raum.

Die Geschichte des selbstständigen Fürstentums Liechtenstein, dessen Gebiet bereits während der Jungsteinzeit besiedelt war, ab ca. 15 v. Chr. zur römischen Provinz Raetien gehörte und im 5. Jh. von alemannischen Germanen besetzt wurde, beginnt im 14. Jahrhundert. Im Jahr 1342 entstand die Grafschaft Vaduz. 1712 erwarb sie der aus einem niederösterreichischen Adelsgeschlecht stammende **Fürst Hans Adam von Liechtenstein** und vereinte sie mit der Herrschaft Schellenberg. Im Jahr 1719 erhob Kaiser Karl VI. die beiden Herrschaften zum unmittelbaren Reichsfürstentum Liechtenstein.

Nach dem Ende des Heiligen Römischen Reiches Deutscher Nation 1806 schloss Napoleon das Fürstentum dem Rheinbund an; 1815 trat Liechtenstein dem Deutschen Bund bei, dem es als souveräner Fürstenstaat bis zum Ende des Bundes 1866 angehörte. In der Zwischenzeit näherte sich Liechtenstein dem östlichen Nachbarn Österreich-Ungarn an, mit dem es von 1852 bis 1919 ein gemeinsames Zoll- und Steuergebiet bildete. 1923 ging das Fürstentum, das 1918 mit dem Untergang der k. u. k.-Monarchie seinen wichtigsten Partner verloren hatte, mit der Schweiz eine Zoll- und Währungsunion ein. Im Zweiten Weltkrieg blieb das kleine Land, das 1868 sein Militär aufgelöst hatte, wie in allen europäischen Auseinandersetzungen zuvor, neutral. Seit 1990 regiert **Fürst Hans-Adam II.** (geb. 1945), der 2004 seinen Sohn Alois Philipp Maria (geb. 1968) zu seinem Stellvertreter – faktisch zum Staatsoberhaupt – bestimmte. Schon 2003 hatte er unter der Drohung, das Land zu verlassen, von seinen Bürgern eine Verfassung bestätigen lassen, die ihm praktisch absolutistische Befugnisse einräumt.

Geschichte

Das Fürstentum Liechtenstein ist seit 1921 eine in männlicher Linie erbliche konstitutionelle Monarchie. Das Parlament (Landtag) besteht aus 25 in geheimer Wahl für vier Jahre gewählten Abgeordneten.

Verfassung

Seit 1923 bildet das kleine Land mit der Schweiz eine Zoll- und Währungsunion; seither ist der Schweizer Franken gesetzliche Währung, nur die Briefmarken, die – weltweit begehrt – dem Ländchen reichlich Devisen einbringen, stammen aus dem Fürstentum selbst. Liechtenstein ist Mitglied des **Europarates**, der **Europäischen Freihandelszone** (EFTA) und der **Vereinten Nationen** (UN); 1995 trat es dem **Europäischen Wirtschaftsraum** (EWR) bei. Liechtenstein strebt zudem die EU-Mitgliedschaft an.

Mitgliedschaften

Obwohl Schloss Vaduz unzugänglich ist, lohnt sich ein Ausflug hierhin wegen des schönen Ausblicks.

★
Urlaubsland

Nicht nur für historisch Interessierte, Kunstliebhaber und Briefmarkensammler lohnt sich ein Abstecher in den Kleinstaat. Das Fürstentum ist auch für Freunde eines ruhigen Urlaubs ein wahres Paradies. 400 km gut ausgebaute und markierte **Wanderwege**, die fast alle 11 Gemeinden des Landes miteinander verbinden und von denen viele durch wildromantische Täler entlang rauschender Bergbäche oder über Alpweiden führen, stehen Wanderern zur Verfügung. Auch Radfahrer kommen auf ihre Kosten – sowohl im Unterland mit seinen nur geringen Steigungen als auch im Oberland, wo eine gewisse Kondition schon erforderlich ist. Im Winter werden den Gästen in den verschneiten Bergen reichhaltige Sportmöglichkeiten geboten.

Vaduz

Hauptstadt des Fürstentums

Die Stadt Vaduz (460 m; 5100 Einw.), Residenz und Regierungssitz des Fürstentums Liechtenstein, ist Sitz des Parlaments sowie Zentrum des Fremdenverkehrs. Sie liegt unweit vom rechten Ufer des Rheins am Fuß der mächtigen Gipfel des Rätikon. Die belebte Stadt wartet mit vielen Cafés und einladenden Geschäften auf. Der Staatsfeiertag am 15. August endet immer mit einem prächtigen Feuerwerk.

Schloss Vaduz

Östlich über der Stadt erhebt sich Schloss Vaduz (unzugänglich), dessen Anfänge in das 12. Jh. zurückreichen. Der Bergfried und die

Bauten der Ostseite bilden den ältesten Teil der Anlage. Die Kapelle stammt vermutlich aus dem Spätmittelalter. Nachdem die Eidgenossen das Schloss im Schwabenkrieg von 1499 in Brand gesteckt hatten, wurden zu Beginn des 16. Jh.s die beiden Rundbastionen im Nordosten und im Südwesten angelegt. Die Westseite erhielt ihr heutiges Aussehen im 17. Jahrhundert. Von 1901 bis 1910 wurde das Schloss im Stil des 16. Jh.s restauriert.

Postmuseum

Eine beliebte Attraktion der Stadt ist das Postmuseum (Am Städtle 37) im sogenannten Engländerbau. Es zeigt die berühmten Ausgaben der **Liechtensteinischen Briefmarken**, historische Dokumente sowie Einrichtungen und Geräte zur Postgeschichte. Außerdem finden hier Sonderausstellungen statt. Öffnungszeiten: tgl. 10.00 – 12.00, 13.00 bis 17.00 Uhr; www.landesmuseum.li.

Kunstraum Engländerbau

Im zweiten Obergeschoss des Engländerbaus (Städtle 37) wird im Kunstraum zeitgenössische Kunst aus Liechtenstein und Umgebung präsentiert. Öffnungszeiten: tgl. 13.00 – 17.00, Do. bis 20.00 Uhr; www.kunstraum.li.

★ Kunstmuseum Liechtenstein

Schräg gegenüber vom Briefmarkenmuseum befindet sich das 2000 eröffnete Kunstmuseum Liechtenstein (Städtle 32), die wohl größte Attraktion des Orts, mit Exponaten aus den Sammlungen des Fürsten von Liechtenstein, die zu den ältesten und reichhaltigsten Privatsammlungen Europas gehören. Es ist ein klar strukturierter, monolithischer schwarzer Baukörper aus Beton und Glas der Schweizer Architektengemeinschaft Morges, Degalo und Kerez. Die Sammlungen umfassen die klassische Kunst bis zum Wiener Biedermeier – u. a. Rubens, Frans Hals, van Dyck, Brueghel – und Werke der internationalen modernen und zeitgenössischen Kunst. Öffnungszeiten: Di. bis So. 10.00 – 17.00, Do. bis 20.00 Uhr; www.kunstmuseum.li.

Liechtensteinisches Landesmuseum

Am Städtle folgt weiterhin im historischen Gasthaus Zum Hirschen (Nr. 43) das Liechtensteinische Landesmuseum, das die **liechtensteinische und regionale Geschichte** vom Neolithikum bis ins Frühmittelalter zum Thema hat. Die Sammlung umfasst Gebrauchsgegenstände, Waffen, sakrale Kunst, Münzen, landwirtschaftliche Geräte und Handwerkszeuge sowie Kartografie. Zudem sind ein gotisches Zimmer und eine Bauernstube eingerichtet. Auch eine naturkundliche Abteilung ist angeschlossen, in der die Fauna und Flora des Alpenraums vorgestellt wird. Öffnungszeiten: Di. – So. 10.00 – 17.00, Mi. bis 20.00 Uhr; www.landesmuseum.li.

Rotes Haus

An das spätmittelalterliche Rot Haus wurde von 1902 bis 1904 ein Trume angebaut. Zu ihm gehören ein Torkel und ein Weinberg.

Josef-Rheinberger-Archiv

Einen Besuch lohnt besonders das Musikarchiv (geöffnet n. V.) mit Handschriften, Ausgaben und Literatur von und über den liechtensteinischen **Komponisten Josef Gabriel Rheinberger** (1839 – 1901).

Ski- und Wintersport Museum

Im interessanten Ski-Museum (Fabrikstr. 5) sind über hundert Jahre Ski-Geschichte in Europa dargestellt. Besondere Ausstellungsstücke sind **Toni Sailers** Skier von der Weltmeisterschaft 1958 und Hanni Wenzels Olympiaausrüstung von 1980. Öffnungszeiten: Mo. – Fr. 14.00 – 18.00 Uhr; www.skimuseum.li.

Weitere Ziele in Liechtenstein

Triesenberg

Eine aussichtsreiche Bergstraße führt von Vaduz in steilen Windungen 6 km hinauf ins schön gelegene Triesenberg (884 m), einem Ort mit typischen alten Walserhäusern. Das modern gestaltete **Walsermuseum** im Dorfzentrum beinhaltet eine bedeutende heimatkundliche Sammlung zur Kulturgeschichte der im 13. Jh. am Triesenberg angesiedelten Walser. Öffnungszeiten: Mo. – Fr. 7.45 – 11.45, 13.30 bis 17.45, Sa. 7.45 – 11.00, 13.30 – 17.00 Uhr.

Masescha

In der alten Walsersiedlung Masescha (1235 m) auf der Straße nach Gaflei gibt es die **älteste Walserkirche des Landes**, ein Gotteshaus aus dem 14. Jahrhundert.

Triesen

Etwa 4 km südlich von Vaduz liegt Triesen (463 m) mit altem Ortskern im Oberdorf. Die **gotische St.-Mamertus-Kapelle** hat eine romanische Apsis sowie eine wertvolle Innenausstattung aus gotischen Vesperbildern und Schnitzaltären. Der Ort ist Ausgangspunkt für Touren in das Lavena-, Rappenstein- und Falknisgebiet.

Über Steg erreicht man das 1600 m hoch gelegene Malbun, wo die Fahrstraße endet. Der Ort ist im Winter **Mittelpunkt des Liechtensteiner Skisports.**

Malbun

Balzers (476 m) erreicht man 5 km südlich von Triesen. Einen Besuch lohnt die **Burg Gutenberg** (13. Jh.), die auf einem hohen Felsen thront. Im Sommer finden hier kulturelle Veranstaltungen statt, darunter der Kultur-Treff Burg Gutenberg. www.haus-gutenberg.li. Im Gebiet von Balzers fand man bei Grabungen Objekte aus prähistorischer und historischer Zeit.

Balzers

Etwa 3 km nördlich von Vaduz liegt am Fuß des Drei-Schwestern-Massivs der lebhafte Industrieort Schaan (450 – 500 m), die mit 5200 Einwohnern größte Gemeinde des Landes. Die spätgotische Kapelle St. Peter steht auf den Grundmauern eines römischen Kastells aus dem 4. Jahrhundert. **Museum und Galerie der Gemeinde Schaan** (DoMuS) zeigen eine permanente Ausstellung zur Geschichte der Gemeinde Schaan und Wechselausstellungen zum Kunstschaffen der Region. Öffnungszeiten: Fr. 14.00 – 20.00, Sa., So. 14.00 – 18.00 Uhr. Im Technopark (Altes Riet 121) ist das **Rechen- und Schreibmaschinen-Museum** untergebracht, in dem rund 250 größtenteils historische Raritäten zu sehen sind, darunter die kleinste Rechenmaschine der Welt. Besichtigung n. V., Tel. (004 23) 232 11 41. Über dem Ort befindet sich in idyllischer Lage die barocke Wallfahrtskapelle **Maria zum Trost** (»Dux«; 18. Jh.), einer der wenigen Barockbauten des Landes. In der Umgebung von Schaan stieß man bei Grabungen auf Reste aus römischer Zeit.

Schaan

🕐

Von Schaan führt eine Nebenstraße zu der kleinen Walsersiedlung Planken (800 m), von deren Bergterrasse man einen weiten Blick über das Rheintal und die Schweizer Berge hat. Planken ist Ausgangspunkt für Wanderungen im Drei-Schwestern-Gebiet.

Planken

5 km nordöstlich von Schaan erreicht man über die Straße Nr. 16 das Dorf Nendeln, das zusammen mit dem weiter westlich gelegenen Eschen das Zentrum des Liechtensteiner Unterlandes bildet. In beiden Orten kamen bemerkenswerte Funde zutage: u. a. in Nendeln die Grundmauern einer **römischen Villa** mit beheizbarem Wohnzimmer, Warm- und Kaltbad, Umkleide- und Gymnastikräumen, Gesindestube und Pferdestall. Im historischen **Pfrundhaus**, dem Sitz der Gemeindeverwaltung, in Eschen werden in Wechselausstellungen regionale Künstler vorgestellt. In Mauren locken die Freizeitanlage »Weiherring« und das Vogelparadies »Birka« viele Besucher an.

Nendeln, Eschen, Mauren

Schellenberg   Unweit westlich, am Ausläufer des Eschenberges, liegt die Gemeinde Gamprin-Bendern. Von diessem Ort führt der Historische Höhenweg Eschnerberg nach Schellenberg mit den Ruinen der **Oberen und der Unteren Burg Schellenberg**; auf Tafeln wird die Siedlungsgeschichte der anliegenden Gemeinden erläutert. Beide Burgen waren im 13. Jh. im Besitz der aus dem süddeutschen Raum stammenden Herren von Schellenberg. Das **Bäuerliche Wohnmuseum** (Im Dorf 12) in Schellenberg, ein Holzbau aus dem 16. Jh., gibt Einblick in die bäuerliche Wohnkultur um 1900. Öffnungszeiten: Apr.–Okt. erster und letzter So. im Monat 14.00 bis 17.00 Uhr. Vor dem Gasthaus Zum Löwen erinnert ein **Denkmal** an 500 schwerbewaffnete russische Soldaten, die in der deutschen Wehrmacht gekämpft hatten und in der Nacht vom 2./3. Mai 1945 in Schellenberg nach Liechtenstein übergetreten waren, um sich dem Zugriff der Alliierten zu entziehen. Die liechtensteinische Regierung verweigerte der in Vaduz einquartierten sowjetischen Repatriierungskommission strikt die Auslieferung der vom Tod bedrohten Exilrussen und ließ diese nach zwei Jahren Gastfreundschaft nach Argentinien auswandern.

> **!** *Baedeker* TIPP
>
> **Aussichtslokal**
>
> Für manchen ist der Löwen in Schellenberg das schönste Restaurant in Liechtenstein. Im Sommer genießt man auf der üppig bepflanzten Terrasse beim Essen den Blick über das Tal.

Ruggeller Ried   Westlich der Ortschaft Schellenberg erstreckt sich in der Rheinniederung bei Ruggell das Naturschutzgebiet Ruggeller Ried. Naturfreunde sollten sich die interessanter Flora und Fauna nicht entgehen lassen.

✹✹ Lindau

`G/H 7`

Höhe: 400 m ü. d. M.   **Einwohnerzahl:** 25000

Die ehemalige Reichsstadt Lindau, unweit der deutsch-österreichischen Grenze in Bayern gelegen, besteht aus der Gartenstadt auf dem Festland und der malerischen Inselstadt, die durch eine Brücke und einen Bahndamm mit dem Festland verbunden ist. Eindrucksvoll ist die Lage des »bayerischen Venedig« im See, wie Lindau anerkennend genannt wird.

Inselstadt   In der Gartenstadt befinden sich Wohn- und Erholungsgebiete sowie Industrieanlagen, während sich auf der Insel die malerische Altstadt ausbreitet. Obwohl die Stadt ein viel besuchtes Touristenziel ist, hat sie sich ein angenehmes Flair bewahrt. Sie ist auch als Tagungsort beliebt; so treffen sich hier jedes Jahr Nobelpreisträger aus aller Welt. Die Region ist das größte Obstanbaugebiet Deutschlands.

⏵ LINDAU ERLEBEN

AUSKUNFT

PROLINDAU Marketing
Alfred-Nobel-Platz 1
Gegenüber dem Hauptbahnhof
D-88131 Lindau
Tel. (083 82) 26 00-36
Fax 26 00-26
Zimmerreservierung: Tel. 26 00-32
Pauschalen, Führungen: 26 00-33
www.lindau.de

ESSEN

► Fein & teuer
① *Hoyerberg Schlössle*
Hoyren
Hoyerbergstr. 64
Tel. (083 82) 252 95
Geschl. Mo., Di.mittag
Elegantes, vornehmes Gourmetrestaurant mit traumhafter Aussicht;
auf der Speisekarte stehen Bodensse-
fische, und die Weinkarte ist wohl-
sortiert.

► Erschwinglich
② *Alte Post*
Fischergasse 3
Tel. (083 82) 934 60
Geöffnet ab 17.00 Uhr
Gemütliches historisches Restaurant
nahe Seeufer und Spielkasino mit
Biergarten; serviert werden Saison-
spezialitäten.

③ *Stift*
Stiftsplatz 1
Tel. (083 82) 935 70
Das Restaurant, in einem Haus von
1728 untergebracht, bietet durchge-
hend warme bodenständige Küche
mit schwäbisch-bayerischen Speisen
und Fischgerichten.

④ *Schachener Hof*
Bad Schachen
Schachener Str. 76
Tel. (082 83) 31 16 Geschl. Mi.
Der Gast hat die Wahl zwischen
schwäbischer Hausmannskost und
Haute Cuisine, alles vom Feinsten;
auch das Preis-Leistungs-Verhältnis
stimmt; ausgesuchte Weine aus der
Region ergänzen das kulinarische
Angebot.

ÜBERNACHTEN

► Luxus
① *Bad Schachen*
Bad Schachen 1
Tel. (083 82) 298-0
Fax 253 90
www.badschachen.de, 125 Z.
Vornehmes ruhiges Hotel in einem
alten Park mit Seerestaurant und
-terrasse; medizinische Badeabteilung
und Arztpraxis sowie Schönheitsfarm;
gediegen eingerichtete Zimmer.

② *Bayerischer Hof*
Seepromenade
Tel. (083 82) 91 50
Fax 91 55 91
www.bayerischerhof-lindau.de, 97 Z.
Zum Bayerischen Hof gehören noch
die Hotels Reutemann und Seegarten;
schöne Lage an der verkehrsfreien
Seepromenade mit Blick über den

See, die Hafeneinfahrt und die Alpen; Garten mit Schwimmbad; im Restaurant mit Terrasse bekommt man bayerische und internationale Küche, darunter auch Vollwertkost.

▶ **Komfortabel**

③ *Lindauer Hof*
Seepromenade
Tel. (083 82) 40 64
Fax 242 03
www.lindauer-hof.de
30 Z.
Historisches Haus in schöner Lage direkt an der verkehrsfreien Seepromenade mit stilvollen Zimmern

und Garten. Im Restaurant, das einen Wintergarten und eine Terrasse besitzt, werden u. a. Bodenseefischspezialitäten, aber auch Kuchen und Eis serviert.

④ *Helvetia*
Seepromenade
Tel. (083 82) 91 30
Fax 40 041
www.hotel-helvetia.de
Wer sich einmal richtig entspannen will, der ist in dem eleganten Hotel mit herausragenden Wellnessbereich richtig. Originell eingerichtete Zimmer und Dachgartenlounge.

Geschichte Der Name des aus einer Fischersiedlung hervorgegangenen Orts leitet sich von dem im 9. Jh. gegründeten **Damenstift Unserer Lieben Frau unter den Linden** her. Aus Schutzgründen verlegten die Stiftsdamen den Markt 1079 vom Festland auf die Insel und ermöglichten im 13. Jh. den Aufstieg zur Reichsstadt, wenngleich die Bürger immer wieder, vor allem im 14. Jh., Kämpfe mit den Stiftsdamen ausfochten. Das beim Korn-, Salz- und Leinenhandel verdiente Geld legten die Patrizier u. a. in schönen Häusern entlang der Maximilianstraße an. Der verheerende Stadtbrand von 1728 hatte den Wiederaufbau im Barockstil zur Folge. 1805 kam Lindau an das Königreich Bayern.

✱ Altstadt

Hafen Der Hafen an der Südseite der Inselstadt wurde 1812 angelegt und 1856 ausgebaut. An seiner Nordseite steht der **Alte Leuchtturm** oder Mangturm, ein Rest der ehemaligen Stadtbefestigung aus dem 13. Jahrhundert. Auf den beiden Molen, die den Seehafen südlich umschließen, sieht man die beiden Wahrzeichen Lindaus: der **Bayerische Löwe** und der **Neue Leuchtturm**. Die 6 m hohe marmorne Tierskulptur wurde von dem Bildhauer Johann von Halbig in den Jahren 1853 bis 1856 geschaffen. Wer die 139 Stufen des 33 m hohen Neuen Leuchtturms (1856) überwunden hat, der wird mit einer herrlichen Aussicht auf die Stadt und die Alpen belohnt.

Maximilianstraße In der großteils als Fußgängerzone gestalteten, überaus malerischen Altstadt gibt es noch viele von Gotik, Renaissance und Barock geprägte Straßenbilder. Besonders pittoresk ist die Maximilianstraße, die Hauptachse der Stadt. Hier bestimmen **schöne Patrizierhäuser** wie »Sünfzen«, »Regenbogen«, »Bären«, »Schnegg« und »Pflug«, zu-

Die Weiße Flotte legt auch im historischen Hafen von Lindau an.

dem Laubengänge (»Brodlauben«), Brunnen, Blumenkästen und Straßenlokale das Bild.

Das Alte Rathaus am Bismarckplatz wurde von 1422 bis 1436 errichtet und 1578 im deutschen Renaissancestil umgebaut. Die Hauptfront mit dem dekorativen Treppengiebel weist zum Reichsplatz hin, der als Versammlungsstätte der Bürger bei Kundmachungen gedacht war. Besonders schön sind die detaillierten Wandmalereien zur Lindauer Geschichte. Kostbar ist der gotische Rathaussaal. Hier befinden sich das Stadtarchiv und die ehemalige **Reichsstädtische Bibliothek**, die über 23 000 Werke aus allen Wissensgebieten vom 14. Jh. bis zur Gegenwart (kostbare Handschriften, Inkunabeln, Atlanten u. v. a.) besitzt. Öffnungszeiten: Mi. 14.00 – 17.45, Fr. 9.00 – 11.45 Uhr. Im **Rungesaal** werden Kunstausstellungen veranstaltet. Besichtigung nur mit Führung. Der **Bismarckplatz** wird vom Lindavia-Brunnen (1884) geschmückt.

Die ehemalige Peterskirche am nordwestlich gelegenen Schrannenplatz wurde um 1000 gegründet und 1928 zu einer Kriegergedenkstätte umgestaltet. Besondere Beachtung verdienen an der Nordwand die von 1485 bis 1490 entstandenen Fresken, die aufgrund der Signatur »HH« **Hans Holbein d. Ä.** zugeschrieben werden. Es sind insgesamt 19 Bilder, davon 12 Passionsszenen; die Signatur findet man im zwölften Bild auf dem Ärmel der Magdalena.

★
Altes Rathaus

🕐

Peterskirche

Lindau *Orientierung*

Übernachten
① Bad Schachen
② Bayerischer Hof
③ Lindauer Hof
④ Helvetia

Essen
① Hoyerberg Schlössle
② Alte Post
③ Stift
④ Schachener Hof

Diebsturm

Neben der Peterskirche erhebt sich der Diebsturm oder Malefizturm (1380), ein Rest der ehemaligen Stadtbefestigung. Von oben bietet sich eine schöne Aussicht.

Haus zum Cavazzen/ Stadtmuseum

Am Marktplatz (Nr. 6), den ein Neptunbrunnen (1841) ziert, steht das 1729 erbaute Haus zum Cavazzen, das **als schönstes Bürgerhaus am Bodensee** gilt. Besonders prachtvoll sind das Portal mit Pfeilern, Säulen und Volutengiebel sowie die rötlich-grauen Wandmalereien. In dem hier untergebrachten Stadtmuseum werden Wohnkultur vom 15. Jh. bis zum Jugendstil sowie Gemälde und Skulpturen vom 15. bis 18. Jh. gezeigt. Eine Besonderheit ist die Sammlung mechanischer Musikinstrumente. Aus dem reichen grafischen Bestand werden Wechselausstellungen zusammengestellt. Öffnungszeiten: Apr. bis Okt. Di.–Fr., So. 11.00 - 17.00, Sa. 14.00–17.00 Uhr.

St. Stephan

Die evangelische Stadtpfarrkirche St. Stephan an der Ostseite des Marktplatzes stammt aus dem Jahr 1180 und wurde von 1781 bis 1783 umgebaut. Infolge des Bildersturms der Reformation ist die Innenausstattung wenig opulent. Der Rokokostuck an Gewölben, Altar, Kanzel und Taufstein wurde 1781 ausgeführt.

Maximilianstraße: Hier lässt es sich gemütlich bummeln.

Die Stiftskirche Mariä Himmelfahrt daneben wurde von 1748 bis 1752 von Giovanni Gaspare Bagnato als Kirche des 1802 aufgehobenen reichsfürstlich-freiweltlichen Damenstiftes erbaut. Die weitgehend erneuerte Stuckierung und Freskomalerei der Rokokozeit stammen ursprünglich von Franz Pozzi und Giuseppe Appiani, die stuckmarmornen Altäre gestaltete Georg Figl.

Stiftskirche Mariä Himmelfahrt

An der Nordostecke der Inselstadt wurde im Jahr 2000 der Neubau der Spielbank eingeweiht, ein Werk des **Architekten Hans Lechner**. Es handelt sich um einen Rundbau in Zylinderform, der den Blick frei gibt auf das herrliche Naturpanorama. Mehr als die Hälfte der Nutzfläche liegt unter der Erdoberfläche.

Spielbank

Nordwestlich der Inselstadt Lindau erstreckt sich der Ortsteil Bad Schachen inmitten einer Parklandschaft. Aufgrund seiner Eisen- und Schwefelquellen, die im Hotel Bad Schachen Anwendung finden, wird er zu Heilkuren besucht.

Bad Schachen

Unmittelbar am Bodensee steht in dem herrlichen Lindenhofpark die spätklassizistische Villa Lindenhof (Lindenhofweg 25). Sie wurde von 1842 bis 1845 als Sommerresidenz für einen Großkaufmann erbaut und beherbergt heute das Friedensmuseum der Pax Christi. Das Ziel des Museums ist, das Geschichtsbild des Besuchers zu ergänzen. Öffnungszeiten: Mitte Apr. – Mitte Okt. Di. – Sa. 10.00 – 12.00, 14.30 bis 17.00, So. 10.00 – 12.00 Uhr.

◀ Villa Lindenhof/ Friedensmuseum Lindau

☉

Lola-Montez-Schlösschen Im sogenannten Lola-Montez-Schlösschen (18. Jh.) im nördlichen Stadtteil Aeschach soll die spanische Tänzerin Lola Montez (1818 bis 1861), die Geliebte des Bayernkönigs Ludwig I., vorübergehend gelebt haben.

✳ Wasserburg

Malerische Lage Malerisch liegt der bayerische Luftkurort Wasserburg 5 km westlich von Lindau auf einer schmalen, weit in den Bodensee vorgeschobenen Halbinsel. Der hübsche Ort mit herrlicher Aussicht, insbesondere vom Malerwinkel im Westen, ist ein idealer Ausgangspunkt für Spaziergänge am Seeufer, in die nahe gelegenen Naturschutzgebiete sowie durch Wälder und Obstanlagen ins reizvolle Hinterland. Wasserburg ist Geburtsort des Schriftstellers **Martin Walser** (geb. 1927).

Schloss Auf der Halbinsel erhebt sich das Schloss aus dem 14. Jh., das später mehrfach umgebaut wurde. Ursprünglich war es im Besitz der Grafen von Montfort, und von 1592 bis 1755 gehörte es den Fuggern. Heute wird es als **Hotel** genutzt. Gegenüber dem Schloss wurden mittelalterliche Mauerreste freigelegt.

Städtisches Museum Das Museum, das in einer Patrizierhaus des 15. Jh.s untergebracht ist, gibt einen umfassenden Überblick über die Geschichte und Kultur des Wasserburger Raumes. Thematische Schwerpunkte sind ⊙ Handwerk und Gewerbe sowie bäuerliche Wohnkultur. Öffnungszeiten: Mai – Sept. Di. – So. 13.00 – 17.00, Okt. – Dez., Feb. – Apr. Di. bis So. 13.00 – 16.00 Uhr; www.heimatmuseum-wasserburg.de.

St. Georg Auf der Spitze der Halbinsel steht die Kirche St. Georg, die ursprünglich aus der Zeit um 1400 stammt, aus der noch der Chor erhalten ist. Im Jahr 1607 wurde das Schiff angefügt. Von 1918 bis 1920 nahm man im Innern neubarocke Umbauten vor.

Friedhof Vom Friedhof bietet sich eine schöne Aussicht auf die Halbinsel und das Bergpanorama. Hier findet man das Grab des **Schriftstellers Horst Wolfram Geißler** (1893 – 1983), der das Buch über den lieben Augustin schrieb.

Birkenried Das Naturschutzgebiet Birkenried östlich kann man auf einem Biotoplehrpfad erkunden. Dazu gehört der idyllische Bichelweiher.

Nonnenhorn

Guter Ausgangspunkt für Ausflüge Die bayerische Gemeinde Nonnenhorn breitet sich inmitten von Obst- und Weingärten an dem hier ein »Horn« bildenden Bodenseeufer, 3 km nordwestlich von Wasserburg, aus. Der gepflegte Ort ist idealer Ausgangspunkt für Ausflüge ins Allgäu, nach Vorarlberg und in die Schweiz. Alle 7 Jahre findet hier der **traditionelle Schäffler-**

Der Bodensee-Radweg führt auch durch Nonnenhorn.

tanz statt. Er wird zur Erinnerung an eine Seuche im Jahr 1517 veranstaltet, an deren Ende ein Umzug der Schäffler – die alte Bezeichnung für Küfer – abgehalten wurde. Der nächste Schäfflertanz ist für das Jahr 2012 vorgesehen.

In der Ortsmitte, am Kapellenplatz, steht die frühgotische **Kapelle St. Jakobus** aus dem 15. Jahrhundert. Davor erinnert ein Gedenkstein an die »Seegfrörne« von 1880, als der See zugefroren war. Der **Torkel** (1591) südöstlich ist der älteste im ganzen Bodenseeraum.

Sehenswertes

★ ★ Mainau

E 6

Fläche: 0,45 km²   **Höhe:** 399 – 426 m ü. d. M.

Die Mainau ist mit ihren prachtvollen ausgedehnten Park- und Gartenanlagen eines der Highlights am Bodensee und eines der meistbesuchten Ziele in Süddeutschland.

Hier gedeihen im Frühjahr Tausende von Tulpen, im Sommer verzaubert der Duft von unzähligen Rosen, und im Herbst leuchten die Dahlienfelder in herrlichen Farben. Ein besonderes Flair vermitteln

Blumeninsel

▶ MAINAU ERLEBEN

AUSKUNFT

Mainau GmbH
D-78465 Insel Mainau
Tel. (075 31) 303-0
Fax 303-2 48
www.mainau.de

VERKEHR

Die Mainau ist gut von allen Boden-
seehäfen mit dem Schiff, aber auch mit
dem Bus zu erreichen. Vom Hauptbahnhof Konstanz verkehrt ein Bus
zur Insel. Dazu empfiehlt sich das
Insel Mainau-Ticket, das von April bis
Oktober erhältlich ist und neben der
Anreise mit Bus und Schiff auch den
Eintritt umfasst. Für Autos steht ein
großer Parkplatz am Inseleingang zur

Verfügung. Ein behindertengerechter
Inselbus fährt im Pendelverkehr von
April bis Oktober vom Inseleingang
zum Parkplatz des Restaurants
Schwedenschenke beim Schloss.

ESSEN

▶ Erschwinglich
Schwedenschenke
Tel. (075 31) 30 31 56
Das als umweltorientierter Betrieb
ausgezeichnete Terrassenrestaurant,
eine ehemalige Kutscherschenke, offeriert vor allem fangfrische Fische
und Wild aus eigener Jagd; bei den
Weinen dominieren die Meersburger
Gewächse. Bei Reservierungen entfällt
ab 18.00 Uhr der Inseleintritt.

---

die teilweise sehr alten Palmen und die Mediterran-Terrassen. Kurz-
um: die Mainau ist ein wahres Paradies für alle Blumenliebhaber
und Gartenfreunde.

Öffnungszeiten:
Sonnenaufgang bis
Sonnenuntergang

Die Insel war seit 724 im Besitz der Abtei Reichenau, von 1272 bis
1805 Deutschordenskommende, dann Teil des Großherzogtums Baden. Im Jahr 1827 kaufte sie Fürst Esterházy und pflanzte dort exotische Bäume an. Nach mehrmaligem Wechsel erwarb 1853 Großherzog Friedrich I. von Baden die Mainau, der sie als Sommerresidenz
nutzte. Da sein Sohn Friedrich II. kinderlos starb, fiel sie an seine
Tochter Victoria, Königin von Schweden. Victoria vermachte die Insel ihrem jüngeren Sohn Prinz Wilhelm, in dessen Auftrag sie sein
Sohn **Graf Lennart Bernadotte af Wisborg** verwaltete.
Graf Lennart kaufte sie 1951 von seinem Vater und verwandelte sie
in ein Blumenparadies. 1974 brachte er die Mainau und auch den
festländischen Besitz in die **Lennart-Bernadotte-Stiftung** zur Förderung der Wissenschaften, der Landespflege, des Umwelt- und Denk-
malschutzes (Grüne Charta) ein. Die Geschäftsführung liegt aber
nach wie vor in den Händen der gräflichen Familie; 1981 übertrug
sie Graf Lennart an seine zweite Frau Sonja. Der Graf starb im Jahr
2004 im Alter von 95 Jahren. Nachdem Gräfin Sonja 2008 auch verstarb, ging die Geschäftsleitung in die Hände ihrer Tochter Bettina
über. Das Jahr 2009, in dem Graf Bernadotte 100 Jahre geworden
wäre, war dem Werk des Schöpfers des Blumenparadieses gewidmet

Rundgang

Von den Parkplätzen auf dem Festland gelangt man über eine Brücke auf die Insel. Kurz nach der Brücke sieht man rechts im Wasser das Schwedenkreuz, eine bronzene Kreuzigungsgruppe von 1577, die die Schweden der Sage nach im Dreißigjährigen Krieg versucht haben zu entführen.

Schwedenkreuz

Am Restaurant vorbei kommt man zum Kinderland. Hier können sich die Kleinen auf dem Spielplatz austoben. Ein Anziehungspunkt für junge und alte Eisenbahnfans ist die Märklin-Garteneisenbahn mit historischen Loks und Wagen, die in einer Minibodenseelandschaft fahren. Außerdem sind hier Blumentiere gestaltet. Zudem gibt es die **Naturerlebniswelt** mit Bauernhof, Streichelzoo und Ponyreitbahn. Angeschlossen ist das **Zwergendorf** für Kinder zwischen 1 und 4 Jahren, wo die Kleinen in Wasserspielzonen und Holzhütten tollen können.

Kinderland

Unweit oberhalb verläuft die Promenade der Wild- und Strauchrosen, die zur Blütezeit mit Dufterlebnissen und historischen Kostbarkeiten die Besucher anlockt. Die Sammlung umfasst mehr als 800 Sorten.

✶
Promenade der Rosen

Mainau Orientierung

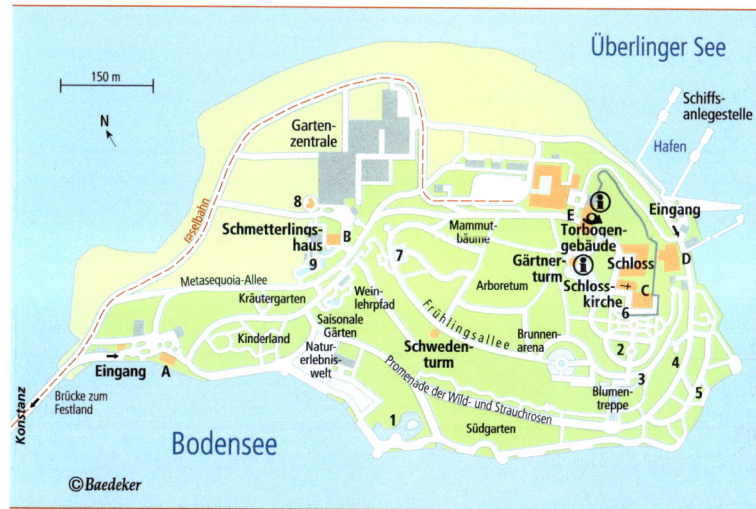

A Rothaus Seeterrasse	1 Teich	6 Schlossterrasse
B Schmetterlingsbistro	2 Italienischer Rosengarten	7 Großherzog-Friedrich-
C Schlosscafé	3 Viktoria-Linde	Terrasse
D Restaurant Comtureykeller	4 Rhododendronweg	8 Energiepavillon
E Restaurant Schwedenschenke	5 Ufergarten mit Bodenseerelief	9 Garten für Alle

An der parallel verlaufenden Frühlingsallee blühen von Ende März bis Mitte Mai Tausende von Tulpen, Narzissen und Hyazinthen.

Frühlingsallee

Die Frühlingsallee führt zur Brunnenarena mit den Mediterran-Terrassen, wo im Sommer Palmen, Agaven, Kakteen, Bougainvilleen mediterranes Flair vermitteln. Die nahegelegene Blumentreppe aus Granit wird von Koniferen und üppigem Blumenschmuck gesäumt.

Brunnenarena, Blumentreppe

Südlich breitet sich der Südgarten aus, wo von September bis Oktober die Dahlien ihre ganze Farbenpracht entfalten. Im östlich anschließenden Ufergarten wachsen Frühlings- und Sommerblumen, darunter eine Sammlung verschiedener Fuchsienarten. Ein beliebtes Fotomotiv ist das **Bodenseerelief**, ein nach Jahreszeit unterschiedlich gestaltetes Blütenbild in Form des Bodensees.

Südgarten, Ufergarten

An der Nordostseite der Insel liegt der kleine **Hafen** mit Schiffsanlegestelle, wo die Ausflugsschiffe anlegen und es einen weiteren Eingang gibt. Im Restaurant Comturey-Keller kann man mit Blick auf den See essen. Eine besondere Attraktion des Lokals ist das 25 000 l fassende Zehntfass.

Comturey-Keller

Westlich kommt man zu dem in italienischem Stil angelegten Rosengarten, einer streng geometrischen Anlage mit Pergolen, Skulpturen und Brunnen. Hier wurden 400 Sorten, vor allem Beetrosen, angepflanzt. Über eine Barocktreppe steigt der Besucher hinauf zur aussichtsreichen Schlossterrasse. Im Palmenhaus wachsen mehr als 20 Palmenarten, darunter eine über 15 m hohe **Kanarische Dattelpalme** (Phoenix canariensis), die 1888 gepflanzt wurde.

★
Italienischer Rosengarten, Palmenhaus

Die Schlosskirche St. Marien (1732–1739), ein Werk von Giovanni Gaspare Bagnato, besitzt eine üppige barocke Ausstattung. Altäre, Kanzel und Skulpturen schuf **Joseph Anton Feuchtmayer**. Deckengemälde und Hochaltarbild stammen von Franz Joseph Spiegler, die Stuckarbeiten von Francesco Pozzi. In der Krypta befindet sich Bagnatos Grab.

★
Schlosskirche

Das dreiflügelige Schloss daneben wurde von 1739 bis 1746 ebenfalls von **Giovanni Gaspare Bagnato** um einen Ehrenhof gebaut. Am Giebel sieht man das große Deutschordenswappen. Im Mitteltrakt werden Wechselausstellungen gezeigt, und der linke Flügel ist der Wohnsitz der Grafenfamilie.

Schloss

Der Gärtnerturm gegenüber – ein Teil der mittelalterlichen Festungsanlage – dient als **Informationszentrum**, in dem eine Multivisionsschau zur Bodenseelandschaft gezeigt wird. Das Torgebäude nahebei stammt aus dem 18. Jh., der Anbau ist klassizistisch.

Gärtnerturm, Torbau

← *Ein Meer von Farben leuchtet zur Zeit der Tulpenblüte.*

Zur Rosenblüte ist der Rosengarten eine wahre Augenweide.

Arboretum

Auf der Hochfläche nordwestlich vom Schloss dehnt sich das wertvolle parkartige Arboretum mit vielen exotischen Bäumen aus. Hier wachsen 500 verschiedene Arten von Laub- und Nadelgehölzen, darunter riesige Mammutbäume, kostbare Zedern, Metasequoien und Tulpenbäume – um nur die berühmtesten zu nennen.

Schmetterlings-haus

Im Schmetterlingshaus weiter nordwestlich, dem größten seiner Art in Deutschland, leben 25 Arten farbenprächtiger Falter aus der ganzen Welt frei in einer üppigen Tropenlandschaft. Aus nächster Nähe kann man hier die wunderschönen Insekten beobachten. Die Gartenanlage um das Schmetterlingshaus wurde als Lebensraum für heimische Schmetterlinge gestaltet. Angeschlossen ist noch ein Duftgarten mit mehr als 150 Duftpflanzenarten.

▶ MAINAU ERLEBEN

BLÜTENKALENDER

April – Mai
Große Orchideenschau im Palmenhaus; Tulpen, Narzissen und Hyazinthen, Stiefmütterchen, Vergissmeinnicht und Primeln

Mai/Juni
Rhododendren und Azaleen (200 Sorten), Rosen (1200 Sorten)

Juli
Engelstrompeten, Bougainvilleen, Hibiscus, Fuchsien

August
Exotische Kübelpflanzen und Passionsblumen

September/Oktober
Dahlien (250 Sorten)

✳ ✳ Meersburg

Höhe: 444 m ü. d. M.   **Einwohnerzahl:** 5600

Die malerische und stimmungsvolle Stadt Meersburg, die sich reizvoll an einem steilen Rebhang am Nordufer des Bodensees hinaufzieht, ist der Hauptort des Fremdenverkehrs am Bodensee. Mächtig thront die Meersburg, das Wahrzeichen der Stadt, über dem See.

Literaturbegeisterte können auf den Spuren der Dichterin Annette von Droste-Hülshoff, die einige Jahre hier lebte, wandeln. Wellnessanhänger finden in der neuen Therme Entspannung. Meersburg ist zudem Schwerpunkt des Weinbaus am Bodensee, der seit 1324 hier urkundlich belegt ist. **Weinbaustadt**

Unterstadt und Oberstadt zeichnen sich durch ein gut erhaltenes historisches Stadtbild aus. Enge, verwinkelte Gässchen, hübsche Plätze und prächtige Fachwerkhäuser mit Erkern verleihen ihm romantisches Flair. Beherrscht wird das am Hang gestaffelte Stadtbild, das den schönsten Anblick vom See aus bietet, von der Meersburg und dem Neuen Schloss. Die trutzige Meersburg, das Alte Schloss, ist als **Stadtbild**

Meersburg Orientierung

► MEERSBURG ERLEBEN

AUSKUNFT

Meersburg Tourismus
Kirchstr. 4
D-88790 Meersburg
Tel. (075 32) 440-4 00
Fax 440-40 40
www.meersburg.de

ESSEN UND ÜBERNACHTEN

► **Erschwinglich**

① **Zum Bären**
Marktplatz 11
Tel. (075 23) 432 20
Fax 43 22 44, 20 Z.
Der älteste Gasthof (1605) von
Meersburg am malerischen Marktplatz
wirkt mit seinem Staffelgiebel und den
markanten Erkertürmchen gemütlich;
gediegene Inneneinrichtung und urige
Gaststube; die Küche bietet Fisch, aber
auch oberschwäbische Spezialitäten.

② **Zum Becher (►Abb. S. 74)**
Höllgasse 4
Tel. (075 32) 90 09
Geschl. Mo.
Stilvolles gutes Restaurant, dessen drei
Gaststuben, jede in einem anderen
Holz getäfelt, Behaglichkeit vermitteln;
die Küche offeriert badische und
internationale Gerichte, und die erle-
sene Weinkarte enthält u. a. seltene
badische Gewächse.

③ **3 Stuben**
Winzergasse 1 – 3
Tel. (075 32) 800 90, Fax 13 67
www.3stuben.de, 34 Z.
Designerhotel mitten in der Altstadt in
einem romantischen Fachwerkhaus;
zum Hotel gehören noch die am Hang,
hinter dem Neuen Schloss gelegene
Villa Bellevue und ein preisgünstigeres
Gästehaus mit Blick auf die Meersburg
und den See.

Die geheimnisvolle Magische Säule

④ **Löwen**
Marktplatz 2
Tel. (075 32) 4 30 40, Fax 43 04 10
www.hotel-loewen-meersburg.de
21 Z.
Romantisches, familiär geführtes
Hotel in einem 500 Jahre alten Haus
am Marktplatz; angeschlossen ist die
Villa Sonnenschein mit Apartments;
das Hotel besitzt eine gemütliche
Gaststube mit zirbelholzgetäfelten
Wänden; ungewöhnliche Zubereitung
von Bodenseefischen.

⑤ **Wilder Mann**
Bismarckplatz 2
Tel. (075 32) 90 11/2, Fax 90 14
www.wilder-mann-meersburg.de
31 Z.
Traditionsreiches Haus in historischem Gebäude direkt am See in der
trubeligen Unterstadt, mit Liegewiese,
Bademöglichkeit und Bootsanlege-
stelle; schöne Seeterrasse mit altem
Baumbestand; gediegene Innenausstattung und behagliche komfortable
Zimmer, teilweise mit Seeblick; das
Restaurant bietet regionale Spezialitäten und klassische Küche sowie Süßes
aus eigener Konditorei.

ehemaliger Wohnsitz der Dichterin Annette von Droste-Hülshoff einer der Hauptanziehungspunkte der Stadt. Die Unterstadt, der älteste Teil von Meersburg, lädt mit der Seepromenade, die mit vielen Straßencafés aufwartet, zum Verweilen ein.

Sehenswertes in Meersburg

Vom nordwestlichen Stadteingang gelangt man durch das Seetor, einen Rest der alten Stadtbefestigung, in die Unterstadt. Oberhalb der Unterstadtstraße steht die 1390 als Burgkapelle erbaute, 1535 umgestaltete und 1590 ausgemalte **Unterstadtkapelle**. Sie besitzt schöne gotische Schnitzaltäre (1470 – 1490). **Unterstadt**

Am Ende der Seepromenade steht das Grethaus, ein Kornspeicher (1505). Es dient als Verkaufsstelle für die Bodenseeschifffahrt. ◄ Grethaus

Die Magische Säule an der Hafenmole von dem bekannten **Bildhauer Peter Lenk** ist der Dichterin Annette von Droste-Hülshoff und Franz Anton Mesmer (1734 – 1815), der den animalischen Magnetismus entdeckt hat, gewidmet. Dieser hält einen großen Magneten in der Hand und steht auf einer Stahlkugel, in der seine Gegner stecken. Die Dichterin ist als Möwe dargestellt, was sich auf die Gedichtzeile »zischend über das brandende Riff wie eine Möwe streifen« bezieht. ◄ Magische Säule

In der Meersburg Therme (Uferpromenade 12) kann man Bade- und Saunafreuden mit einem **Panoramablick** auf den See verbinden. Eine Besonderheit sind Saunen in zwei nach historischen Vorbildern erbauten Pfahlbauhäusern. Öffnungszeiten: Mo. – Sa. 10.00 – 22.00, So., Fei. 9.00 – 20.00 Uhr; www.meersburg-therme.de. **Meersburg Therme** ◔

Die idyllische Steigstraße führt tatsächlich steil hinauf in die Oberstadt.

Steigstraße, Burgweg

In die Oberstadt gelangt man entweder vom Seetor auf der malerischen, von Fachwerkhäusern gesäumten Steigstraße oder auf dem Burgweg. Dieser Weg verläuft über Treppen und in einer 1334 gegrabenen Schlucht unter der Schlossbrücke hindurch und an der Schlossmühle (1620) mit einem oberschlächtigen Wasserrad (Durchmesser: 9 m) vorbei.

Omas Kaufhaus

Nicht nur Kinder werden an der Ausstellung in Omas Kaufhaus, das im ersten Stock eines Fachwerkhauses am Ende der Steigstraße untergebracht ist, Freude haben; sind sie kleiner als 1 m, müssen sie keinen Eintritt zahlen. Handgefertigte Blechschiffe, historisches Spielzeug und eine Blecheisenbahn lassen nostalgische Gefühle aufkommen.

★ ★ Meersburg

Der Westteil der Oberstadt wird von der Meersburg, dem Alten Schloss, beherrscht, das in seinem ältesten Kern möglicherweise aus dem 7. Jh. stammt. Die Meersburg vermittelt dem Besucher einen anschaulichen und lebendigen Einblick ins mittelalterliche Leben. Die seit dem 12. Jh. bewohnte Anlage war ab 1268 Sommerresidenz und ab 1526 ständiger **Wohn- und Regierungssitz der Konstanzer Fürstbischöfe**. 1803 verstaatlicht, wurde das Anwesen 1838 von Frei-

Meersburg: die bekannteste Sehenswürdigkeit der Bodenseestadt

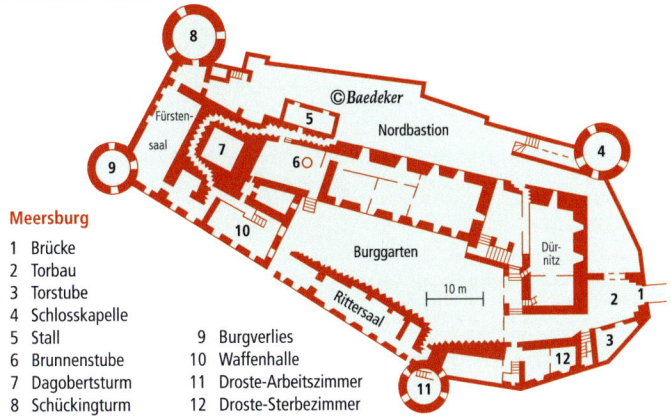

© Baedeker

Meersburg

1 Brücke
2 Torbau
3 Torstube
4 Schlosskapelle
5 Stall
6 Brunnenstube
7 Dagobertsturm
8 Schückingturm
9 Burgverlies
10 Waffenhalle
11 Droste-Arbeitszimmer
12 Droste-Sterbezimmer

Fürstensaal
Nordbastion
Dürnitz
Burggarten
Rittersaal
10 m

herr Joseph von Laßberg, dem Schwager der Dichterin Annette von Droste-Hülshoff, erworben; auch heute ist es noch in Privatbesitz. Vor der Meersburg steht eine Büste der Droste (1898), ein Werk von Emil Stadelhofer. In den rund 30 Burggemächern – u. a. Dürnitz, Palas, Burgküche, Waffenhalle, Wehrgang, Fürstensaal und Verlies – erlebt man eine Zeitreise vom Mittelalter bis ins 19. Jahrhundert. **Annette von Droste-Hülshoff** (▶ Baedeker Special S. 60/61) lebte von 1841 bis zu ihrem Tod auf der Burg. Einen nachhaltigen Eindruck von ihrem Dichterleben erhält man in ihrem Arbeits- und Sterbezimmer am Ende des Rundgangs. Die Besteigung des Dagobertturms ist nur mit Führung möglich; in der Folterkammer des Turms wird der Besucher über Hexenprozesse informiert. Öffnungszeiten: März bis Okt. tgl. 9.00 – 18.30, Nov. – Feb. 10.00 – 18.00 Uhr; Internet: www.meersburg.com.

Neues Schloss

Am Schlossplatz steht das Neue Schloss. Da das Alte Schloss als Residenz der Fürstbischöfe nicht mehr repräsentativ genug war, veranlasste Fürstbischof Johann Franz Schenk von Stauffenberg den neuen Bau zu Beginn des 18. Jh.s. Doch erst sein Nachfolger Damian Hugo von Schönborn ließ den Bau nach Entwürfen von **Balthasar Neumann** vollenden. Von 1762 bis 1802 war das Schloss dann die Residenz der Fürstbischöfe von Konstanz. Nach vielfältigen Funktionen beherbergt es heute Museen. Das großartige Treppenhaus im Inneren besitzt feine Schmiedeeisengitter. Das Deckengemälde hier wie auch im Festsaal stammt von Joseph Ignaz Appiani. Die Stuckarbeiten im Festsaal und in den verschiedenen

❗ Baedeker TIPP

Fürstliches Café

Im stilvollen Café in der Meersburg kann man Kaffee und Kuchen entweder im fürstbischöflichen Barocksaal oder im Sommer auf der herrlichen Aussichtsterrasse genießen. Der Besuch des Cafés ist auch ohne Besichtigung der Burg möglich. Öffnungszeiten: Mo. – Sa. 10.00 – 18.30, So., Fei. 10.00 – 19.00 Uhr.

Repräsentationsräumen schuf Carlo Pozzi. Die zweigeschossige Schlosskapelle im Ostflügel des Schlosses wurde von Joseph Anton Feuchtmayer und Gottfried Bernhard Goetz ausgestattet.

Im **Porzellankabinett** sind einige Originalstücke aus der Zeit der Fürstbischöfe ausgestellt: eine Elfenbeinmadonna und einer Geißelungsgruppe und vor allem ein Pokal mit Bacchus-Darstellung. Öffnungszeiten: Apr. – Sept. tgl. 10.00 – 13.00, 14.00 – 18.00 Uhr.

Städtische Galerie ▶
Im ersten Stock des Schlosses ist die Städtische Galerie untergebracht, die neben einer Dauersammlung mit Werken von Kasia von Szadurska, Waldemar Flaig und Hans Dieter auch wechselnde Kunstausstellungen zeigt. Öffnungszeiten: wie Schloss.

Zeppelin-Museum
Das private Zeppelin-Museum (Schloßplatz 8) beleuchtet die Entwicklung der Luftschifffahrt anhand von zahlreichen Originalausstellungsstücken wie Uniformen und Möbel. Öffnungszeiten: März bis Mitte Nov. 10.00 – 18.00 Uhr; www.zeppelinmuseum.eu.

Galerie Bodenseekreis
Das historische Hofkanzlerhaus (Schloßplatz 13) ist Ausstellungsort für moderne Kunst der südwestdeutschen Region und aus Ostdeutschland. Die Wechselausstellungen präsentieren Malerei, Zeichnung, Grafik-Design und Fotografie. Öffnungszeiten: Apr. – Okt. Di. bis So., Fei. 11.00 – 17.00 Uhr.

Staatsweingut
Ein Durchgang führt vom Schloss nordöstlich zum Staatsweingut von Baden-Württemberg. Sowohl die Gebäude wie auch die hervorragenden Weinlagen stammen aus dem ehemaligen Besitz der Fürstbischöfe von Konstanz. Im Weinverkauf können die angebotenen Weine auch verkostet werden. Öffnungszeiten: Mo. – Fr. 9.00 – 18.00, Sa. 9.00 – 16.00 Uhr. Die Gutsschänke nebenan bietet neben guten Tropfen einen herrlichen Seeblick.

Weinbaumuseum
Im ehemaligen Heilig-Geist-Spital (Vorburggasse 11) in der Nähe hat das Staatsweingut ein Weinbaumuseum eingerichtet, in dem Küferwerkzeug und eine historische Flaschensammlung zu sehen sind. Herausragende Ausstellungsstücke sind der **Heilig-Geist-Torkel**, eine noch funktionsfähige Weinpresse von 1607, und das 50 000 l fassende **Türkenfass**, ein reich verziertes Zehntgefäß der Deutschordenskommende Mainau. Öffnungszeiten: Apr. – Okt. Di., Fr., So. 14.00 – 18.00 Uhr. Von April bis Oktober finden hier freitags um 19.00 Uhr Weinproben mit den Erzeugnissen des Staatsweinguts und Kellerführungen statt; Anmeldung bei Meersburg Tourismus (▶S. 200).

★
Marktplatz
Der kleine malerische Marktplatz nördlich bietet mit seinen Fachwerkhäusern und dem Obertor eines der bekanntesten deutschen Stadtbilder. Die gemütlichen historischen Restaurants laden den Besucher zu einer Rast ein. Obwohl hier reges Kommen und Gehen herrscht, vor allem an Markttagen, hat sich der Platz eine beschauliche Atmosphäre bewahrt.

In der Kirchgasse (Nr. 4) steht das **Alte Kloster**, ein ehemaliges Dominikanerinnendomizil (15. Jh.). In der hier untergebrachten Bibel-Galerie wird die Geschichte der Bibel bis zur Gegenwart dargestellt. So kann man beispielsweise an der Gutenbergpresse den Psalm 23 drucken oder in einer Klosterschreibstube mit Feder und Tinte auf Pergament schreiben. Öffnungszeiten: März – Nov. Di. – So. 11.00 bis 13.00, 14.00 – 17.00 Uhr.

Bibel-Galerie, Stadtmuseum

Das Stadtmuseum ebenfalls im Alten Kloster beleuchtet ausgewählte Epochen der Stadtgeschichte, insbesondere die Frühzeit des Tourismus. Außerdem wird das Wirken von **Franz Anton Mesmer**, des Entdeckers des »animalischen Magnetismus«, dargestellt. Öffnungszeiten: Apr. – Okt. Mi., Do., Sa. 14.00 – 18.00 Uhr.

Östlich vom Obertor steht in den Weinbergen das Fürstenhäusle, so benannt nach den Konstanzer Fürstbischöfen, in deren Besitz es sich einst befand. 1843 hat Annette von Droste-Hülshoff das Haus erworben, heute beherbergt es das reizvolle Droste-Museum. Es ist mit Möbeln, Bildern und Büchern ausgestattet. Originalhandschriften und persönliche Erinnerungsstücke prägen die private Atmosphäre der Räume. Öffnungszeiten: Apr. – Okt. Di. – Sa. 10.00 – 12.30, 14.00 bis 18.00, So., Fei. 14.00 – 18.00 Uhr. Die Dichterin ist auf dem nahegelegenen Friedhof begraben.

Droste-Museum im Fürstenhäusle

 ! *Baedeker* TIPP

Dichterinnenleben

Sonntags um 11.00 Uhr kann man auf den Spuren der Dichterin Annette von Droste-Hülshoff durch Meersburg wandeln. Eingeschlossen in die Führung ist der Besuch des Droste-Museums im Fürstenhäusle, wo man einen Einblick in das Leben der Dichterin erhält.

Umgebung von Meersburg

Ein kunsthistorisches Kleinod ist die barocke Wallfahrtskapelle Maria zum Berg Karmel im 3 km nördlich gelegenen Ort Baitenhausen, von wo man eine schöne Aussicht hat. Auftraggeber des von 1702 bis 1704 errichteten Gotteshauses waren die zwischen Konstanz und Meersburg in einen Seesturm geratenen Fürstbischof Kardinal Marquard Rudolph von Roth und Kaplan Johann Georg Roth, die Hilfe durch die Anrufung des seit dem 16. Jh. verehrten Gnadenbildes (um 1550) in Baitenhausen erfuhren. Das mehrfach ausgestaltete **Gnadenbild** schmückt den Hochaltar. Die kleine kreuzförmige Kapelle wurde erst 1760 mit Deckenbildern und von 1761 bis 1765 mit Altären ausgestattet. Der Augsburger Historienmaler Johann Wolfgang Baum-

✱
Wallfahrtskapelle Maria zum Berg Karmel

gartner malte Pietà, Himmelfahrt und Krönung Mariens sowie Anbetung der Hirten. Besonders gelungen sind die zwei Veduten zur Verherrlichung Mariens: »Maria so schön wie der Mond« mit der Bodenseelandschaft zwischen Konstanz und Meersburg sowie »Maria auserwählt wie die Sonne« mit einem Blick in die Linzgaugegend, ins Salemer Tal und sogar zum Säntis.

Hagnau

Eingebettet in Weinberge und Obstgärten breitet sich das Fischer- und Winzerdorf Hagnau 3 km südöstlich von Meersburg direkt am Bodensee aus. Der idyllische und beliebte Ferienort besitzt schöne Fachwerkbauten und ein umfangreiches Hotel- und Gastronomieangebot. An den sanft ansteigenden Rebhängen wachsen Spätburgunder-, Ruländer-, Müller-Thurgau- und Traminertrauben. Auch der Obstanbau ist in Hagnau ein traditionsreicher Wirtschaftszweig.

Sehenswertes ▶

Wahrzeichen von Hagnau ist die spätgotische, 1729 barock umgestaltete **Kirche St. Johann Baptist**, deren 48 m hoher Turm in seinem unteren Teil romanisch ist. Im Innern bemerkenswert sind Schnitzfiguren des 15. Jh.s. Die vier modernen Glasfenster (1980) im Chor schuf Peter Valentin Feuerstein. Nach altem Brauch wechselt bei einer »Seegfrörne«, wenn der Bodensee völlig zugefroren ist, die Büste des Evangelisten Johannes (16. Jh.) den Standort; sie wird abwechselnd in der Kirche von Hagnau und der Klosterkirche von Münsterlingen (▶Kreuzlingen) in der Schweiz aufbewahrt. Diese Figur, seit 1830 in Hagnau aufbewahrt, wurde zuletzt 1963 in einer

Das Winzerdorf Hagnau, umgeben von Weinbergen

feierlichen Prozession über das Eis zur Klosterkirche in Münsterlingen gebracht, wo sie bis zu der nächsten »Seegfrörne« bleibt.

Das **Hagnauer Museum** (Im Hof 5) stellt die Ortsgeschichte und Persönlichkeiten, die hier gelebt haben, vor. Öffnungszeiten: Mo., Di., Do. 16.00 – 18.30, So., Fei. 14.00 – 18.00 Uhr. Von den einst 26 Weinpressen des Orts ist der **Torkel** von 1747 erhalten geblieben. Das kleine **Museum** (Neugartenstr. 20) neben der evangelischen Kirche zeigt eine Privatsammlung von Puppenstuben, Puppen und Spielzeug von 1830 bis 1950. Öffnungszeiten: Apr. – Sept. n. V., Tel. (075 32) 99 91. Empfehlenswert sind die **Traubenwege** rund um Hagnau wie die mit einer gelben Traube markierte Wanderung zum Schloss Kirchberg. Auf dem 4 km lange **Obst- und Weinwanderweg** werden regionale Reb- und Obstsorten erläutert.

Der Ferienort Markdorf liegt 9 km nordöstlich von Meersburg, im östlichen Linzgau, am Fuß des Gehrenbergs inmitten von Wald, Wiesen und Obstplantagen. Es ist ein idealer Ausgangspunkt für Ausflüge zum Bodensee (»Balkon zum Bodensee«). **Markdorf**

In der Ortsmitte steht die spätgotische ehemalige Kollegiatstiftskirche **St. Nikolaus** (15. Jh.), deren Innenraum barockisiert wurde. Schön ist die Mondsichelmadonna von David Zürn über dem Südportal. In der nördlich angebauten barocken Marienkapelle, die von Johann und Joseph Schmuzer vortrefflich stuckiert wurde, steht auf dem Altar eine kostbare geschnitzte Schutzmantelmadonna (um 1470). Mauertürme der Stadtbefestigung des 16. Jh.s beherrschen das Stadtbild: das Obertor, der Hexenturm und das Untertor. Das **Schloss**, die ehemalige Sommerresidenz der Fürstbischöfe von Konstanz, umfasst einen Staffelgiebelbau von 1510 und den Neuen Bau von 1740. Heute ist hier ein Hotel untergebracht. ◀ Sehenswertes in Markdorf und Umgebung

Etwa 4 km westlich von Markdorf breitet sich im Tal der Salemer Aach am Fuß des Gehrenbergs das **malerische Dorf** Bermatingen (435 m) aus, umgeben von Obstgärten und großen Weinbergen. Das Ortsbild zeichnet sich durch schöne Fachwerkhäuser aus. ◀ Bermatingen

Lohnend ist ein Ausflug von etwa einer Stunde Fußweg nordostwärts zum Gehrenberg (754 m), dem Hausberg von Markdorf. Vom Aussichtsturm oben bietet sich eine **großartige Alpensicht**, die manchmal bis zum Berner Oberland reicht. ◀ Gehrenberg

Die Gemeinde Deggenhausertal, nördlich von Markdorf, setzt sich aus den Teilorten Deggenhausen, Homberg, Roggenbeuren, Untersiggingen, Urnau und Wittenhofen zusammen. Die hügelige Wiesen- und Waldlandschaft des Deggenhausertals bietet Ruhe und Entspannung, gepaart mit viel Natur; sie eignet sich gut zum **Wandern**. Unterwegs kann man in Landgasthöfen einkehren, die bekannt sind für gute badisch-alemannische Küche und Bodenseeweine. **Deggenhausertal**

In diesem Gebiet erhebt sich der **Höchsten** (833 m), der höchste Berg in Oberschwaben, von dem man eine weite Aussicht auf den See sowie die Allgäuer und Schweizer Alpen genießt.

✳ Radolfzell

C/D 6

Höhe: 395 – 675 m ü. d. M.   **Einwohnerzahl:** 30000

Die Stadt Radolfzell am Zeller See besticht durch ihre malerische Altstadt mit verwinkelten Gassen sowie schöne Adels- und Patrizierhäuser. Kur- und Freizeiteinrichtungen auf der Halbinsel Mettnau machen Radolfzell zum Heil- und Kneippkurort sowie zu einem beliebten Ferienzentrum.

Wellness und Wandern

Durch seine zentrale Lage im westlichen Bodenseebereich ist Radolfzell ein idealer Ausgangspunkt für Wanderungen und Radtouren sowie für Ausflüge. Der Name der Stadt geht auf das von **Bischof Radolf von Verona** 826 gegründete Kloster, die »Radolf-Zelle«, zurück.

Sehenswertes in Radolfzell und Umgebung

✳ Münster

Der Marktplatz im Mittelpunkt der Altstadt wird beherrscht von dem gotischen Münster Unserer Lieben Frau, 1436 an der Stelle der von Bischof Radolf von Verona errichteten Zelle erbaut. Im 18. Jh. wurde es teilweise barockisiert. Im Innern sind sehenswert das Grab des hl. Radolf, der **Rosenkranzaltar der Brüder Zürn** und der barocke Hausherrenaltar (1750), benannt nach den Stadtheiligen Theopont, Senes und Zeno.

Das Münster überragt die Altstadt.

Beim Münster sieht man zwei interessante Gebäude: das **Österreichische Schlösschen**, ein Renaissancebau mit Staffelgiebel; es wurde 1620 begonnen und im 18. Jh. fertiggestellt, und heute ist hier die Stadtbibliothek untergebracht. Und das mächtige **Reichsritterschaftsgebäude** der Adelsgesellschaft zu St. Georgenschild, ein Renaissance- und Barockbau (1626), der heute als Amtsgericht fungiert.

Das **Stadtmuseum** (Seetorstr. 3) unweit südlich des Marktplatzes in der alten Stadtapotheke präsentiert archäologische Funde, Exponate zur Stadtgeschichte und Zeugnisse bürgerlicher Wohn- und Lebensformen. Außerdem wird die wirtschaftliche Entwicklung

▶ RADOLFZELL ERLEBEN

AUSKUNFT

Touristinformation
Bahnhofplatz 2
D-78315 Radolfzell
Tel. (077 32) 81-5 00
Fax 81-5 10
www.radolfzell.de

FESTE

Bemerkenswert sind das traditionelle
Radolfzeller Hausherrenfest (3. So. im
Juli) zu Ehren der Stadtpatrone
Theopont, Senes und Zeno sowie die
am darauf folgenden Montag statt-
findende Mooser Wasserprozession
mit blumengeschmückten Booten.

ESSEN

▶ Erschwinglich

Basilikum
Löwengasse 30
Tel. (0 77 32) 97 05 70
Geschl. So., Mo.
Restaurant mit schönem Garten und
ausgezeichneter internationaler
Küche.

Mettnau-Stube
Strandbadstr. 23
Tel. (0 77 32) 136 44
Geschl. Mo.
Restaurant mit hervorragenden
Fischspezialitäten.

ÜBERNACHTEN

▶ Komfortabel

Adler
Güttingen
Schlossbergstr. 1
Tel. (077 32) 15 02-0
Fax 15 02-50
www.landgasthaus-adler.de
28 Z.
Behaglicher Landgasthof in ruhiger
sonniger Südhanglage mit Sauna,
Kegelbahn und Fahrradverleih;

gemütliche Gasträume und Gartenlokal, in denen gute Küche serviert
wird; angeschlossen ist das Gästehaus
Sonnenhalde.

Am Stadtgarten
Höllturmpassage 2
Tel. (077 32) 924 60
Fax 92 46 46
www.hotel-am-stadtgarten.de
31 Z.
Hotel garni in idyllischer Lage am
Stadtgarten, teils in die Stadtmauer
hineingebaut.

Baedeker-Empfehlung

ArtVilla am See
Rebsteig 2
Tel. (077 32) 944 40
Fax 94 44 10
www.artvilla.de
7 Z., 4 Apts.
Das exklusive Hotel liegt in sehr ruhiger
Lage auf der Halbinsel Mettnau in unmit-
telbarer Nähe zum Kurzentrum; alle
Zimmer sind großzügig und in einem
anderen Stil eingerichtet: Sie heißen z. B.
Aix-en-Provence, Manhattan oder Sea
Cloud.

🕐 der Stadt erläutert. Öffnungszeiten: Di. – So. 14.00 – 12.30, 14.00 – 17.30, Do. bis 20.00 Uhr.

Griener Winkel Bauhistorisch interessant sind die »Griener Winkel« genannten Teile einer Bauern- und Fischersiedlung aus dem 18. Jh. beim Stadtgarten.

Villa Bosch Künstler der Region werden in der Städtischen Galerie in der Villa Bosch (1865) in der Scheffelstraße 8 neben der Mettnaubrücke vorgestellt. Auch Konzerte und andere Veranstaltungen finden hier statt.

✱
Halbinsel Mettnau Südöstlich der Altstadt breitet sich auf der Halbinsel Mettnau das **Kurgebiet Mettnau** aus mit ausgedehnten Park-, Sport- und Freizeitanlagen um das ruhige Kurzentrum. In den verschiedenen Kliniken werden Herz-, Kreislauf- und Stoffwechselerkrankungen sowie Schäden am Bewegungsapparat behandelt. Vom Mettnauturm am östlichen Ufer der Halbinsel hat man eine schöne Aussicht. Internet: www.mettnaukur.de

Scheffel-schlösschen ▶ Im Scheffelschlösschen am Südostende der Halbinsel ist die Kurverwaltung untergebracht. Außerdem sind in dem von **Joseph Victor von Scheffel** (▶ Berühmte Persönlichkeiten) erbauten und bewohnten Gebäude noch zwei original ausgestattete Wohnräume des Dichters zu sehen.

Naturschutz-gebiet ▶ Den östlichen Teil und die Spitze der Halbinsel nimmt ein Naturschutzgebiet ein. Bei einer naturkundlichen Führung kann man Kolbenenten, Teichrohrsänger und Graureiher beobachten und viele seltene Pflanzen sehen. In dem DBV-Naturschutzhaus (Moerickeweg 1) wurde eine Ausstellung zu Natur und Umwelt am See zusammengestellt. 🕐 Öffnungszeiten: März – Okt. Sa., So. 14.00 – 18.00 Uhr.

Mindelsee Etwa 4 km nordöstlich von Radolfzell breitet sich in einem Naturschutzgebiet der Mindelsee aus, ein eiszeitlicher Moränensee mit Schilfgürtel. Das Gebiet ist Lebensraum für seltene Tiere und Pflanzen. So kann man hier Zwergdommeln, Bekassinen und Kolbenenten beobachten.

✱ ✱ Reichenau

D 6

Inselfläche: 4,3 km²	**Höhe:** 477 m ü. d. M.
Bewohnerzahl: 3300	

»Dort, wo die Fluten des Rheins den Ausonischen Alpen entströmen / in den gewaltigen See, der weit nach Westen sich ausdehnt, / dort erhebt sich inmitten der Flut die liebliche Insel. / Reichenau wird sie genannt, im Herzen Germaniens liegt sie«, so beschreibt Walahfrid Strabo, berühmter Abt des Klosters Reichenau, im 9. Jh.

Reiche Ernte im »Gemüsebeet Deutschlands«

die Lage der Insel. Heute dagegen klingt die Lagebeschreibung weniger poetisch: Die Insel liegt im Untersee, dem westlichen Teil des Bodensees. Sie ist mit 5 km Länge und 1,5 km Breite die größte Insel im Bodensee.

Die Kirchen der einst weltberühmten Abtei gehören in ihrer Anlage und mit den großartigen Wandbildern zu den bedeutendsten Zeugen frühromanischer Kunst in Deutschland. Sie wurden deswegen in die Liste des **Weltkulturerbes der UNESCO** aufgenommen. Die Reichenau ist aber auch als »Gemüseinsel« bekannt. Ihr Name leitet sich von der »Reichen Au« ab, was so viel wie »reiche Insel« bedeutet.

Weltberühmte Kirchen

Das milde Inselklima, der fruchtbare Boden und künstliche Beregnung ermöglichen einen ertragreichen **Gemüseanbau**, der teilweise in Gewächshäusern betrieben wird. Hauptanbauprodukte sind Gurken, Salat und Tomaten. Der Gemüsebau basiert heute durchweg auf kleineren und mittleren Familienbetrieben. Im »Frühbeet Deutschlands« sind zwei bis drei Ernten im Jahr möglich. Auf einer kleineren Fläche wird auch Wein kultiviert. Das zweitwichtigste wirtschaftliche Standbein ist der Tourismus. In der bereits 1927 gegründeten Fisch-

»Frühbeet Deutschlands«

▶ REICHENAU ERLEBEN

AUSKUNFT

Tourist-Information Reichenau
Pirminstr. 145
D-78479 Reichenau
Tel. (075 34) 92 07-0, Fax 92 07-77
www.reichenau.de

FESTE

Drei traditionelle Kirchenfeste sind heute noch von großer Bedeutung. Sie werden auf der Insel alljährlich mit Prozessionen begangen. Es sind dies das Markusfest (25. April) und das Fest Mariä Himmelfahrt (15. Aug.) zu Ehren der beiden Patrone des Münsters Mittelzell sowie als höchster Inselfeiertag das Heilig-Blut-Fest (Mo. nach Dreifaltigkeitssonntag), das zurückgeht auf ein dem Kloster im Jahr 925 geschenktes Abtskreuz mit blutgetränkter Erde von Golgatha.

ESSEN

▶ Erschwinglich

Fischerstube
Berggässle 1
Tel. (075 34) 75 73
Restaurant mit Terrasse, in dem Fischspezialitäten serviert werden.

Kreuz
Zelleleweg 4
Tel. (075 34) 3 32
Geschl. Mo., Do.
Traditionsreiches beliebtes Lokal mit Terrasse; die Küche bietet frische Bodenseefische unter Verwendung von Reichenauer Gemüse und Salat; Weine von der Insel.

Löwen
Pirminstr. 144
Tel (075 34) 229
Geschl. Di.abend, Mi
Café/Restaurant mit Gartenterrasse; regionale Küche mit Fisch sowie Reichenauer Gemüse und Salate; außerdem große Kuchenauswahl.

ÜBERNACHTEN

▶ Komfortabel

Seeschau
An der Schiffslände 8
Tel. (075 34) 72 10
Fax 72 64
www.seeschau.com, 22 Z.
Kleines feines Hotel gegenüber der Schiffsanlegestelle mit Seegarten; Zimmer mit Balkonen zur Seeseite; Gourmetküche mit Bodenseefischen und Produkten von der Reichenau.

Strandhotel Löchnerhaus
An der Schiffslände 12
Tel. (075 34) 80 30
Fax 582
www.loechnerhaus.de, 45 Z.
Das direkt am See gelegene Hotel verfügt über eine Seeterrasse sowie ein eigenes Strandbad und eine Liegewiese; die Küche bietet regionale Gerichte, z. B. Fischspezialitäten.

brutanstalt in Mittelzell in der Seestraße werden Fischeier ausgebrütet und die Jungfische im See ausgesetzt (tgl. geöffnet). Von Bedeutung ist auch die Fischerei.

Geschichte Das 724 durch den hl. Pirmin gegründete **Kloster Reichenau**, das erste Benediktinerkloster auf deutschem Boden, war während seiner

Blütezeit im 9. bis 11. Jh. ein geistliches Zentrum mit künstlerischer und literarischer Ausstrahlung. Von den berühmten Äbten sind besonders zu nennen: Bischof Waldo (786–806), Begründer der Reichenauer Gelehrtenschule und der Bibliothek, Heito I. (806–823), Berater Karls des Großen und Erbauer des Marienmünsters, **Walahfrid Strabo** (838–849), bedeutender Dichter und Verfasser eines Buches über Gartenbau, und Hatto III. (883–913), Erzbischof von Mainz und Kanzler des Deutschen Reichs sowie Erbauer der Kirche von Oberzell. Im 11. Jh. erlebte die **Reichenauer Malerschule** mit ihren kunstfertigen Büchern eine Hochblüte (▶Baedeker Special S. 44/45). Seit dem 13. Jh. verarmte das Kloster, bis es 1538 an das Hochstift Konstanz kam. 1757 wurde das Kloster aufgehoben und seine wenigen Mönche auf andere Klöster verteilt.

Oberzell

Von der Halbinsel Bodanrück erreicht man die Reichenau auf einem 1838 erbauten, von hohen Pappeln gesäumten Damm. Dieser Damm ist der Endpunkt der Deutschen Alleenstraße, die auf Rügen beginnt. An der Ostspitze findet man die Reste der 1384 zerstörten Burg Schopfeln (10. Jh.), die einst den Äbten gehörte.

Burg Schopfeln

Nach 2 km erreicht man den Ortsteil Oberzell, dessen wichtigste Sehenswürdigkeit die ehemalige Stiftskirche St. Georg ist. Die unter Abt Hatto III. (888–913) erbaute dreischiffige Säulenbasilika ist das **großartigste Beispiel spätkarolingischer Baukunst**. Die Westapsis entstand um 1000, die Vorhalle im 11. Jh. Die Vierung wurde im 15. Jh. gotisch eingewölbt. In einem neuen kleinen **Museum** wird die Baugeschichte der Kirche erläutert.

✷ St. Georg

Reichenau St. Georg Orientierung

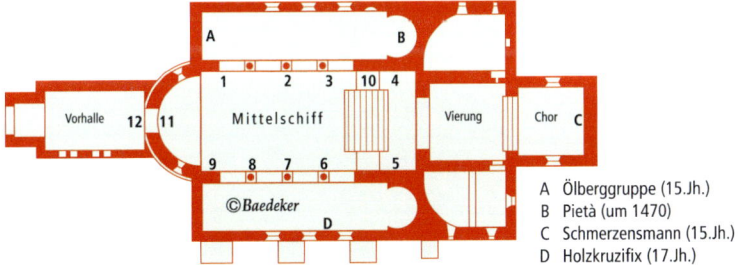

A Ölberggruppe (15. Jh.)
B Pietà (um 1470)
C Schmerzensmann (15. Jh.)
D Holzkruzifix (17. Jh.)

Ikonografie der Wandmalereien

1 Heilung des Besessenen
2 Heilung der Wassersüchtigen
3 Stillung des Sturmes
4 Heilung des Blindgeborenen
5 Heilung des Aussätzigen
6 Erweckung des Jünglings zu Nain
7 Erweckung der Tochter des Jairus
8 Heilung des Blutflüssigen
9 Erweckung des Lazarus
10 Frauengeschwätz (um 1376)
11 Weltgericht (1708)
12 Jüngstes Gericht (um 1200)

★ ★
Romanische
Wandmalereien ▶

Einmalig sind die romanischen monumentalen Wandmalereien (um 1000) im Innern, das **einzige, außerdem gut erhaltene Beispiel einer vollständigen Kirchenschiffausmalung nördlich der Alpen**. Dargestellt sind die Wundertaten Christi, darunter die Heilung des Wassersüchtigen und des Aussätzigen, die Beruhigung des Sturms auf dem See Genezareth sowie die Erweckung des Lazarus. Der Erzählstil fasst die zeitlich nacheinander folgenden Geschehnisse nach byzantinischer Art in einem Bildraum zusammen. Ausdrucksträger ist die übergroße, durch Kreuznimbus gekennzeichnete Christusfigur mit von magischer Kraft erfüllter Gebärde, die die Menschen in ihren Bann zieht.

In der Tradition spätantiker Stadtbilder stehen dabei die Hintergrundszenen, die farblich fein abgestuft sind, von Braun-Grün bis zu Blau. Unter dem Chor befindet sich die Krypta vom Anfang des 9. Jh.s. Im ehemaligen Oratorium ist über der Vorhalle ein Jüngstes Gericht aus dem 11. Jh. sehenswert. Krypta und Oratorium sind nur mit Führungen zugänglich, die von Juli bis August montags um 17.00 Uhr stattfinden.

Einmalig sind die romanischen Wandmalereien von St. Georg in Oberzell.

Reichenau St. Maria und St. Markus *Orientierung*

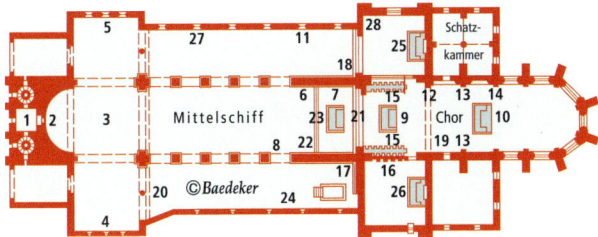

1 Kaiserloge (1048)
2 Markusaltar (1477)
3 Grab des Abtes Berno († 1048)
4 Abtsgrabsteine
5 Kreuzigungsgruppe (1690)
6 Muttergottesstatue (um 1300)
7 Christophorusbild (1320)
8 Christus am Ölberg (1350)

9 Heiligblutaltar (1739)
10 Allerheiligenaltar (1498)
11 Vesperbild (Ende 14. Jh.)
12 Wandnische (um 1310)
13 Wandbilder (1555)
14 Sakramentshäuschen (1450)
15 Chorgestühl (15. Jh.)
16 Orgel (1964)
17 Klosterinsel (1624)
18 Klosterbild (1738)

19 Grab Karls des Dicken († 888)
20 Witigowosäule (10. Jh.)
21 Chorgitter (1746)
22 Muttergottesbild (1471)
23 Volksaltar (1970)
24 Stephanusaltar (1590)
25 Ölberg (1480)
26 Christus mit Aposteln (15. Jh.)
27 Kreuzweg (1972)
28 Taufe (16. Jh.)

Mittelzell

Das **alte Rathaus** (Ergat 1+ 3) im 2 km entfernten Ortsteil Mittelzell, ein Fachwerkbau aus dem 14. Jh., war einst Sitz des Amtmanns. In dem hier untergebrachten Museum Reichenau erhält man Einblick in die Entwicklung der Landwirtschaft und des Weinbaus auf der Insel, und Figuren des Reichenauer Fasnacht und Trachten veranschaulichen das hiesige Brauchtum. Eine naturkundliche und eine Porzellansammlung ergänzen den Museumsbestand.

Im **Neubau** werden die Baugeschichte des Münsters und des Klosters erläutert und die Dichtungen des Abts Walahfrid vorgestellt. Ein weiteres Thema ist die bedeutende Reichenauer Buchmalerei. Öffnungszeiten: Apr. – Juni, Sept., Okt. Di. So. 10.00 16.30, Juli, Aug. Di. bis So. 10.30 – 17.30, Nov. – März Sa., So. Fei. 14.00 – 17.00 Uhr.

Das Münster St. Maria und St. Markus unweit nördlich vom alten Rathaus ist eine ursprünglich aus dem 8. Jh. stammende, in ihrer jetzigen Gestalt im 11. Jh. erbaute romanische Basilika mit zwei Querschiffen, wuchtigem Westbau mit Turm und hohem gotischem Chor (15. Jh.). Bei der von 1964 bis 1970 erfolgten Restaurierung wurde der Dachstuhl mit seiner 700 Jahre alten Eichenbalkenkonstruktion freigelegt.

In der westlichen Querhalle steht der **Markusaltar**, ein gotisches Steingehäuse (1477), in dem die 830 auf die Reichenau gelangte Markusreliquie in einer Kopie des Markusschreins (Original in der Schatzkammer) aufbewahrt wird. In der Apsis darüber befindet sich

Museum Reichenau

🕐

★ **Münster**

Münster in Mittelzell: bedeutende romanische Basilika

die Loge von Kaiser Heinrich III., eines Gönners des Abts Berno (gest. 1048), dessen Grabplatte man im Boden sieht. Eine bedeutende Plastik ist die gotische Muttergottesstatue (um 1310) im Mittelschiff. In dem 1746 durch ein kunstvoll gestaltetes Barockgitter abgeschlossenen Chor (nur während der Öffnungszeiten der Schatzkammer zugänglich) sind beachtenswert der Heiligblutaltar (1739), der in einer Monstranz die Heiligblutreliquie verwahrt, der Allerheiligenaltar, ein spätgotischer vielfiguriger Flügelaltar (1498), eine Wandnische für die Kana-Krug-Reliquie mit Malereien des frühen 14. Jh.s sowie weitere Wand- und Deckenmalereien. Führungen: Juli – Aug. Di. 17.00 Uhr.

Schatzkammer ▶ In der gotischen Sakristei befindet sich die Schatzkammer. Zu sehen sind hier kostbare gotische Reliquienschrein, ferner eine Elfenbeinpyxis, der sogenannte **Krug aus Kana** (vermutlich 5. Jh.), und ein um 1070 entstandenes romanisches Kruzifix. Öffnungszeiten: nach Ostern – Sept. Mo. – Sa. 11.00 – 12.00, 15.00 – 16.00 Uhr.

Klostergebäude Südlich an das Münster angrenzend gruppieren sich um einen großen Hof die einstigen Klostergebäude (1605 – 1610), die heute der Gemeindeverwaltung dienen. Im Klosterhof finden Konzerte und andere kulturelle Veranstaltungen statt.

Kräutergarten ▶ Folgt man dem Walahfrid-Strabo-Weg rechts der Kirche, kommt man zum Kräutergarten. Zwischen 830 und 840 schrieb Walahfrid Strabo, einer der berühmtesten Äbte des Klosters, sein Gedicht **»De cultura hortorum«**, kurz »Hortulus« (»Gärtlein«) genannt. In dieser ersten Schrift über Gartenbau in Deutschland werden Heilkräuter, Küchen- und Zierpflanzen beschrieben. Nach diesem Muster wurde der Klosterkräutergarten angelegt. Führungen: Do. 17.00 Uhr.

Hochwart Südöstlich von Mittelzell erhebt sich die Hochwart (438 m), der höchste Punkt der Insel, der leicht zu ersteigen ist. Von dort bietet

Das Wollmatinger Ried kann man nur im Rahmen einer Führung erkunden.

sich ein prächtiger Ausblick. Ein Teil des Wegs ist gleichzeitig Wein-
lehrpfad. Auf der Hochwart war einst der Wohnsitz des Flurwärters,
der aufpasste, dass nichts vom Acker gestohlen wurde.

Niederzell

Die dritte der bedeutenden Kirchen auf der Reichenau ist die ehemalige Stiftskirche St. Peter und Paul in Niederzell an der Nordwestspit-
ze. Es handelt sich um eine zweitürmige, dreischiffige Säulenbasilika
des 11./12. Jh.s, deren Ursprung auf eine Zelle des Bischofs Egino
von Verona (8. Jh.) zurückgeht. An die Stelle der einstigen Flachde-
cke trat 1756/1757 ein stuckiertes Rokokogewölbe. In der Hauptapsis
wurden **wertvolle spätromanische Wandmalereien** (1104 – 1126)
entdeckt, die den thronenden Christus, umgeben von den Evangelis-
tensymbolen und den Kirchenpatronen Petrus und Paulus, zeigen.
Ferner erscheinen in zwei übereinander geordneten Bogenreihen
Propheten und Apostel. Führungen: Juli/Aug. Fr. 17.00 Uhr.
Im neuen kleinen **Museum** bei der Kirche wird deren Baugeschichte
dargestellt.

★ **Stiftskirche**

Das »Bürgle« genannte Schloss Windegg an der äußersten Landspitze
der Insel wurde im 14./15. Jh. als klösterliches Gästehaus erbaut und
ist heute **Tagungshotel** der Energie Baden-Württemberg (EnBW).

Schloss Windegg

Umgebung der Reichenau

Südöstlich der Reichenau dehnt sich am Nordufer des Gnadensees
das 767 ha große Naturschutzgebiet Wollmatinger Ried in einer
schilfbewachsenen Sumpflandschaft aus, zu der zwei kleine Inseln gehören. Mächtige Schilfwälder, flache Seebuchten und blumenreiche
Wiesen von seltener Artenvielfalt prägen das Landschaftsbild. Es ist

 **Wollmatinger Ried**

das größte Schutzgebiet am deutschen Bodenseeufer. In dieser reizvollen Mischung aus Natur- und Kulturlandschaft kommen zahlreiche gefährdete Pflanzen- und Tierarten vor. Von den etwa 230 hier beobachteten Vogelarten, darunter viele Zugvögel aus Skandinavien und Russland, brütet etwa ein Viertel im Ried, so der Graureiher, die seltene Kolbenente, die Löffelente, der Schwarzhalstaucher, die Uferschnepfe und die Flussseeschwalbe, gelegentlich auch Seidenreiher, Säbelschnäbler und Eisvogel.

Das Gebiet ist nur im Rahmen von Führungen zugänglich, die der NABU durchführt. Informationen: Tel. (075 31) 788 70. Das **Naturschutzzentrum** im ehemaligen Bahnhof Reichenau präsentiert eine Ausstellung über das Ried. Öffnungszeiten: Apr. – Sept. Mo. – Mi., Fr. 9.00 – 12.00, 14.00 – 17.00, Do. 9.00 – 12.00, 14.00 15.30, Sa., So., Fei. 13.00 – 15.30 Uhr; www.nabu-wollmatingerried.de.

Romanshorn

F 7

Staat: Schweiz   **Höhe:** 403 m ü. d. M.
Einwohnerzahl: 9500

Die am Südufer des Bodensees gelegene Stadt Romanshorn ist seit der Eröffnung der Trajektfähre 1855 ein bedeutender Verkehrsplatz und der größte Hafen am Bodensee.

Hafenstadt Ansprechend ist das Stadtbild, das ansonsten von Hafenanlagen mit Lagerhäusern geprägt ist, nur im Bereich des Seeparks. Von der 779 erstmals urkundlich erwähnten Siedlung ist außer der Stadtkirche kaum etwas Mittelalterliches erhalten.

▶ ROMANSHORN ERLEBEN

AUSKUNFT

Touristinformation
Im Bahnhof
CH-8590 Romanshorn
Tel. (071) 463 32 32
Fax 461 19 80
www.romanshorn.ch

ESSEN UND ÜBERNACHTEN

▶ **Erschwinglich**

Inseli
Inseliweg 6
Tel. (071) 466 88 88
www.inseli.ch

Mit schönem Blick auf See und Segelhafen isst man in dem Restaurant mit Terrasse; empfehlenswert sind die Fleisch- und Flambéespezialitäten.

Schloss
Schlossbergstr. 26
Tel. (071) 466 78 00
Fax 466 78 01
www.hotel-schloss.ch, 22 Z.
Modern eingerichtetes Hotel in einem Schloss (1829) in ruhiger Lage mit Blick auf See und Berge; große Gartenterrasse.

Hafenanlagen sind prägend für Romanshorn.

Sehenswertes in Romanshorn

Nördlich vom Hafen erstreckt sich der Seepark, von wo man einen **Seepark**
Panoramablick über den See genießen kann. Ein hübsches Plätzchen
ist der vom Park über einen Steg erreichbare Felsblock »Inseli«.

Das Schloss auf einer kleinen Anhöhe im Ortszentrum wurde 1829 **Schloss**
errichtet; heute ist hier ein elegantes Hotel untergebracht (s. o.).

Daneben erhebt sich der schlichte Kirchenbau St. Maria, Petrus und **Kirche**
Gallus, dessen älteste Teile auf das 14. Jh. zurückgehen, mit beachtenswerten gotischen Wandmalereien.

Im großen Skaterpark am Hafen kommen Skater voll auf ihre Kos- **Skaterpark**
ten. Sie können sich hier an Ramps, Funboxen und an einer Quarter-
pipe austoben.

Liebhaber **historischer Eisenbahnen** sollten einen Besuch im Locora- **Locorama**
ma (Egnacherweg 1) in der alten SBB-Lokremise südlich des Zent-
rums einplanen. Auch Fahrten mit historischen Lokomotiven stehen
auf dem Programm. Öffnungszeiten: Ende Apr. – Mitte Okt. Sa., So. ⏲
14.00 – 17.00 Uhr; Tel. (071) 460 24 27, www.locorama.ch.

Umgebung von Romanshorn

Das Dorf Uttwil 3 km nordwestlich eignet sich für einen ruhigen Fe- **Uttwil**
rienaufenthalt. Seit dem Ende des Ersten Weltkriegs entwickelte es
sich zum **bevorzugten Wohnort für Künstler**. Hier lebten u. a. der Ju-
gendstilarchitekt Henry van de Velde, der Schriftsteller René Schicke-
le und Paul Ilg, außerdem der Dramatiker Carl Sternheim.

Rorschach

Staat: Schweiz   **Höhe:** 398 m ü. d. M.
Einwohnerzahl: 8700

Die alte Hafenstadt Rorschach, an der weiten südlichen Bucht des Bodensees am Fuß des Rorschacher Bergs gelegen, war einst ein bedeutender Güterumschlagplatz für das Kloster St. Gallen.

Ehemalige Handelsstadt
Bereits 937 erhielt sie vom St. Galler Abt das Markt-, Münz- und Zollrecht. Beachtlichen Aufschwung nahm die Stadt ab dem 17. Jh. durch den Handel von Leinwand, wovon heute noch die Bürgerhäuser in der Hauptstraße zeugen. Eine Besonderheit ist die 1924 auf Pfählen erbaute **Badhütte**.

Sehenswertes in Rorschach

Kornhaus/ Heimatmuseum
Das markanteste Gebäude am Hafen ist das von 1746 bis 1749 durch **Giovanni Gaspare Bagnato** erbaute Kornhaus, das heute immer noch Lagerstätte für verschiedene Waren ist. Aber auch das Heimatmuseum ist hier untergebracht. Es widmet sich den Themen Urgeschichte, Natur, Stadtentwicklung, Wohnkultur, Textilindustrie und Kunst. Gezeigt werden rekonstruierte Hütten der Jungsteinzeit und Bronzezeit, ein Rokokoraum sowie ein Stadtmodell, das Rorschach im Jahr 1798 zeigt. Nur für Gruppen ab 10 Personen n. V. geöffnet, Anmeldung unter Tel. (071) 841 70 34.

Hauptstraße
Westlich, parallel zum See, verläuft die Hauptstraße. Die von hübschen Erkern gezierten Häuser des 18. Jh.s zeugen von dem einstigen Reichtum der Handelsstadt.

▶ RORSCHACH ERLEBEN

AUSKUNFT

Tourist-Information
Hafenbahnhof
CH-9401 Rorschach
Tel. (071) 841 70 34, Fax 841 70 36
www.tourist-rorschach.ch

ÜBERNACHTEN

▶ **Luxus**
Parkhotel Waldau
Rorschacher Berg
Seebleichstraße
Tel. (071) 855 01 80
Fax 8 55 10 02
www.hotel-waldau.ch
42 Z.
Das Waldau ist ein Spitzenhotel in Bestlage in einem Park über dem Jachthafen; dem Gast werden im Hotelrestaurant hervorragende internationale und regionale Gerichte geboten.

Die historische Badhütte von 1924 steht auf Pfählen.

St. Kolumban

Auffallend an der Kirche St. Kolumban und Konstantius weiter südlich ist die konvex gestaltete Fassade. Sie wurde von 1645 bis 1667
im Barockstil erbaut, das Langhaus in den Jahren 1782 bis 1786 erweitert. Die Deckenmalereien sind Arbeiten von Andreas Brugger.

Kloster
Mariaberg

Am Abhang über der Stadt steht das von 1484 bis 1519 erbaute große Kloster Mariaberg, in dem seit 1805 ein Lehrerseminar untergebracht ist. Sehr schön sind der spätgotische Kreuzgang (1519) mit fi-
ligranen Maßwerkfenstern und das Refektorium (heute Mensa). Ein
weiteres kunsthistorisches Kleinod ist der gotische ehemalige **Kapitelsaal** (heute Musiksaal), dessen Netzgewölbe mit vielszenigen Malereien verziert sind. Öffnungszeiten: während der Schulzeit; Führungen n. V., Tel. (071) 844 18 18.

Umgebung von Rorschach

Rossbüehel

Oberhalb von Mariaberg, vom St.-Anna-Schloss (568 m), gelangt
man zu Fuß in 1 Stunde auf den **Rossbüehel** (964 m), die höchste
Kuppe des Rorschacher Bergs. Hier kann man den **Fünfländerblick**
auf die Schweiz, Vorarlberg, Baden und Württemberg genießen.

Altenrhein

Das Fischerdorf Altenrhein breitet sich 5 km östlich von Rorschach
am Mündungsdelta des Alten Rheins aus. Eine Attraktion ist die

! *Baedeker* TIPP

Nostalgische Bahnfahrt

Etwas Besonderes ist die Fahrt mit der Rorschach-Heiden-Bergbahn (RHB), der Dampflokomotive Rosa, der einzigen Zahnradbahn am Bodensee, nach Heiden. Von dort kann man entweder mit dem Postauto oder zu Fuß in 2 ½ Std. entlang de Witzwanderweg nach Walzenhausen gelangen. Anschließend geht es mit der romantischen RHW-Bahn hinunter nach Rheine und von dort mit dem Schiff durch das Naturschutzgebiet Alte Rhein nach Rorschach (Kartenverkauf in den Bahnhöfen; Informationen: Tel. 071/891 18 82).

2001 eröffnete **Hundertwasser-Markthalle** im Industriegebiet, das letzte Gebäude des im Jahr zuvor verstorbenen Künstlers. In ihr hat Friedensreich Hundertwasser die Idee vom »Leben in Harmonie mit der freien Kreativität der Natur« umgesetzt. Das Gebäude wird als Markthalle und Veranstaltungssaal für Kunstausstellungen und Konzerte genutzt. Am Samstag wird hier zudem ein Bauernmarkt abgehalten. Öffnungszeiten: Apr.– Okt. tgl. 10.00 – 17.30, Nov. bis März Sa., So. 13.00 – 17.30; www.markthalle.altenrhein.ch.

Im Flugplatz St. Gallen-Altenrhein ist ein **Fliegermuseum** untergebracht, in dem flugtüchtige Luftfahrzeuge, Flugmotoren und Flugzeuge der Schweizer Luftwaffe zu sehen sind. Öffnungszeiten: März bis Okt. Sa., So. 13.30 – 17.30 Uhr; www.fliegermuseum.ch.

Heiden

Biedermeierdorf

Der traditionsreiche Kurort Heiden liegt 6 km südlich von Rorschach auf einer aussichtsreichen Sonnenterrasse eingebettet in die Hügellandschaft des Appenzeller Vorlands. Neben einem Mineralheilbad bietet Heiden Schroth- und Molkekuren an. Das »Biedermeierdorf« wurde nach einem Brand 1838 im klassizistischen Stil wieder aufgebaut und zeigt besonders am zentralen Kirchplatz ein **einzigartig geschlossenes Architekturensemble** jener Zeit. Der Begriff »Biedermeier« ist allerdings in der Architektur kaum gebräuchlich; die Bezeichnung »Biedermeierdorf« hängt vielmehr mit dem Wiederaufbau von Heiden in der Zeit des Biedermeier zusammen.

Historisches Museum / Naturhistorisches Museum

Im Postgebäude südlich des Kirchplatzes sind das Historische Museum und das Naturhistorische Museum untergebracht. Das Historische Museum zeigt Dokumente zu Heiden, wovon besonders die **Sammlung von Osterschriften** hervorzuheben ist. Außerdem sind Mobiliar, Uhren und Waffen zu sehen. Eine reichhaltige Sammlung von präparierten Vögeln, Wildtieren und Schmetterlingen ist im Naturhistorischen Museum ausgestellt, ferner eine völkerkundliche

Sammlung aus Borneo. Eine mineralogische Kollektion rundet die Ausstellung ab. Öffnungszeiten: Apr., Mai, Okt. Mi., Sa., So. 14.00 bis 16.00, Juni–Sept. Mi.–So. 14.00–16.00; Nov.–März So. 14.00–16.00 Uhr; www.museum.heiden.ch.

Das Henri-Dunant-Museum (Asylstr. 2) südwestlich des Kirchplatzes erinnert an Henri Dunant (1828–1910), den **Gründer des Roten Kreuzes**, der in Heiden von 1887 bis zu seinem Tod lebte. Hauptthemen sind Dunant und sein weltumspannendes Hilfswerk. Öffnungszeiten: Apr.–Okt. Di.–So. 10.00–12.00, 13.15–16.30 Uhr; Führungen: So. 10.30 Uhr; www.dunant-museum.ch.

Henri-Dunant-Museum

St. Margrethen und Umgebung

Zwischen Voralpen und altem Rhein, 12 km südöstlich von Rorschach, liegt St. Margrethen. Bekannt ist es als Einkaufsort – der Rheinpark ist das größte Einkaufszentrum der Ostschweiz – und als Badeort mit einem von einer schwefelhaltigen Quelle gespeisten **Mineralbad**.

Einkaufs- und Badeort

In einen Felsausläufer zwischen St. Margrethen und Au wurde 1940 ein **Artillerie-Kasemattenwerk** gebaut, nachdem Österreich vom Deutschen Reich annektiert worden war. Es sollte einen deutschen Angriff auf die Schweiz vom Raum Lindau aus verhindern. Bis 1992 wurde die Festungsanlage militärisch genutzt und dann in ein Museum umgewandelt. In der Anlage mit 1000 m langem Stollen sind Geschützstand, Unterkünfte, Notspital, Telefonzentrale und Waffensaal zu sehen. Außerdem gibt es eine Sammlung zum Sanitätsdienst. Da die Innentemperatur nur 12 °C beträgt, sollte man warme Kleidung mitnehmen. Öffnungszeiten: Apr.–Okt. Sa. 13.00–18.00 Uhr; www.festung.ch.

Festungsmuseum Heldsberg

✦✦ Singen

B/C 6

Höhe: 429 m ü. d. M   **Einwohnerzahl:** 44000

Singen, zu Füßen des markanten Vulkankegels Hohentwiel gelegen, ist Hauptort und Wirtschaftszentrum des Hegaus sowie eine wichtige Einkaufsstadt.

Bekannt ist die Stadt auf industriellem Sektor durch die heute zum Nestlé-Konzern gehörende Firma **Maggi**, die seit 1887 hier die gleichnamige Suppenwürze produziert, aber in den letzten Jahren Arbeitsplätze abgebaut hat. Singen, in der bis auf eine Kirche keine historische Bausubstanz erhalten ist, hat auch als Einkaufsstadt einen guten Ruf.

Gute Einkaufsstadt

▶ SINGEN ERLEBEN

AUSKUNFT

Tourist-Information
Marktpassage
August-Ruf-Str. 13
D-78224 Singen
Tel. (077 31) 85-262
Fax 85-2 63
www.singen.de

HOHENTWIELFESTIVAL

Alljährlich im Juli findet zwei Wochen lang in Singen das Hohentwielfestival statt. Im malerischen Ambiente vor der Kulisse der Burgruine Hohentwiel werden Konzerte von international bekannten Künstlern sowie Theater und Kleinkunst geboten.
▶Baedeker Special Guide

ESSEN

▶ **Fein & Teuer**
Flohrs Restaurant
Überlingen am Ried
Brunnenstr. 11
Tel. (077 31) 9 32 30
Geschl. So., Mo.
Überregional bekanntes, stilvoll eingerichtetes Gourmetrestaurant mit ungewöhnlicher Küche.

▶ **Erschwinglich**
Jägerhaus
Ekkehardstr. 86
Tel. (077 31) 6 50 97
Geschl. mittags., So.
Die Küche, die einen guten Ruf genießt bereitet als Spezialitäten Fisch und Wild zu.

ÜBERNACHTEN

▶ **Komfortabel**
Lamm
Alemannenstr. 42
Tel. (077 31) 40 20
Fax 40 22 00
www.hotellamm.com
78 Z.
Das ruhig gelegene moderne Hotel ist das erste Haus am Platz; Restaurant mit guter bürgerlicher Küche.

Relax-Hotel
Byk-Gulden-Str. 2
Tel. (077 31) 9 95 00
Fax 99 50 99
www.hotel-relax.de
24 Z.
Gepflegtes Business-Hotel mit zeitgemäßer Ausstattung.

Beim Hohentwielfestival ist die Burgruine eine stimmungsvolle Kulisse.

✶✶ St. Gallen

F 8

Staat: Schweiz
Einwohnerzahl: 72000

Höhe: 429 m ü. d. M.

St. Gallen, 15 km südwestlich vom Bodensee in einem schmalen Hochtal der Voralpen gelegen, ist als Hauptort des gleichnamigen Schweizer Kantons sowohl wirtschaftlicher Mittelpunkt als auch kulturelles Zentrum der Nordostschweiz.

Die seit dem ausgehenden 16. Jh. hier heimische Weberei und Stickerei entwickelte sich um 1830 zu einer bedeutenden exportorientierten Textilindustrie. Heute ist die Stadt vor allem bekannt durch die Benediktinerabtei.

Ehemalige Textilstadt

Um das Jahr 612 gründete hier der irische Wandermönch **Gallus** (► Berühmte Persönlichkeiten) eine Einsiedelei. Aus dieser entstand um 720 ein Kloster und bald darauf unter Abt Otmar die Benediktinerabtei, die vom 9. bis zum 11. Jh. eine Hochblüte erlebte, durch Schule und Bibliothek zum wichtigsten geistig-kulturellen Zentrum nördlich der Alpen wurde (► Baedeker Special S. 44/45). Die Äbte waren von 1206 bis zu der 1805 erfolgten Säkularisierung Reichsfürsten. Im 10. Jh. entwickelte sich St. Gallen aus einer um das Kloster entstandenen Handwerkersiedlung zur Stadt (seit 1212 Reichsstadt), verbündete sich 1454 mit den Eidgenossen und löste sich 1457 vom Kloster. Im 16. bis 18. Jh. brachten die **Leinenweberei und Spitzenproduktion** und später die Baumwollweberei beträchtlichen Wohlstand. 1803 wurde die Stadt Hauptort des Kantons St. Gallen.

Geschichte

Stadtbildprägend: die Kathedrale von St. Gallen

✶✶ Benediktinerabtei

Die Hauptsehenswürdigkeit von St. Gallen ist die ehemalige bedeutende Benediktinerabtei, die von der UNESCO in die Liste des Weltkulturerbes aufgenommen wurde. Die umfangreichen Klostergebäude dienen heute als Sitz des Bischofs (seit 1846), der Domgeistlichkeit und der Kantonsregierung.

▶ ST. GALLEN ERLEBEN

AUSKUNFT

St. Gallen-Bodensee Tourismus
Bahnhofplatz 1 a
CH-9001 St. Gallen
Tel. (071) 227 37 37
Fax 227 37 67
www.st.gallen-bodensee.ch

ESSEN

▶ Fein & Teuer

① *Am Gallusplatz*
Gallusstr. 24
Tel. (071) 223 33 30
Geschl. So., Mo.mittag
Im Klosterviertel gelegen; Küche mit
hohem Niveau, bekannt für Fisch-
variationen und Lamm; erstklassige
Desserts und reichhaltige, aber teure
Weinkarte.

▶ Erschwinglich

② *Peter und Paul*
Kirchlistr. 99

Tel. (071) 245 56 44
Geschl. Mo.
Auf einem Hügel hoch über der Stadt
gelegenes beliebtes Familienausflugs-
lokal mit Blick auf den Bodensee; der
Tierpark Peter und Paul liegt vor dem
Haus; traditionelle Gerichte, aber auch
hervorragende Fischspezialitäten und
eine umfangreiche Weinkarte gehören
zum Angebot.

ÜBERNACHTEN

▶ Komfortabel

① *Dom*
Webergasse 22
Tel. (071) 223 20 44
Fax 223 38 21
www.hoteldom.ch
31 Z.
Behagliches Hotel in der Altstadt.
Kunst schmückt die öffentlichen
Räume und die Zimmer. Das Haus
versteht sich als Hotelwerkstatt, in der
Menschen mit leichten Behinderun-
gen arbeiten. Das Hotel verfügt nicht
über ein Restaurant.

② *Einstein*
Berneggstr. 2
Tel. (071) 227 55 55
Fax 227 55 77
www.einstein.ch
113 Z.
Das kleine elegante Grand Hotel im
Klosterviertel ist in einer ehemaligen
Stickereifabrik untergebracht.

③ *Ekkehard*
Rorschacher Str. 50
Tel. (071) 22 04 44
Fax 22 04 74
www.ekkehard.ch
29 Z.
Das Ekkehard ist ein gutes Hotel der
mittleren Kategorie in der Nähe der
Altstadt.

★
Kathedrale

Die Klosteranlage wird beherrscht von der monumentalen ehemaligen Stiftskirche, jetzt Kathedrale, mit ihren 68 m hohen Doppeltürmen. Das spätbarocke dreischiffige Gotteshaus wurde von 1755 bis 1766 vornehmlich von **Peter Thumb und Johann Michael Beer** unter Mitwirkung von Giovanni Gaspare Bagnato erbaut. Die reichen Stuckarbeiten stammen von Christian Wenzinger, darunter die acht meisterlich gearbeiteten Stuckreliefs an den Durchgängen, die das Leben den hl. Gallus darstellen. Die Stuckarbeiten im Chor wurden dagegen von Johann Georg und Matthias Gigl ausgeführt. Joseph Wannenmacher malte die dunkelfarbigen Deckengemälde (1722 bis 1780). Das formenreiche Chorgestühl mit Reliefs aus dem Leben des heiligen Benedikt und die Beichtstühle, die die Buße zum Thema haben, schuf Joseph Anton Feuchtmayer. Beachten sollte man auch die Kanzel (1786) von Franz Anton Dirr. Öffnungszeiten: tgl. 10.00 bis 18.00 Uhr.

★ ★
Stiftsbibliothek

Vom inneren Klosterhof hat man Zugang zu der berühmten Stiftsbibliothek mit beachtenswerter Innenarchitektur und überaus reichhaltigen Beständen (150 000 Bände). Die Bibliothek ist in einem reizvollen **Barocksaal** (1758 – 1767) von Peter Thumb untergebracht; der Saal ist mit Stuckaturen der Brüder Gigl und Deckengemälden von Joseph Wannenmacher geschmückt. Sie besitzt Werke der einstigen Klosterschule, die sich vom 9. bis zum 11. Jh. zu einer der ersten Gelehrtenschulen Europas entwickelte. Vor allem Buchmalerei, Dichtkunst und die Übersetzung lateinischer Schriftsteller in das Alemannische fanden hier eine Pflegestätte. Besonders wertvoll sind die 2000 Handschriften, die größtenteils aus der sanktgallischen Blütezeit stammen. Dazu kommt eine Sammlung seltener Wiegen- und Frühdrucke (1635 Bände). Die wertvollsten Stücke werden abwechselnd ausgestellt.

★ ★
◄ Psalterium Aureum

Das kostbarste Buch der Bibliothek ist der Psalterium Aureum (um 860), ein karolingisches Meisterwerk, das vollständig mit Goldtinte geschrieben und mit herrlichen Illustrationen versehen ist. Zu den bedeutendsten Büchern gehören außerdem der **»Casus Monasterii Sancti Galli«** (um 1200), die Darstellung der Geschichte des Klosters; die **Handschrift B des Nibelungenliedes** (um 1250) und die **Abrogans-Handschrift** (um 790), das älteste deutsche Buch, ein lateinisch-althochdeutsches Synonymwörterbuch.

Von besonderem Interesse sind ferner ein auf der Insel Reichenau nach einem älteren Urbild gefertigter karolingischer **Klosterplan** (Kopie; 820), der auf vier aneinandergefügten Pergamentblättern eine nach den Regeln des heiligen Benedikt entworfene Klosteranlage zeigt, sowie in doppeltem Sarkophag aus Sykomorenholz eine weibliche Mumie aus Oberägypten (650 – 610 v. Chr.). Öffnungszeiten: Mo. – Sa. 10.00 – 17.00, So., Fei. 10.00 – 16.00 Uhr.

◄ Lapidarium

Das Lapidarium der Stiftbibliothek (Klosterhof 6 D) besitzt eine wertvolle Sammlung mittelalterlicher Bauplastik. Öffnungszeiten: Mo. – Sa. 10.00 – 17.00, So. 14.00 – 16.00 Uhr.

St. Gallen Orientierung

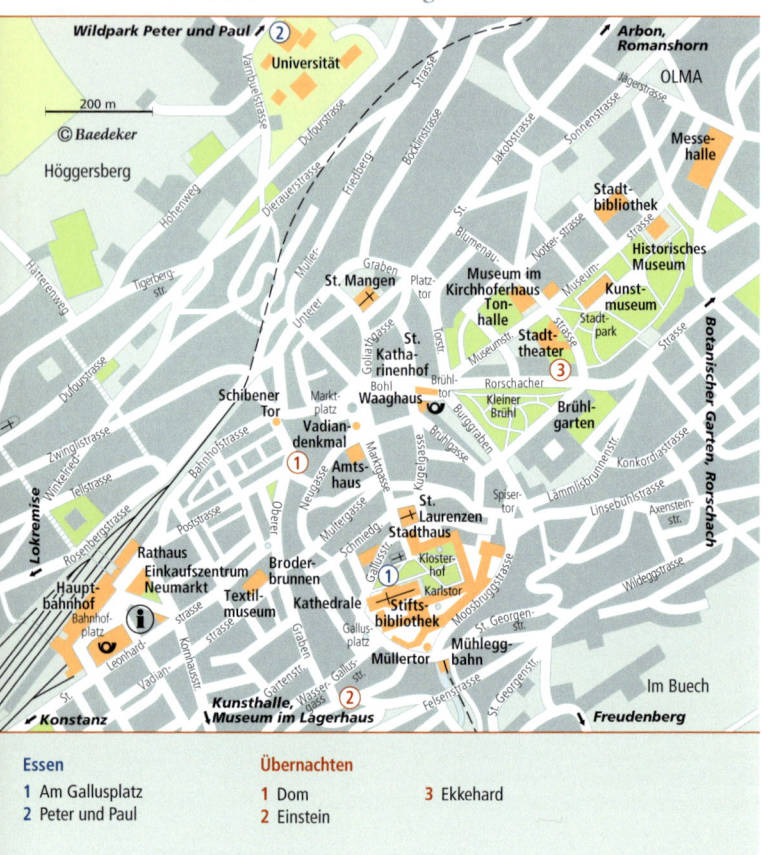

Essen
1 Am Gallusplatz
2 Peter und Paul

Übernachten
1 Dom
2 Einstein
3 Ekkehard

✷ Altstadt

Malerisch ist die Altstadt mit ihren erkerverzierten Bürgerhäusern des 17. und 18. Jh.s, wie sie am **Gallusplatz** und der **Gallusstrasse** zu sehen sind. Die Gassen verlaufen heute noch etwa so, wie sie nach dem großen Brand von 1418 angelegt wurden. Spisergasse, Multergasse, Marktgasse und Neugasse bilden heute die Einkaufszone und sind sozusagen das Herz der Stadt.

Textilmuseum   Im Textilmuseum (Vadianstrasse 2) unweit vom Gallusplatz werden vor allem **Stickereien und die berühmten St. Galler Spitzen** vom 15. bis 20. Jh. gezeigt, daneben ägyptische Grabfunde aus koptischer Zeit. Öffnungszeiten: tgl. 10.00–17.00 Uhr; www.textilmuseum.ch.

Die prachtvolle Innenausstattung der Stiftsbibliothek bildet den passenden Rahmen für die überaus kostbaren Bücher.

Stadtlounge

Das Bleicheli-Quartier südlich der Vadianstrasse wurde nach einem Entwurf des Architekten Carlos Martinez und der Künstlerin Pipilotti Rist zur Stadtlounge, die mit ihrem roten Belag wie ein großes Wohnzimmer wirkt.

Lokremise

Die Lokremise (Grünbergstr. 11), eine ehemaliges Lokomotiv-Ringdepot (1903 – 1911) ist eine ungewöhnlicher Ort für eine Kulturzentrum, in dem Theater, Film, Tanz und Kunst ein Forum haben. Öffnungszeiten: Mo. – Sa. 13.00 – 20.00, So. 11.00 – 18.00 Uhr.

Broderbrunnen

Der Broderbrunnen (1896) am Oberen Graben nahebei erinnert an die Inbetriebnahme der Bodenseewasserversorgung im Jahr 1894. Das Bodenseewasser wird von Rorschach in die Stadt geleitet.

Waaghaus

Die Marktgasse führt zum Marktplatz, an den sich der weite Bohl anschließt. Das Waaghaus (1584) hier diente vom Mittelalter bis zum 19. Jh. den Kaufleuten als Lagerhaus und zum Wägen ihrer Güter. Heute ist es Sitz des Großen Gemeinderates, zudem finden in dem Gebäude Ausstellungen und Konzerte statt. Das **Buswartehäuschen** entstand nach Plänen des zeitgenössischen spanischen **Architekten Santiago Calatrava**.

Katharinenkloster

Das ehemalige Katharinenkloster nördlich vom Bohl wurde 1228 gestiftet und rund 300 Jahre später aufgehoben. Beschaulich ist der **gotische Kreuzgang** (1504), in dem während des Sommers Konzerte stattfinden. In dem Kloster sind heute die Freihandbibliothek untergebracht sowie ein Ausstellungs- und Festsaal.

Die malerischen Altstadtgassen vermitteln ein heimeliges Flair.

Vom Bohl nordostwärts verläuft die Museumsstrasse. Hier befindet sich das **Museum im Kirchhoferhaus** (Nr. 27), in dem Höhlenfunde aus prähistorischer Zeit, Kunstgegenstände, ein Münzkabinett und eine Silbersammlung aus dem 16. bis 18. Jh. sowie Werke Ostschweizer Künstler ausgestellt sind. Zurzeit geschlossen.

In der Museumsstrasse folgen das Naturmuseum und das Kunstmuseum (Nr. 32). Das Naturmuseum präsentiert eine Mineralien- und Edelsteinschau sowie eine paläontologische Sammlung, außerdem ist die einheimische Fauna vertreten. Vor dem Kunstmuseum wurde 1989 die Eisenplastik Trunk von Richard Serra aufgestellt. Schwerpunkte des Kunstmuseums, dessen Sammlungen in wechselnden Präsentationen gezeigt werden, sind die niederländische Malerei des 17. Jh.s sowie die deutsche und französische Malerei des 19. Jh.s. Zu den wichtigsten Beständen gehören die Werkgruppen von Carl Spitzweg und Ferdinand Georg Waldmüller sowie die Gemälde von Böcklin und Feuerbach. Die

Natur- und Kunstmuseum

Malerei um 1900 kulminiert in den Meisterwerken von **Ferdinand Hodler**. Die Sammlung moderner Kunst umfasst herausragende Gemälde von Paul Klee, Pablo Picasso und Antoni Tàpies. Bedeutende Installationen von Jean Tinguely, Richard Serra, Donald Judd und Bruce Nauman vertreten die zeitgenössische Kunst. Öffnungszeiten beider Museen: Di. – So. 10.00 – 17.00, Mi. bis 20.00 Uhr; Internet: www.naturmuseumsg.ch, www.kunstmuseumsg.ch.

Historisches und Völkerkundemuseum

Die Reihe der Museen an der Museumsstrasse wird abgeschlossen durch das Historische Museum (Nr. 50). Es besitzt Sammlungen zu Ur- und Frühgeschichte, Stadtgeschichte sowie Völkerkunde. Die für St. Gallen bedeutende Textilindustrie ist ebenfalls dargestellt. Im **Glasgemäldekabinett** sind prachtvolle Zeugnisse der Altschweizer Glasmalerei zu bewundern. Die Appenzeller und Toggenburger Volkskunst ist mit typischen Objekten vertreten. Öffnungszeiten: Di. bis So. 10.00 – 17.00 Uhr; www.hmsg.ch.

In der Davidstrasse findet man zwei weitere Museen: die Kunsthalle (Nr. 40), wo **zeitgenössische Kunst** in Wechselausstellungen gezeigt wird (Öffnungszeiten: Di. – Fr. 12.00 – 18.00, Sa., So. 12.00 – 17.00 Uhr; www.k9000.ch), und das Museum im Lagerhaus (Nr. 44) für **naive Kunst und Art brut** (Öffnungszeiten: Di. – Fr. 14.00 – 17.00, Sa., So. 12.00 – 17.00 Uhr, www.museumimlagerhaus.ch). Im Lagerhaus sind zudem Ateliers und Institutionen untergebracht.

Neue Kunsthalle, Museum im Lagerhaus

Die Universität, die Hochschule für Wirtschafts- und Sozialwissenschaften, nördlich oberhalb vom Stadtzentrum, ist ein von Walter Förderer in den Jahren 1960 bis 1963 erstellter, architektonisch bemerkenswerter Baukomplex. In den Gebäuden sowie im Freien gibt es zahlreiche **Werke namhafter Künstler**: von Joan Miró, Alexander Calder, Alberto Giacometti, Antoni Tàpies, Georges Braque, Gerhard Richter und Hans Arp.

Universität

Etwa 3 km nordöstlich der Stadtmitte erstreckt sich im Stadtteil Neudorf der Botanische Garten (Stephanshornstrasse 4). Hier gedeihen Pflanzenarten aus allen Vegetationszonen der Erde. Herausragend ist die **Orchideensammlung** mit 1000 Wildarten. Neben einem **Tropenhaus und einem Alpinenhaus** gibt es geografisch geordnete Freilandabteilungen wie Alpinum Säntisgebiet und die Nutzpflanzenabteilungen. Öffnungszeiten: tgl. 8.00 – 17.00 Uhr; Führungen: 1. So. im Monat 10.15, 15.15 Uhr; www.botanischergarten.stadt.sg.ch.

Botanischer Garten

Das **erste Bierflaschen Museum der Schweiz** ist in der Brauerei Schützengarten (St. Jakobstrasse 37) eingerichtet. Die nach Orten gegliederte Sammlung gibt Einblick in die Schweizer Brauereigeschichte. Öffnungszeiten: Mo. – Fr. 8.00 – 18.30, Sa. 8.00 – 17.00 Uhr.

Bierflaschen Museum

Umgebung von St. Gallen

Der 4 km nordöstlich gelegene, in die reizvolle voralpine Landschaft eingebettete Wildpark Peter und Paul (789 m) wurde 1892 gegründet, um dem vom Aussterben bedrohten **einheimischen Wild** einen Lebensraum zu schaffen. Überregionale Bedeutung erhielt der Wildpark durch die Aufzucht des Alpensteinbocks (Capra ibex L.). Heute leben hier außerdem Wildschweine, Luchse, Wildkatzen, Hirsche, Gämsen, Murmeltiere und andere Alpentiere. Eine besondere Attraktion des Parks sind die künstlichen Kletterfelsen, die der Bildhauer Urs Eggenschwyler zwischen 1902 und 1912 gestaltete. Ganzjährig duchgehend geöffnet; www.wildpark-peterundpaul.ch.

Wildpark Peter und Paul

Das Dorf Teufen (837 m), rund 7 km südöstlich, gilt mit seinem schönen Ortsbild als bevorzugter Wohnort der Gegend. Sehenswert sind die 1778 von der Teufener Baumeisterfamilie Grubenmann erbaute Kirche am schönen Dorfplatz sowie das **Grubenmann-Museum** mit einer Sammlung von Modellen, Werkzeugen und Bildern von

Teufen

🕐 Hans Ulrich Grubenmann. Öffnungszeiten: Mo., Mi., Sa. 14.00 bis 16.00, 1. So. im Monat 10.00 – 12.00 Uhr.

Freudenberg Ca. 3 km südlich erhebt sich der Freudenberg (887 m), von wo man einen schönen Blick auf die Stadt, den Bodensee und den Säntis hat.

Säntispark In Abtwil (6 km südwestlich) kann man sich im Säntispark, einem Freizeitpark und Einkaufszentrum, vergnügen. Der Park umfasst Badelandschaft – einmalig ist der 110 m lange Wildwasserkanal –, Saunadorf, Spielpark, Fitnesscenter und Geschäfte. www.saentispark.ch.

Gossau Der 5 km westlich gelegene Ort Gossau ist Zentrum der landwirtschaftlichen Produktion des Kantons St. Gallen (Butterei, Käserei, Mühlen). Einen Besuch verdient das **Motorradmuseum Hilti** (Kirchstrasse 43), in dem Raritäten der Schweizer Produktion ausgestellt
🕐 sind. Öffnungszeiten: n. V., Tel. (0 71) 3 85 42 90.
Im **Abenteuerland Walter Zoo** werden viele Tierarten in Freigehegen gehalten. Kinder können im Streichelzoo Tiere kennenlernen oder auf einem Kamel oder Pony reiten. Eine weitere Attraktion ist das
🕐 Urwald-Tropenhaus. Öffnungszeiten: März – Okt. 9.00 – 18.30; Nov. bis Feb. 9.00 – 17.30 Uhr; www.walterzoo.ch.

★
Appenzeller Von besonderem Interesse ist die Appenzeller Schaukäserei in Stein **Schaukäserei** (8 km südlich). Hier kann man von einer Besuchergalerie aus die Arbeitsschritte der traditionellen Käseherstellung mitverfolgen. Wer daraufhin Appetit bekommen hat, kann in den Gaststuben verschiedene Käsespezialitäten probieren. Im Käse Shop gibt es den Käse auch
🕐 zu kaufen. Öffnungszeiten: Apr. – Okt. tgl. 8.30 – 18.30, Nov. bis März 8.30 – 17.30 Uhr; www.showcheese.ch.

✳ Säntis

Der Säntis (30 km südlich von St. Gallen) ist mit 2502 Metern die höchste Erhebung des von drei Bergketten zwischen Rheintal, Toggenburg und Appenzeller Vorland gebildeten Alpsteinmassivs. Wegen der großartigen Aussicht vom Gipfel ist der Säntis ein bevorzugtes Ausflugsziel. Ausgangspunkt für den Besuch des Säntis ist die **Schwägalp** (1360 m), die man von Urnäsch oder Nesslau auf gut ausgebauter Straße erreicht. Von hier kann der Wanderer auf einem Netz von Wanderwegen die Gegend erkunden. Im NaturErlebnispark Schwägalp/Säntis gibt es Lehr- und Themenwege; auch geführte Exkursionen stehen auf dem Programm (Internet: www.naturerleb nispark.ch).

! *Baedeker* TIPP

Vollmondfahrt
Bei Vollmond kann man eine romantische Abendfahrt auf den Säntis unternehmen. Im Panoramarestaurant erwartet die Teilnehmer ein Büfett und musikalische Unterhaltung (Reservierung erforderlich, Tel. 071/277 95 55).

Bei klarem Wetter hat man vom See einen grandiosen Blick auf den Säntis.

In unmittelbarer Nähe der Parkplätze erfährt man in der **Alpschaukäserei** Wissenswertes über die Herstellung von Alpkäse. Auf der Schwägalp befindet sich die Talstation einer Schwebebahn, die über nur zwei Stützen in sieben Minuten die 2307 m lange Strecke hinauf zum Säntis fährt. Die Betriebszeiten variieren je nach Jahreszeit zwischen 7.30 und 18.30 Uhr; Informationen: Tel. (0 71) 365 65 65; www.saentisbahn.de.
Die Wanderung auf den Säntis erfordert ab der Schwägalp 3½ Stunden, ab Wasserauen 5 Stunden.

Säntisgipfel

Vom Gipfel des Säntis (2502 m) bietet sich eine **überwältigende Rundsicht**, die über die Vorarlberger, Bündner, Glarner und Urner Alpen sowie über den Bodensee hinaus bis weit ins schwäbische Land reicht, bei klarem Wetter im Winter sogar bis zu den Vogesen, zum Jura und zum Ulmer Münster. Auch vom Panoramarestaurant hat man eine herrliche Aussicht. Auf dem Säntisgipfel werden Wechselausstellungen zur Bergwelt gezeigt.

Steckborn

Staat: Schweiz
Einwohnerzahl: 4200

Höhe: 404 m ü. d. M.

Steckborn, dessen Ortsbild von malerischen Fachwerkhäusern bestimmt ist, erstreckt sich auf einer Halbinsel des Untersees.

Fachwerkort
Der Ort entstand aus einer Fischersiedlung, der 1313 durch Kaiser Heinrich VII. das Stadt- und Marktrecht verliehen wurde. Bekannt wurde Steckborn im 18. Jh. durch seine Hafner, die schön bemalte Fayenceöfen herstellten. Drei der einst sechs Türme der Stadtmauer haben sich erhalten.

Sehenswertes in Steckborn

Museum im Turmhof
Das markanteste Gebäude am Seeufer ist der um 1320 von dem Reichenauer Abt Diethelm von Castell erbaute mächtige Turmhof, dessen Ecktürmchen und Kuppelhaube aus dem 17. Jh. stammen. Das hier untergebrachte **stadtgeschichtliche Museum** präsentiert neben einer prähistorischen Sammlung schöne Beispiele für die bekannten Steckborner Fayenceöfen. Das Gebäude wird zurzeit zum Kulturzentrum ausgebaut. Öffnungszeiten: Mitte Mai – Mitte Okt. Mi., Do., Sa., So. 15.00 – 17.00 Uhr; www.turmhof.ch.

Rathaus
Südwestlich vom Turmhof, an der Schiffslände, sieht man das Rathaus, ein schöner Riegelbau von 1667 mit einem achteckigen Turm. Besonders reich ausgestattet ist der **Ratssaal** mit Kassettendecke und einem Steckborner Fayenceofen.

Stadtkirche
Die evangelische Stadtkirche (1766 – 1768) ist ein schlichter Barockbau von **Franz Anton Bagnato**. Das Innere ist mit feinen Stuckarbeiten geschmückt. Vom Kirchturm hat man einen weiten Ausblick.

▶ STECKBORN ERLEBEN

AUSKUNFT

Steckborntourismus
Seestrasse 110
CH-8266 Steckborn
Tel. (052) 770 20 67
Fax 770 20 68
www.steckborntourismus.ch

ÜBERNACHTEN

▶ **Komfortabel**
See &Park Hotel Feldbach
Seestrasse
Tel. (052) 762 21 21, Fax 761 27 30
www.hotel-feldbach.ch
Das ruhige Hotel liegt direkt am Untersee und ist in einem ehemaligen Kloster mit Garten untergebracht.

In hübscher Lage am Untersee präsentiert sich das Städtchen Steckborn.

Sehenswert ist das Nähmaschinenmuseum in der Nähmaschinenfabrik Bernina am südwestlichen Ortsende. Ausgestellt sind Textilmaschinen (geöffnet tgl. während der Geschäftszeiten). **Nähmaschinenmuseum**

Umgebung von Steckborn

Unweit östlich von Steckborn erstreckt sich an der breitesten Stelle des Untersees (6 km) der ruhige Erholungsort Berlingen. An Sehenswürdigkeiten hat der Ort das Rathaus von 1780 und den Reichenauer Kehlhof von 1686 zu bieten. Berlingen ist die Heimat des Malers Adolf Dietrich (1877–1957), der die Bodenseelandschaft in vielen Bildern festgehalten hat. Zur Erinnerung an ihn wurde das **Adolf-Dietrich-Museum** (Seestr. 26) eingerichtet. Öffnungszeiten: Mai bis Sept. Sa., So. 14.00–18.00 Uhr; www.adolf-dietrich.ch. **Berlingen**

Der Baumeister des klassizistischen Schlosses Glarisegg (1772 bis 1774), 2 km westlich gelegen, ist **Franz Anton Bagnato**. Hier ist heute eine Internatsschule untergebracht, so dass die Innenräume nicht zu besichtigen sind. **Schloss Glarisegg**

Der Erholungs- und Ferienort Mammern, auch als Kneippbad berühmt, liegt in parkartiger Landschaft am Untersee, 6 km östlich von Steckborn. In dem ehemaligen **Schloss** (17./18. Jh.) ist heute ein Sanatorium eingerichtet. In der barocken Schlosskapelle, die 1749 von Johann Michael Beer erbaut wurde, sind vor allem die illusionistischen Ausmalungen von Franz Ludwig Herrmann bemerkenswert (nur n. V. im Sanatorium zu besichtigen). In herrlicher Lage hoch über dem Untersee steht die **Wallfahrtskirche Klingenzell**, eine Stiftung der Herren von Hohenklingen im 14. Jh., die 1704 im barocken Stil neu gebaut wurde. Das Wallfahrtsziel war jahrhundertelang das Gnadenbild im rechten Seitenaltar. **Mammern**

★★ Stein am Rhein

C 6/7

Staat: Schweiz
Einwohnerzahl: 3200

Höhe: 405 m ü. d. M.

Das städtebauliche Kleinod Stein am Rhein breitet sich am Ende vom Untersee aus, wo der Rhein den Bodensee verlässt. Mit seinen Stadttoren, erker- und freskengeschmückten, spitzgiebeligen bemalten Häusern und stattlichen Fachwerkbauten gilt es neben Murten als die am besten erhaltene mittelalterliche Kleinstadt der Schweiz.

Fachwerkjuwel Diese Lage am Übergang vom See in den Rhein war entscheidend für die Geschichte des Ortes, der aus einem römischen Kastell entstanden ist: hier mussten Waren von großen in kleine Schiffe verladen werden. Einen bedeutenden Entwicklungsschub erbrachte die Ansiedlung des Klosters St. Georgen im Jahr 1007.

 ## STEIN AM RHEIN ERLEBEN

AUSKUNFT

Tourismus Stein am Rhein
Oberstadt 3
CH-8260 Stein am Rhein
Tel. (052) 742 20 90
Fax (052) 742 20 91
www.steinamrhein.ch

ESSEN

▶ **Erschwinglich**

Adler
Rathausplatz 2
Tel. (052) 742 61 61
Das Hotel mit bemalter Fassade in zentraler Lage bietet ein Restaurant, das unten in rustikalem und oben in elegantem Stil gehalten ist sowie feine Meerestiere und Bodenseefische serviert.

Sonne
Rathausplatz 13
Tel. (052) 7 41 21 28
Geschl.: Di., Mi.
Eines der schönsten und ältesten

Häuser der Altstadt, das schon im Mittelalter Gasthaus war; hervorragende französische Küche.

Zur Rheingerbe
Schiffslände
Tel. (052) 741 29 91
Historisches Haus mit Straßencafé; neuzeitliche Küche mit Fischspezialitäten; gute Weinauswahl; gehobene Preise.

ÜBERNACHTEN

▶ **Komfortabel**

Rheinfels
Rhigass 8
Tel. (052) 741 21 44
Fax 741 25 22
www.rheinfels.ch
23 Z.
Das Hotel ist in einem großen historischen Gebäude untergebracht und sehr hübsch direkt am Rhein gelegen. Auf der Terrasse kann man bei gutem Wetter regionale Gerichte genießen.

Sehenswertes in Stein am Rhein

Der überaus malerische brunnengezierte Rathausplatz, das historische Herz und der belebte Mittelpunkt der Stadt, wird vom Rathaus
(1539–1542) beherrscht, dessen drei Historienbilder im Jahr 1900
gemalt wurden. Alle übrigen Häuser an diesem Platz sind bis ins
15. Jh. nachweisbar, ihr heutiges Aussehen erhielten sie vom 16. bis
zum 20. Jahrhundert. Das **Haus »Zum Weissen Adler«** gegenüber
vom Rathaus besitzt die älteste und wertvollste Fassadenmalerei der
Schweiz, die im Stil der Frührenaissance um 1530 entstanden ist. Sie
stellt die Tugenden und Szenen aus Boccaccios »Decamerone« dar.

**✱
Rathausplatz**

Die ehemalige **Klosterkirche** St. Georgen südöstlich vom Rathaus ist
eine romanische Säulenbasilika ohne Querschiff aus der Zeit um
1060. Bemerkenswert sind im Innern die Wandmalerereien im gotischen Stil im Chor und in der Liebfrauenkapelle. Das angrenzende

**✱
Benediktiner-
kloster
St. Georgen**

Rathausplatz: historisches Herz und beliebter Treffpunkt von Stein am Rhein

ehemalige Benediktinerkloster geht auf eine Gründung König Heinrichs II. und seiner Gemahlin Kunigunde um 1007 zurück, 1524 wurde es aufgehoben. Die heutigen Baulichkeiten stammen aus dem 14. bis 16. Jahrhundert. Das Kloster mit Zellen, Abtsräumen und Kreuzgang ist heute als Museum St. Georgen zugänglich. Eine kunsthistorische Kostbarkeit ist der **Festsaal**, der mit Grisaillewandmalereien (1515/1516) zu römischen Geschichtsthemen von Thomas Schmid und Ambrosius Holbein im Renaissancestil ausgeschmückt ist. Öffnungszeiten: Apr. – Okt. Di. – So. 10.00 – 17.00 Uhr.

Museum Lindwurm

An der vom Rathausplatz nach Nordwesten führenden Unterstadt (Nr. 18) befindet sich in einem Empiregebäude das Museum Lindwurm, das einen lebendigen Eindruck von der Lebensweise der bürgerlichen Oberschicht im 19. Jh. vermittelt. Zu sehen ist eine vollständig eingerichtete bürgerliche Wohnung. Durch den Hof gelangt man zum Hinterhaus, einem Fachwerkbau (1712) mit Stallung, Tenne und Wagenremise. Außerdem ist das Atelier von **Hermann Knecht** (1893 – 1978) zu besichtigen, einem in Stein am Rhein geborenen Maler im Stil des Spätimpressionismus, der vor allem Landschaftsbilder seiner Heimat schuf. Öffnungszeiten: März – Okt. tgl. 10.00 bis 17.00 Uhr; www.museum-lindwurm.ch.

Tasgaetium

Auf dem Burghügel im Stadtteil Burg wurden die Reste des römischen Rheinkastells Tasgaetium (294 n. Chr.) freigelegt. Innerhalb des Kastells steht die Kirche St. Johann, die mit außergewöhnlichen Chorfresken aus der Zeit um 1400 geschmückt ist.

Umgebung von Stein am Rhein

Wagenhausen

Vom ehemaligen Benediktinerkloster in Wagenhausen, ebenfalls am südlichen Rheinufer gelegen, ist die dreischiffige romanische Pfeilerbasilika (1083 – 1087), die »mittelalterlichste unter den Mönchkirchen am See«, erhalten. Die Glocke wurde 1291 gegossen. Die Konventsgebäude stammen aus dem 12. Jahrhundert. Im Kreuzgang steht ein originaler Pestsarg.

Burg Hohenklingen

Nördlich über der Stadt thront auf dem bewaldeten Klingenberg (192 m) die gut erhaltene Burg Hohenklingen (12. Jh.), die einst **Sitz des Minnesängers Walther von Klingen** (um 1215 – 1286) war. Vom Turm bietet sich ein bemerkenswerter Ausblick auf den Rhein und Stein am Rhein. Heute ist hier ein **Restaurant** untergebracht.

Stammheimertal

Südwestlich von Stein am Rhein erstreckt sich jenseits des Stammerberges das reizvolle Stammheimertal. Zwischen waldbestandenen Hügeln eingebettet liegen idyllische Seen (Nußbaumersee, Hüttwilersee, Hasensee) und schmucke Dörfer mit typischen Riegelbauten. Der **Gasthof zum Hirschen** (1684) in Oberstammheim gehört zu den bemerkenswertesten Fachwerkhäusern der Ostschweiz.

Stockach

D 5

Höhe: 491 m ü. d. M.   **Einwohnerzahl:** 16800

Stockach, das »Tor zum Bodensee«, breitet sich inmitten von Wiesen und Wäldern zwischen dem Überlinger See und der Landschaft des Hegau aus.

Die Stadt war einst Kreuzungspunkt der Thurn- und Taxisschen Postrouten. Im Lauf einer leidvollen, von Kriegen geprägten Geschichte wurde Stockach mehrfach zerstört und geplündert, so dass kaum ältere Baudenkmäler erhalten sind.

Viele Kriegszerstörungen

Sehenswertes in Stockach

Als **Wahrzeichen der Stadt** prägt der Turm mit der charakteristischen Zwiebelkuppel der von 1708 bis 1728 erbauten und 1932 abgerissenen Barockkirche das Stadtbild. Er wurde 1933 in den Neubau der mächtigen Kirche St. Oswald miteinbezogen.

St. Oswald

Am Bürgerhaus Adler Post nahe der Kirche kreuzten sich einst die Reiter- und Postlinien. Im Gasthaus hier konnten die Reisenden einst übernachten. Das Gebäude ist heute ein Kulturzentrum.

Adler Post

 STOCKACH ERLEBEN

AUSKUNFT

Tourist-Info
Salmannsweilerstr. 1
D-78333 Stockach
Tel. (077 71) 802-300
Fax 802-311
www.stockach.de

STOCKACHER NARRENGERICHT

In Stockach findet alljährlich am »Schmotzigen Dunschtig« (Fastnachts-Donnerstag) das »Hohe Grobgünstige Narrengericht zu Stocken« statt, bei dem eine politische Persönlichkeit »angeklagt« wird. Dieser Brauch geht auf eine Zusage zurück, die Erzherzog Leopold von Österreich 1315 nach der Schlacht bei Morgarten seinem aus Stockach stammenden Hofnarren Hans Kuony aus Dankbarkeit für einen guten Rat gemacht hat. Das Privileg zum Narrengericht wurde dann vom Bruder Leopolds, Herzog Albrecht dem Weisen, 1351 erteilt.

ÜBERNACHTEN

▶ **Komfortabel**
Zum Goldenen Ochsen (Ringhotel)
Zoznegger Str. 2
Tel. (077 71) 91 84-0
Fax 918 41 84
www.ochsen.de, 38 Z.
Gepflegtes Haus; die Zimmer sind mit Stilmöbeln eingerichtet; Weingewölbestube und Terrasse im Garten; überwiegend regionale Küche.

Stockach: das Tor zum Bodensee

Stadtmuseum Das Stadtmuseum (Salmansweilerstr. 1), das im Alten Forstamt (1706) untergebracht ist, beleuchtet in Themengruppen die Stadtgeschichte. Außerdem werden die berühmten **Narrengerichtsverhandlungen** anhand von Videos und Bildern zu neuem Leben erweckt.
🕐 Öffnungszeiten: Di. 9.00 – 17.00, Do. 9.00 – 12.00, 14.00 – 19.00, Fr. 14.00 – 17.00, Sa. 9.00 – 13.00 Uhr.

Quellerlebnis-wege Quellerlebniswege erschließen die zahllosen schönen Quellen der Stockacher Aach. Die zwei Themenwege, die eine Länge von 2 und 5 km haben, führen durch Eschenwald, Feuchtwiesen und Weiden, begleitet von sprudelnden Quellbächen.

Umgebung von Stockach

Nellenburg Auf einem 45-minütigen Spaziergang erreicht man die westlich der Stadt gelegene Ruine Nellenburg (560 m). Die Nellenburg, nach der sich ein Grafengeschlecht nannte, geht mindestens auf das 10. Jh. zurück und wurde in den Jahren 1782/1783 zerstört.

✶ Überlingen

D/E 6

Höhe: 404-700 m ü. d. M   **Einwohnerzahl:** 21000

Überlingen, Hauptort und kultureller Mittelpunkt im Linzgau, zeichnet sich durch seine Lage am Überlinger See aus. Es hat mit seiner schönen Uferpromenade – der längsten am Bodensee, wo viele Restaurants und Cafés zum Verweilen einladen und die Ausflugsschiffe an- und ablegen –, ein klein wenig mediterranes Flair.

▶ ÜBERLINGEN ERLEBEN

AUSKUNFT

Kur- und Touristik GmbH
In der Greth
Landungsplatz 5
D-88662 Überlingen
Tel. (075 51) 947 15-22
Fax 947 15- 35
www.ueberlingen.de

TRADITIONELLE FESTE

Überlingen gedenkt alljährlich zwei-
mal im Frühling und Frühsommer
mit »Schwedenprozessionen« der
Belagerung der Stadt durch die
Schweden während des Dreißigjährigen Krieges. Anschließend an den
Umzug im Sommer wird der historische Schwertlestanz aufgeführt.

Traditionelle Schwedenprozession

ESSEN

▶ Erschwinglich

① *Naturata*

Rengolgshauser Str. 21
Tel. (075 51) 94 16 13
Anthroposophisches Restaurant in
einem imposanten, architektonisch

interessanten Holzgebäude von 1992,
wo man kreative Küche mit vollwer-
tigen frischen, kontrolliert biologi-
schen Produkten erhält, vorwiegend
vegetarisch, aber auch Fleisch und
Bodenseefisch; angeschlossen ist ein
Naturkostladen.

② *Schäpfle*

Jakob-Kessenring-Str. 12 – 14
Tel. (075 51) 6 34 94
In Seenähe gelegenes gemütliches
Lokal mit Außenbewirtschaftung; gut
bürgerliche Küche mit frischen
Fischen und Wild aus eigener Jagd.

③ *Spitalkeller*

Steinhausgasse 1
Tel. (075 51) 660 20
Gemütliches originelles Weinkellerlo-
kal in einem Fachwerkhaus in der
Altstadt mit romantischem Innenhof;
badisch-alemannische Spezialitäten;
zahlreiche Weinsorten.

ÜBERNACHTEN

▶ Komfortabel

① *Johanniter-Kreuz*

Andelshofen
Johanniterweg 11
Tel. (075 51) 610 91
Fax 6 73 36
www.romantikhotel.com
25 Z.
Das Romantikhotel besitzt ein
einzigartiges Ambiente in einem 300
Jahre alten Landhaus; große helle
Zimmer; behagliches Restaurant mit
Kamin und Wintergarten; deftige
Gerichte aus regionaltypischen
Produkten.

② *St. Leonhard*

Obere St-Leonhard-Str. 71
Tel. (075 51) 80 81 00
Fax 80 85 31

www.parkhotel-sankt-leonhard.de
145 Z.
Das Parkhotel in ruhiger Lage besteht aus einem türmchenbewehrten Fachwerkhaus und einem modernen Trakt; fantastischer Panoramablick auf den See; schöne Terrasse; internationale Küche und regionale Spezialitäten.

③ Bad-Hotel mit Villa Seeburg
Christophstr. 2
Tel. (075 51) 83 70
Fax 83 71 00
www.bad-hotel-ueberlingen.de
64 Z.
Gepflegtes Hotel in schöner Lage am Badgarten in einem historischen Gebäude von 1896; Küche mit regionalen Spezialitäten und Bodenseefischen.

④ Rosengarten
Bahnhofstr. 12
Tel. (075 51) 928 20
Fax 92 82 39
www.haus-rosengarten.com
15 Z.
Jugendstilhotel in idyllischer Lage unter Bäumen am Stadtgarten; gemütliche Zimmer und Gartenterrasse.

⑤ Sonnenbühl
Andelshofen
Zum Brandbühl 19
Tel. (075 51) 830 00
Fax 83 00-80, 20 Z.
Umweltorientiertes Hotel mit familiärer Note, mitten im Grünen und trotzdem stadtnah gelegen; Liegewiese und Terrasse.

Ehemalige Reichsstadt
Überlingen, das 770 erstmals urkundlich erwähnt wurde, hat sich aus der reichsstädtischen Zeit (13. Jh. – 1802), die durch den Handel mit Salz, Getreide und Wein Ansehen und Wohlstand brachte, stattliche Reste der einstigen Befestigung mit Wällen, Wehrtürmen und Stadtgräben sowie zahlreiche historische Bauwerke bewahrt. Seit 1954 wird alljährlich der Bodensee-Literaturpreis der Stadt Überlingen verliehen. Eine der **schwersten Katastrophen der europäischen Luftfahrt** ereignete sich 2002 in der Nähe von Überlingen bei dem Zusammenstoß einer russischen Passagiermaschine der Baskirian Airlines mit einer deutschen Frachtmaschine des Paketdienstes DHL, wobei 71 Passagiere, vor allem Kinder und Jugendliche, umkamen.

Sehenswertes in Überlingen

Landungsplatz
Touristisches Herz von Überlingen ist der Landungsplatz, wo die Schiffe der Weißen Flotte anlegen und die schöne Promenade, die von zahlreichen Restaurants und Café gesäumt wird, beginnt. Ins Auge fällt sofort der **Brunnen »Bodenseereiter«** (1999) von dem Bildhauer Peter Lenk, der sich bei der Gestaltung von dem Gedicht »Der Reiter und der Bodensee« inspirieren ließ. Der Reiter mit Schlittschuhen trägt unverkennbar die Züge des am Bodensee lebenden Schriftstellers Martin Walser, der darüber keineswegs erfreut war. Nach den Worten Lenks reitet der Schriftsteller »auf dem zugefrorenen See der Geschichte«. Die **Greth** am Landungsplatz, einst Handels- und Kornhaus, wurde 1788 von Franz Anton Bagnato im

Landungsplatz: das touristische Zentrum von Überlingen

klassizistischen Stil umgebaut. Heute befinden sich hier die Tourist-Information, eine Markthalle sowie Restaurants und Geschäfte.
In der **Städtischen Galerie** finden Wechselausstellungen zu regionaler und internationaler Kunst vom Mittelalter bis in die Gegenwart statt. Öffnungszeiten: Di. – So., Fei. 10.00 – 13.00, 14.00 – 18.00 Uhr. ⏱

In dem spätgotischen Zeughaus (Zeughausgasse 2) an der Seepromenade ist ein privates Waffenmuseum eingerichtet. Dargestellt wird die Entwicklungsgeschichte der Handfeuerwaffen seit dem 15. Jh. und des Schützenwesens seit dem 16. Jahrhundert. Öffnungszeiten: Mai – Sept. Mo. – Fr. 10.00 – 12.00 Uhr.   **Zeughaus/ Waffenmuseum** ⏱

Entlang der westlichen Seepromenade erstreckt sich der hübsche Badgarten. Hier findet man den Dammturm, den Kursaal, wo Konzerte und Kunstausstellungen stattfinden, sowie die Kuranlagen mit dem Haus des Gastes. Der vom Gallerturm (16. Jh.) überragte, 1875 angelegte Stadtgarten nördlich am Hang lockt mit reicher Vegetation, einem Rosengarten, einer Kakteenfreianlage und einem Rehgehege.   **Badgarten, Stadtgarten**

Überlingen Orientierung

Übernachten

① Johanniter-kreuz
② St. Leonhard
③ Bad-Hotel
④ Rosengarten
⑤ Sonnenbühl

Essen

① Naturata
② Schäpfle
③ Spitalkeller

✳ **Bodensee-Therme**

Eine neue Attraktion von Überlingen ist die 2003 eröffnete Bodensee-Therme am Ende der Promenade. Der architektonisch ausgezeichnete Bau mit drei markanten Glaskuben zeichnet sich durch eine **Traumlage direkt am See** aus. So hat der Badegast einen schönen Ausblick auf See und Berge und dazu noch einen direkten Zugang zum See. Im Wellnessbereich ist Entspannung pur angesagt. Öffnungszeiten: tgl. 10.00–22.00, Fr., Sa. bis 23.00 Uhr; Internet: www.bodensee-therme.de.

Rathaus

Die Hofstatt nördlich vom Landungsplatz ist der zentrale Platz der hübschen mittelalterlichen Altstadt. Hier wird Mittwoch- und Samstagvormittag ein Markt abgehalten. In zwei aneinanderstoßenden Gebäuden (14./15. Jh.) an der Hofstatt befindet sich das Rathaus (Eingang vom Münsterplatz).

✳ **Ratssaal ▶**

Im neueren, in Rustikabauweise errichteten Teil (rechts) mit dem quaderverblendeten Pfennigturm sollte man sich den berühmten Ratssaal (1492–1494) ansehen. Der Saal ist mit **prachtvollen Holzschnitzereien** ausgestattet; die 41 Statuetten, die 40 cm hoch sind,

Hofstatt: der zentrale Platz der mittelalterlichen Altstadt

stellen die ständische Gliederung des Deutschen Reichs dar. Er wird heute noch als Sitzungssaal genutzt. Besichtigung nur mit Führung Mai – Sept. Mo. – Do. 11.00, 14.00, Fr. 11.00; Okt. – Apr. Mi. 11.00, Di., Do. 14.00 Uhr.

Das gotische Münster St. Nikolaus neben dem Rathaus ist das **Wahrzeichen von Überlingen**. Es wurde im 14. Jh. als querschifflose Pfeilerbasilika begonnen, 1429 zur fünfschiffigen Hallenkirche erweitert, von 1512 bis 1563 zur Basilika umgebaut und 1586 vollendet. Der südliche kleinere der beiden Türme, der seit 1444 unverändert blieb, trägt die 8850 kg schwere Osannaglocke. Der nördliche höhere Turm (78 m) verfügt über sieben Glocken. Das fünfschiffige Langhaus ist mit Seitenkapellen mit Altären ausgestattet, die von Überlinger Bürgerfamilien gestiftet wurden.

★
Münster

Ein Meisterwerk des Manierismus ist der viergeschossige, aus Holz geschnitzte Hochaltar (1613 – 1616) von **Jörg Zürn und seinen Brüdern**; er besteht aus einer Fülle figürlicher und ornamentaler Schnitzerei. Der Altar zeigt folgende Darstellungen: im unteren Teil die Verkündigung an Maria, im Hauptfeld die ausdrucksvolle Anbetung

◄ Schnitzaltar
(►Abb. S. 40, 48)

Überlingen: Münster Orientierung

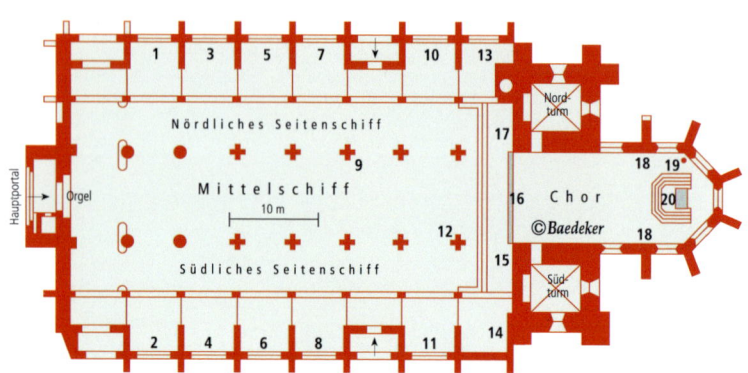

1 Cajetanaltar (1723)
2 Heiligkreuzaltar (1592)
3 St.-Anna-Altar (1697)
4 Bernhardusaltar (1650;
   Mittelschrein 1913)
5 Caritasaltar (1937)
6 St.-Elisabeth-Altar
   (Fresko 1490)
7 Altar der Hl. Familie (1883)

8 Marienaltar (J. Zürn, 1607–1610)
9 Kanzel (urspr. 1551)
10 Schutzengelaltar (1634)
11 Kriegergedächtniskapelle
   (Wandbild 1489)
12 St. Nikolaus (Anfang 14. Jh.)
13 Dreikönigsaltar (1689)
14 Rosenkranzaltar
   (M.+D. Zürn, 1631)

15 Kinderfreundaltar (1880)
16 Chorgitter (nach 1753)
17 Ölbergaltar (1871)
18 Chorgestühl (um 1430)
19 Sakramentshaus
   (J. Zürn, um 1611)
20 Hochaltar
   (Holzschnitzerei der
   Familie Zürn, 1613–1616)

der Hirten, in der dritten Zone die Krönung Mariens und in der vierten Zone den hl. Nikolaus.

Ein weiteres bedeutendes Werk ist der ebenfalls von der Bildhauerfamilie Zürn geschaffene **Rosenkranzaltar** (1631) vorne im rechten Seitenschiff, der auch mit reichen Schnitzereien verziert ist. Vor der Südwestecke des Münsters steht eine gotische Ölbergkapelle (1495), ein Bildhauerwerk von Lorenz Reder.

Stadtarchiv Das Stadtarchiv am Münsterplatz, 1600 als Stadtkanzlei erbaut, weist ein schönes Portal und ein Relief des Stadtwappens am Giebel auf.

! Baedeker TIPP

Hörgenuss

Kultureller Höhepunkt der Stadt ist der Überlinger Orgelsommer. Im August sorgen freitags namhafte Interpreten auf den beiden hervorragenden Orgeln des Münsters für großen Hörgenuss. Informationen: Tel. (075 51) 685 57.

Westlich vom Münster stößt man auf den **Salmansweilerhof** (1835), den städtischen Hof des nahegelegenen bekannten Zisterzienserklosters Salem, mit sterngewölbter Hauskapelle, und gegenüber sieht man das **Steinhaus** (1416/1420), ein treppengiebeliger mittelalterlicher Bau, der heute von der Stadtbücherei genutzt wird.

Nordwestlich vom Münster, an der nördlich durch das gotische Franziskanertor (1495) abgeschlossenen malerischen Franziskanerstraße, trifft man auf die spätgotische Franziskanerkirche, die 1348 geweiht und 1752 nach Plänen von **Johann Michael Beer** barockisiert wurde. Von der harmonischen Innenausstattung ist vor allem der Hochaltar (1760) hervorzuheben, den Joseph Anton Feuchtmayer zusammen mit seinem Werkstattmitarbeiter Franz Anton Dirr gestaltete. Das Altargemälde stammt von Gottfried Bernhard Göz. Öffnungszeiten: Mo.–Sa. 10.00–17.00 Uhr.

Franziskaner-kirche

Angeschlossen ist das **ehemalige Franziskanerkloster**, ein Bau des 18. Jh.s, der heute als Altersheim genutzt wird.

Vom Münsterplatz steigt man durch die schmale Luziengasse nordöstlich hinauf zu dem 1462 im Rustikastil erbauten ehemaligen Reichlin-von-Meldeggschen Patrizierhof (Krummebergstr. 30), in dem das Städtische Museum untergebracht ist. Das Museum zeigt Sammlungen zur Vor- und Frühgeschichte, Malerei und Plastik sowie eine Kollektion von Krippen. Hervorragende Werke sind die drei Statuen von Joseph Anton Feuchtmayer und Schnitzereien der Brüder Zürn.

Städtisches Museum

Besondere Beachtung verdienen die **Puppenstuben** von der Renaissancezeit bis zum Jugendstil. Der prächtige Barockfestsaal ist mit Stuckaturen (1695) von Franz Schmuzer geschmückt. Vom Terrassengarten des Museums kann man eine prächtige Aussicht auf Stadt, See und Alpen genießen. Öffnungszeiten: Di.–Sa. 9.00–12.30, 14.00 bis 17.00, Apr.–Okt. auch So., Fei. 10.00–15.00 Uhr; Führungen: Apr. bis Okt. Fr. 10.00 Uhr; museum-ueberlingen.de.

Im ursprünglich aus dem 13. Jh. stammenden, im 16. Jh. neu erbauten Susohaus nordwestlich vom Städtischen Museum soll 1295 der **Dominikanermönch und Mystiker Heinrich Suso** (▶ Berühmte Persönlichkeiten) geboren worden sein (nicht zugänglich).

Susohaus

Wer auch einmal in die Sterne schauen möchte, der sollte sich am Abend bei klarem Wetter in die Sternwarte (Wiestorstr. 31) begeben. Auch Vorträge sind im Programm. Führungen: Apr.–Sept. Fr. 21.00, Okt.–März Fr. 20.00 Uhr; www.sternwarte-ueberlingen.de.

Sternwarte

Das östlich der Altstadt gelegene Schloss Rauenstein, das um 1910 erbaut wurde, ist heute eine Landwirtschaftsschule mit öffentlich zugänglichem Park.

Schloss Rauenstein

In Goldbach, dem zwischen Weinbergen gelegenen westlichen Ortsteil, gibt es ein kunsthistorisches Kleinod, die frühromanische Kapelle St. Sylvester (10./11. Jh.). Im Innern sind noch **Reste von Fresken der Reichenauer Malerschule** erhalten, die wohl ins 9. Jh. zu datieren sind (Schlüssel im ehemaligen Amtshaus des Konstanzer Spitals, im Haus Nr. 15, ein Stück bergauf).

St. Sylvester

Goldbacher Stollen In dem 3 km langen Stollen beim Campingplatz in Goldbach mussten während des Zweiten Weltkriegs Häftlinge aus dem KZ bei Aufkirch Grabarbeiten verrichten. Zahlreiche Gefangene sind dabei an Entkräftung und Misshandlungen gestorben; 97 Häftlinge sind auf einem kleinen Friedhof nahe der Kirche Birnau bestattet. Jeder ersten Freitag im Monat im findet um 17.00 Uhr eine Führung statt; Treffpunkt ist der Eingang in der Oberen Bahnhofstraße.

Salem International College Die berühmte Salemer Internatsschule hat nach Auseinandersetzungen mit dem Markgrafen von Baden, dem Eigentümer von Schloss Salem, einen Neubau in Überlingen (oberhalb der Altstadt), das Salem International College, erstellt, wo die Oberstufe der Schule unterrichtet wird. Der postmoderne Bau im Westteil der Stadt ist ein Werk des **Architekten Arno Lederer**.

ABIG Helidrome Freunde der Fliegerei sollten das Helidrome (Abigstr. 2), das Hubschraubermodell-Museum, im Industriegebiet besuchen. Hier wird die Geschichte des Hubschraubers anhand von Modellen dargestellt. Anziehungspunkt ist der russische Hubschrauber Mi 8. Öffnungszeiten: Mi. – Fr. 14.00 – 17.30, Sa., So., Fei. 10.30 – 17.00 Uhr.

Nußdorf Der im Osten von Überlingen gelegene Ortsteil Nußdorf wird als Ferienort geschätzt. In der spätgotischen **Nußdorfer Kapelle** sind ein Schnitzaltar (15. Jh.) sowie Wandmalereien des ausgehenden 16. Jh.s bemerkenswert.

Umgebung von Überlingen

Gletschermühle, Heidehöhlen Etwa 1 km nordwestlich von Goldbach kann man die Gletschermühle, ein großes eiszeitliches Strudelloch in Molassefelsen, besichtigen. Ernst Jünger, der von 1936 bis 1939 in Überlingen lebte, hat die Landschaft in seinem Roman »Auf den Marmorklippen« beschrieben. Noch weiter nordwestlich sind die spärlichen Reste der in frühgeschichtlicher Zeit in die Felsen gehauenen Heidenhöhlen zu sehen, die in Victor von Scheffels Roman »Ekkehard« erwähnt werden (unzugänglich).

Haustierhof Reutemühle Ein empfehlenswertes Ausflugsziel für Familien ist der idyllische Haustierhof Reutemühle bei Bambergen nördlich von Überlingen. Im artenreichsten Bauernhof Deutschlands leben 160 Arten einheimische und vom Aussterben bedrohte **Haustierrassen** sowie einige exotische Arten. Viele Tiere dürfen von Kindern gefüttert und gestreichelt werden. Auch eine Gaststätte ist angeschlossen. Öffnungszeiten: tgl. 10.00 – 20.00 Uhr; www.haustierhof-reutemuehle.de.

Owingen In dem 5 km nördlich von Überlingen gelegenen Ort Owingen (533 m) ist die spätgotische Kirche **St. Petrus und Paulus** mit einem Rosenkranzaltar von Martin Zürn sehenswert.

✴ ✴ Uhldingen-Mühlhofen

E 6

Höhe: 399 – 410 m ü. d. M   **Einwohnerzahl:** 8000

Der Erholungsort Uhldingen-Mühlhofen, der aus den Ortsteilen Unteruhldingen, Oberuhldingen und Mühlhofen besteht, ist vor allem bekannt für das sehr anschauliche Unteruhldinger Pfahlbaumuseum, eine der großen Attraktionen am Bodensee.

Die einzelnen Ortsteile sind durch einen Spazierweg entlang der Seefelder Aach, die hier in den Bodensee mündet, verbunden. Fast das gesamte, über 3 km lange Seeufer ist frei zugänglich. Ein schönes Strandbad lockt im Sommer Gäste an. Uhldingen-Mühlhofen wurde mehrfach für umweltfreundlichen Tourismus ausgezeichnet.

Umweltfreundlicher Ort

 UHLDINGEN-MÜHLHOFEN ERLEBEN

AUSKUNFT

Touristinformation
Schulstr. 12
D-88690 Uhldingen-Mühlhofen
Tel. (075 56) 92 16-0
Fax 92 16 20
www.seeferien.com

ESSEN

▶ **Erschwinglich**
Seehalde
Maurach 1
Tel. (075 56) 922 10
Gepflegtes Hotelrestaurant, das nicht nur sehr gute regionale Küche mit fangfrischen Bodenseefischen, sondern auf der idyllischen Seeterrasse auch einen herrlichen Blick bietet. Komfortables Hotel am See.

Seehof
Seefelder Str. 8
Tel. (075 56) 929 30
Gartenlokal mit Blick auf den Jachthafen; regionale Küche mit leckeren badischen Fischgerichten und vegetarischen Gerichten, aber auch karibische Küche.

ÜBERNACHTEN

▶ **Komfortabel**
Pilgerhof und Rebmannshof
Maurach 2
Tel. (075 56) 93 90
Fax 65 55
www.hotel-pilgerhof.de
48 Z.
Rebmannshof aus dem 17. Jh. in idyllischer Lage auf Seegrundstück mit altem Baumbestand, von Weinbergen umgeben; urgemütliches Gaststubenambiente mit regionaler und internationaler Küche; Gartenlokal; sehr komfortable Zimmer, größtenteils mit Balkon oder Terrasse; Liegewiese.

Seevilla
Seefelder Str. 36
Tel. (075 56) 93 37-0
Fax 93 37-70
www.seevilla.de
27 Z.
Kleines komfortables Jugendstilhotel mit Restaurant/Café in schöner ruhiger Lage; große Terrasse unter Kastanienbäumen am Jachthafen.

Geschichte Das Gebiet um **Uhldingen** ist reich an urzeitlichen Funden, die belegen, dass sich hier schon früh Menschen niedergelassen haben. In diesem Gebiet wurden bereits um 4000 v. Chr. Bauern und Fischer in **Pfahlbausiedlungen** sesshaft, fertigten Tonwaren und Werkzeuge an. Aus der Spätbronzezeit stammen eine große befestigte Pfahlbausiedlung (975 – 850 v. Chr.) und ein Urnenfeld (um 1000 v .Chr.) bei Oberuhldingen.

In den Pfostenhäusern mit Flechtwänden und Lehmverputz auf der einen und den Blockbauten auf der anderen Seite spiegeln sich die beiden bestimmenden Holzbautechniken der Bronzezeit wider. Ein starker Anstieg des Seespiegels zwang die Menschen im 9. Jh. v. Chr. zum Verlassen und zum Aufgeben der Ufersiedlung (▶ Baedeker Special S. 257).

Zur Zeit der Römer bestand wahrscheinlich eine Hafenanlage vor der Uhldinger Mole. Im römischen Gutshof, nahe dem heutigen Wasserreservoir, fand man Reste von Fresken. Ein **alemannisches Gräberfeld** aus dem 6. bis 8. Jh. liegt im Osten Unteruhldingens am Siechenholz, wo ein Gedenkstein mit dem eingemeißelten Skramasax, einem kurzen Kampfmesser der Alemannen, aufgestellt ist. Uhldingen, das schon im frühen Mittelalter an die Reichsgrafschaft Fürstenberg-Heiligenberg kam, wurde Ausfuhrhafen für die landwirtschaftlichen Produkte von Heiligenberg. Im Jahr 1806 schlug man den Ort dem Großherzogtum Baden zu. Nach dem Zweiten Weltkrieg entwickelte sich Uhldingen rasch zu einem beliebten Urlaubszentrum, dessen größte Attraktion das Pfahlbaumuseum ist.

Mühlhofen gehörte bis zum Anschluss an das Großherzogtum Baden im Jahr 1806 zum Besitz von Kloster Salem. An diese Zeit erinnert noch das heutige Gasthaus Sternen, das 1788 als klösterliches Gutshaus erbaut wurde.

> ! **Baedeker** TIPP
>
> **Fisch satt**
> Eine preiswerte Alternative zum Essen im Restaurant ist der gut besuchte Fischimbiss (Poststr. 7) von Ulrike Knoblauch. Hier gibt es Gerichte von fangfrischen Bodenseefischen. Auch ein Tagesessen ist im Angebot.

Reptilienhaus Das Reptilienhaus Unteruhldingen (Ehbachstr. 4) am Ortsrandparkplatz beherbergt viele exotische Tiere, von Echsen, Spinnen bis Schlangen. Öffnungszeiten: Apr. – Okt. tgl. 9.30 – 18.00, Nov. – März Sa., So., Fei. 11.00 – 17.00 Uhr; www.reptilienhaus.de.

✳ ✳ **Pfahlbaumuseum Unteruhldingen**

Praktische Informationen Zum Besuch des Pfahlbaumuseums müssen Autofahrer ihr Fahrzeug am Dorfrand stehen lassen und entweder in 10 Minuten zum Museum gehen oder mit einem Pendelbus fahren. Das Museum hat die folgenden Öffnungszeiten: Jan., Feb., Dez. Führungen Mo. – Fr. 14.30, März Sa., So. 9.00 – 17.00, Apr. bis Sept. tgl. 9.00 – 19.00, Okt.,

Spannend für Jung und Alt: das Pfahlbaumuseum Unteruhldingen

Nov. tgl. 9.00 – 17.00 Uhr; www.pfahlbauten.de. Die Besichtigung des Freilichtmuseums erfolgt im Rahmen einer interessanten Führung, die einen anschaulichen Einblick in das Leben der Menschen aus der Frühzeit vermittelt.

Das außergewöhnliche Pfahlbaumuseum ist schon ein besonderes **Besichtigung** Erlebnis, das man sich nicht entgehen lassen sollte. Im Jahr 1922 entstanden die ersten Pfahlbauhäuser, weitere folgten 1939/1940. In den letzten Jahren setzte man beim Bau zusätzlicher steinzeitlicher Häuser die neuesten Grabungsergebnisse vom Bodensee um.
Bei den geführten Rundgängen geben der Steinzeitmann Uhldi und seine Kollegen Erläuterungen und zeigen einige liebevoll eingerichtete Häuser der Pfahlbausiedlungen exemplarisch. Im **Bronzezeitdorf Unteruhldingen** (975 – 850 v. Chr.) wird das Leben von Fischern und Jägern anschaulich und lebendig dargestellt. In den Häusern sind Einrichtungsgegenstände, Gerätschaften, Gefäße, Schmuck und Kultobjekte zu sehen und mit authentischen Figuren ausgestattet, die lebendig inszenierte Szenen aus dem Alltagsleben der Pfahlbauer nachstellen. Man erfährt, wie die Pfahlbauer ihre Häuser errichteten, sich ernährten und ihre Werkzeuge anfertigten. Das Pfahlbaukino ist in einem der **Steinzeithäuser Schussenried** untergebracht.

Pfahlbaumuseum *Orientierung*

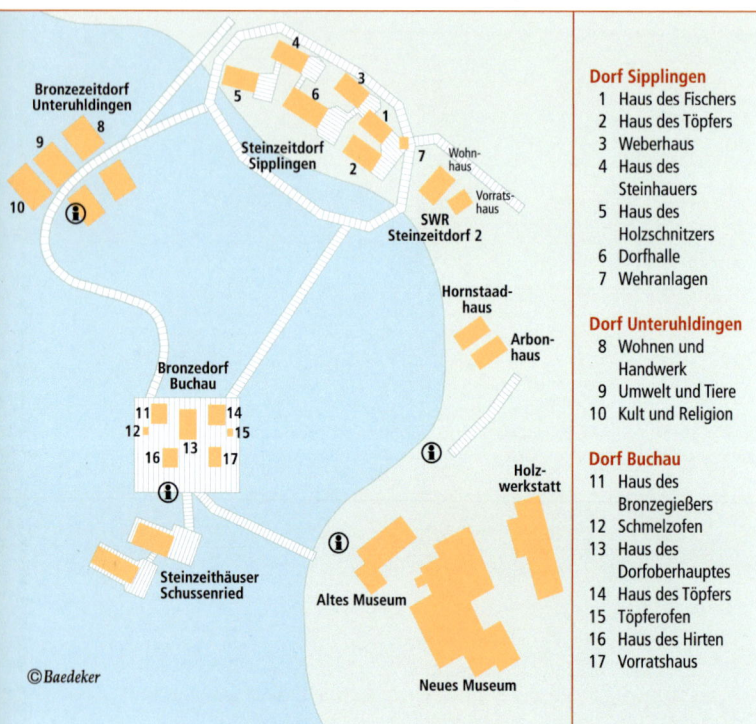

Dorf Sipplingen
1 Haus des Fischers
2 Haus des Töpfers
3 Weberhaus
4 Haus des
   Steinhauers
5 Haus des
   Holzschnitzers
6 Dorfhalle
7 Wehranlagen

Dorf Unteruhldingen
8 Wohnen und
   Handwerk
9 Umwelt und Tiere
10 Kult und Religion

Dorf Buchau
11 Haus des
    Bronzegießers
12 Schmelzofen
13 Haus des
    Dorfoberhauptes
14 Haus des Töpfers
15 Töpferofen
16 Haus des Hirten
17 Vorratshaus

©Baedeker

Das **Bronzezeitdorf Buchau** umfasst Werkstätten des Töpfers und Bronzegießers sowie das Haus des Hirten und des Dorfoberhauptes, während im **Steinzeitdorf Sipplingen** (3500 v. Chr.) die Besucher Einblick in die Welt der frühen Bauern, Fischer und Händler erhalten. Das **Steinzeitdorf 2** wurde für das gleichnamige Filmprojekt des SWR gebaut. Hier lebten 2007 13 Menschen 8 Wochen lang wie in der Steinzeit; ihre Erfahrungen sind hier wiedergegeben.

In der Umgebung des Museums wurde der **Uhldinger Zeitweg** angelegt, der 10 000 Jahre Landschafts- und Kulturgeschichte der Bodenseeregion an ca. 20 Zeitinseln »im Laufschritt« vermittelt.

Ausstellungen Das **neue Museum** präsentiert die Geschichte und die neuesten Ergebnisse der Pfahlbauarchäologie in Dauer- und Sonderausstellungen. Anziehungspunkt hier ist das große Aquarium mit der Darstellung einer Unterwasserausgrabung im Untergeschoss. Das **alte Museum** daneben zeigt Originalfunde der Stein- und Bronzezeit insbesondere der frühen Ausgrabungen von Unteruhldingen und Sipplingen bis 1930.

So könnten die Menschen der Vorzeit ausgesehen haben.

WOHNEN AUF PFÄHLEN

Zu den größten touristischen Attraktionen am Bodenseeufer zählen die rekonstruierten Pfahlbaudörfer der Jungsteinzeit (um 3500 v. Chr.) und späten Bronzezeit (um 1050 v. Chr.) im Freilichtmuseum Unteruhldingen.

Orientiert an Beispielen aus dem pazifischen Raum, interpretierte man die im Bodenseegebiet aufgefundenen Pfahlstümpfe im ausgehenden 19. Jh. als Reste einer ehemals in Ufernähe im freien Wasser stehenden Siedlung. Man dachte sich die Holzhäuser auf einer ausgedehnten Plattform und eingesäumt von einem Palisadenzaun. Spätere Funde führten zur Revision dieser Vorstellung. Der Standort der Pfahlhäuser wurde nunmehr am Ufer angenommen. **Neuere Grabungsfunde der Pfahlbauarchäologie** setzten nun aber die alte Theorie zumindest fallweise wieder in Kraft. Es hat sowohl im Wasser stehende Pfahlsiedlungen gegeben als auch Siedlungen, die des Untergrunds wegen auf hochwassersicherem Platz am Ufer auf Pfähle gegründet wurden.

Datierung

Mit Hilfe der Dendrochronologie, der Jahresringforschung, am Bauholz und mit der Radiokarbonmessung ließ sich das Alter des Holzes und damit der Siedlungen relativ genau bestimmen. Von der Jungsteinzeit ab ca. 4400 v. Chr. bis zur Eisenzeit um 850 v. Chr. hat es an zahlreichen Seen und in den Moorgebieten des Bodenseeraums **Feuchtbodensiedlungen** gegeben, bei denen 20 bis 30 Häuser auf Pfählen standen. Trotz einer mehr als hundertjährigen Forschungstradition bleiben noch immer viele Fragen offen. Es ist auffällig, dass am Bodensee derartige Siedlungen bislang nur an den Ufern der westlichen Seeteile nachgewiesen werden konnen; am östlichen Ufersaum wurden keine nennenswerten Funde gemacht. Trotz mancher Erwägungen gibt nach wie vor auch die Wahl der Siedlungsplätze Rätsel auf.

Gewiss bot das Pfahlhaus Schutz gegen plötzlich auftauchende Feinde und wilde Tieren und war ein günstiger Ausgangspunkt für den Fischfang. Auch brauchte man den Siedlungsplatz nicht erst aus dem damaligen Eichenmischwald herauszuroden. Dafür mussten die Siedler andrerseits manchmal weite Wegstrecken zu ihren Feldern in Kauf nehmen. Zudem war es notwendig, die rasch verrottenden Holzpfähle alle 15 Jahre zu erneuern. Die Pfahlbausiedlungen geben also bis heute Rätsel auf.

✶ ✶ Birnau

🕐
Öffnungszeiten:
Sommer
7.30 – 19.00
Winter
7.30 – 17.30
Führungen:
Do. 15.00

www.birnau.de ▶

Die Wallfahrtskirche St. Maria beeindruckt durch ihre Lage inmitten von Weinbergen mit prächtigem See- und Alpenblick. Sie gilt **als schönste Barockkirche am Bodensee** und ist damit ein Besuchermagnet ersten Ranges. Viele Wallfahrer kommen zur Kirche wegen des Gnadenbilds der Gottesmutter von Birnau, die aus dem 1222 erstmals erwähnten Marienheiligtum in die neue Kirche übertragen wurde. Die zwischen 1746 und 1750 von Peter Thumb erbaute Wallfahrtskirche bildet eine bauliche Einheit mit dem Propsteigebäude, das bis zur Säkularisierung 1803 den Äbten von Salem als Sommerresidenz diente. Im Jahr 1919 überließ Prinz Max von Baden Birnau den Zisterziensern von Mehrerau bei Bregenz, deren Priorat jetzt im alten Propsteigebäude untergebracht ist.

Kirche ▶ Die Saalkirche ist durch kleiner werdende Räume gestaffelt, wodurch Langhaus und Chor eine vollendete Einheit bilden. Das Langhaus schwingt leicht aus, Chorraum und Apsis sind mit Bogendurchgängen schmal gegliedert. Die zweigeschossige Wandgliederung leitet über in das mit Stichkappen versehene Spiegelgewölbe im Langhaus sowie in die Kuppeln von Chor und Apsis.

Das mit seinen vielfach geschwungenen Linien und den harmonisch abgestimmten Farben der Deckenfresken und Altären in reichstem Rokokostil ausgestattete Kircheninnere ist in seiner Gesamtwirkung äußerst beeindruckend. Es wurde von **Gottfried Bernhard Götz** ausgemalt: Über der Orgel musiziert das Engelkonzert, im Langhaus werden die Gründungsgeschichte von Birnau und Maria als Helferin der Menschheit dargestellt, in der Kuppel tritt Maria als Mutter der schönen Liebe auf, und über dem Hochaltar erscheint Esther vor dem babylonischen König. **Joseph Anton Feuchtmayer** und seine Mitarbeiter verzierten den Raum mit Stuckaturen sowie unzähligen Engeln und Heiligenstatuen.

Auf dem im Frühklassizismus veränderten Hochaltar thront das **Gnadenbild der »Lieblichen Mutter von Birnau«** (um 1450). Eine der köstlichsten Figuren ist der Barockputto **»Der Honigschlecker«** (▶ Abb. S. 261) am rechten Seitenaltar des hl. Bernhard von Clairvaux als Verweis auf dessen Beredsamkeit.

KZ-Friedhof Unweit der Birnau liegt jenseits der B 31 ein Friedhof für die Opfer aus Aufkirch, einer Außenstelle des Konzentrationslagers Dachau.

✶ Schloss Salem und Umgebung

Ehemaliges bedeutendes Zisterzienserkloster In Salem (6 km nördlich von Uhldingen-Mühlhofen) befindet sich das 1134 gegründete ehemalige Zisterzienserkloster Salem, im Mittelalter das bedeutendste des Ordens in ganz Süddeutschland, 1487 bis 1802 reichsunmittelbare Abtei, seitdem markgräflich-badischer Besitz. 2009 kaufte das Land Baden-Württemberg das Anwesen. Das

Salem Orientierung

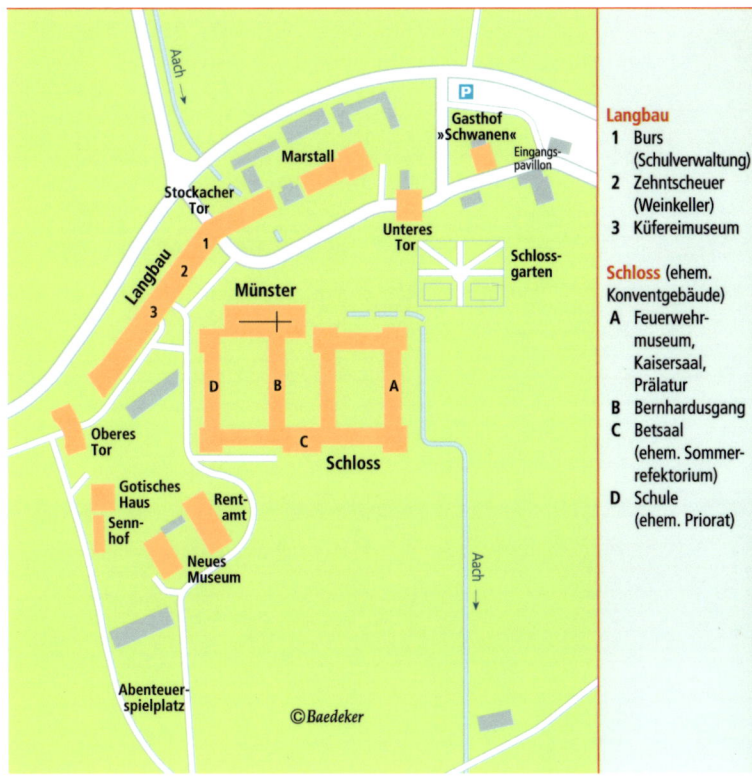

Langbau
1 Burs (Schulverwaltung)
2 Zehntscheuer (Weinkeller)
3 Küfereimuseum

Schloss (ehem. Konventgebäude)
A Feuerwehrmuseum, Kaisersaal, Prälatur
B Bernhardusgang
C Betsaal (ehem. Sommerrefektorium)
D Schule (ehem. Priorat)

Gasthof »Schwanen«
Eingangspavillon
Marstall
Stockacher Tor
Unteres Tor
Schlossgarten
Münster
D　B　A
Oberes Tor
C
Schloss
Gotisches Haus
Sennhof
Rentamt
Neues Museum
Aach
Aach
Abenteuerspielplatz
©Baedeker

Bild der Klosteranlage wird bis auf das hochgotische Münster durch die barocken Gebäude des 18. Jh.s bestimmt.
Öffnungszeiten: Ende März.–Okt. Mo.–Sa. 9.30–18.00, So., Fei. 10.30–18.00 Uhr, Nov.–Ende März Führungen So. 15.00 Uhr; Internet: www.salem.de.

Mittelpunkt der ausgedehnten Anlage ist das ab 1285 errichtete Münster Mariä Himmelfahrt, der **bedeutendste Sakralbau der Hochgotik im Bodenseeraum**. Die turmlose Westfassade erhielt einen schmuckreichen Dreiecksgiebel und das nördliche Querschiff ein schönes Maßwerkfenster als Abschluss. Die Kirche verfügt über eine klassizistische Ausstattung mit 27 Altären, die Johann Georg Dirr und Johann Georg Wieland von 1771 bis 1794 schufen. Der Chor wurde um 1750 von Giovanni Gaspare Bagnato verändert. Vom südlichen Querhaus führt der von **Franz Joseph Feuchtmayer** und Michael Wiedemann stuckierte Bernhardusgang in den Konvent.

★
Münster

WALLFAHRTSKIRCHE BIRNAU

✳ ✳ **Die Wallfahrtskirche Birnau gilt als die schönste Barockkirche am Bodensee und ist damit eine der wichtigen Attraktionen der Region. Außerdem kann man von der Kirche einen weiten Blick auf den Überlinger See genießen.**

🕐 Öffnungszeiten:
Sommer tgl. 7.30 – 19.00
Winter tgl. 7.30 – 17.30 Uhr

① Raumgestaltung
Eine besondere Raumwirkung wird im Kircheninnern durch gestaffelte, kleiner werdende Räume erzielt. Dadurch bilden Langhaus und Chor eine grandiose Einheit.

② Honigschlecker
Eine reizende barocke Figur ist der Honigschlecker am rechten Seitenaltar. Er symbolisiert die Beredsamkeit des hl. Bernhard von Clairvaux.

③ Gnadenbild
Das Ziel der Wallfahrer ist das Gnadenbild der »Lieblichen Mutter von Birnau« (um 1450), das aus einem älteren Marienheiligtum stammt.

④ Deckengemälde
Ein künstlerischer Höhepunkt sind die meisterlich gearbeiteten Deckengemälde. In der Kuppel schwebt Maria, von Engeln umgeben.

Der Innenraum beeindruckt durch seine meisterliche Gestaltung und die herrliche barocke Ausschmückung.

Reizend ist die Figur des Honigschleckers am rechten Seitenaltar.

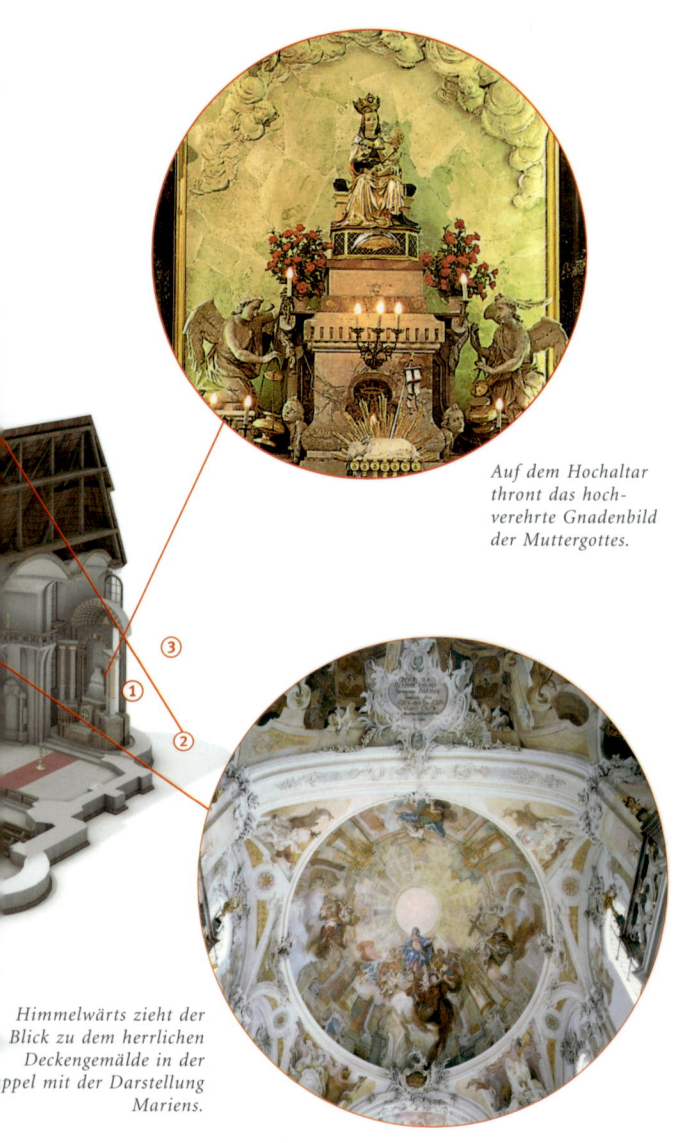

Auf dem Hochaltar thront das hochverehrte Gnadenbild der Muttergottes.

Himmelwärts zieht der Blick zu dem herrlichen Deckengemälde in der ppel mit der Darstellung Mariens.

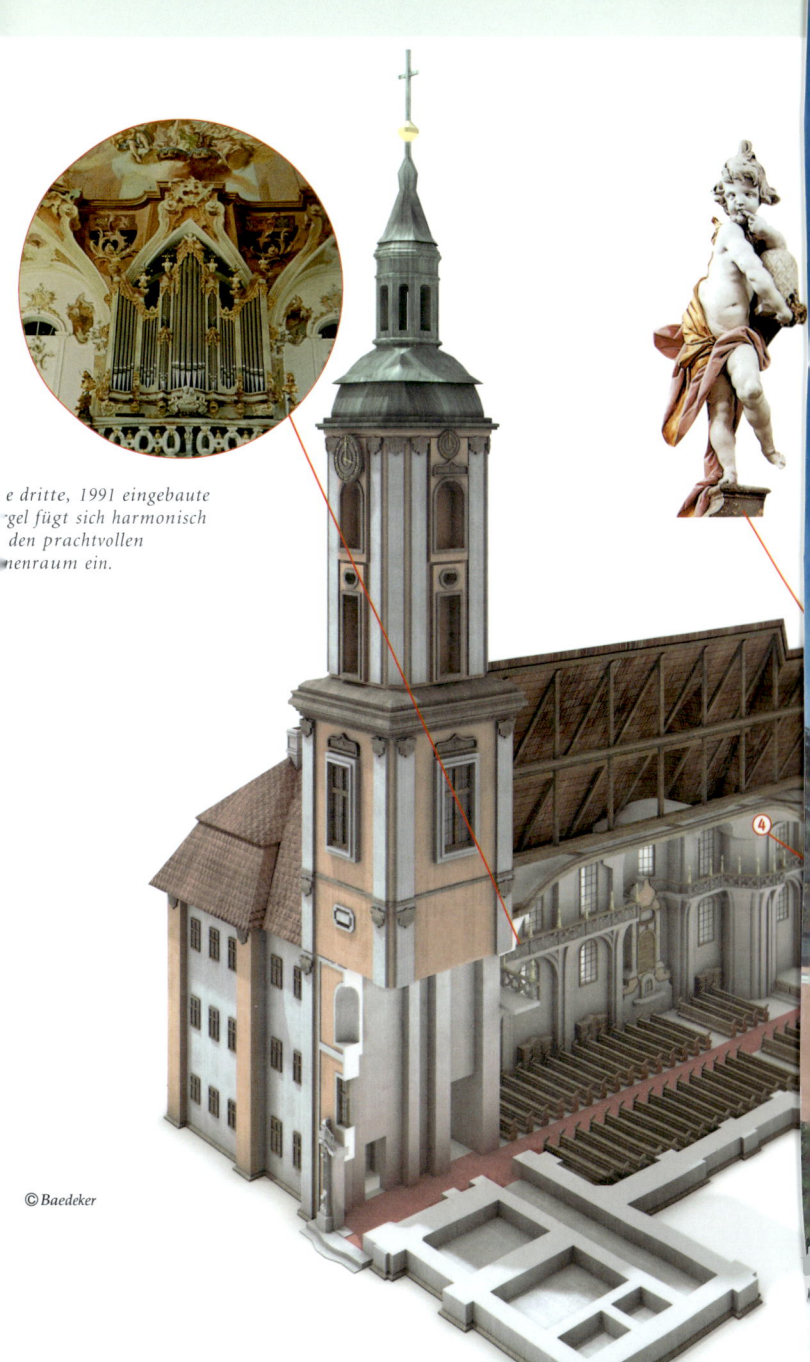

e dritte, 1991 eingebaute
rgel fügt sich harmonisch
den prachtvollen
nenraum ein.

④

© Baedeker

Konvent-
gebäude

An das Münster schließt das Konventgebäude des ehemaligen Klosters an. Der mächtige Gebäudekomplex gliedert sich in mehrere, um drei Innenhöfe gruppierte Trakte, die jetzt u. a. auch als Schloss der Markgrafen von Baden dienen. Das Konventgebäude wurde nach einem Brand (1697) bis 1706 von **Franz Beer** wieder aufgebaut und innen in reichem Barockstil ausgestaltet.

Schule Schloss
Salem ▶

Im ehemaligen Priorat befindet sich die 1920 vom Prinzen Max von Baden gegründete und von Kurt Hahn konzipierte weltbekannte Internatsschule Salem mit der Zweigschule auf der Burg Hohenfels und dem Salem International College in Überlingen. Sie hatte so prominente Schüler wie Prinz Philip, Prinzgemahl von Königin Elisabeth II. von England.

Schlossmuseum ▶

Die übrigen Schlossräume sind bis auf die markgräfliche Wohnung als Museum eingerichtet. Das Sommerrefektorium (heute Betsaal) im Südflügel ist prunkvoll mit Stuckaturen (1710) von Michael Wiedemann ausgeschmückt und weist einen großen kunstvollen Fayenceofen (1733) von Daniel Meyer auf. Besonders sehenswert in der Prälatur, dem östlichen vierflügeligen Gebäudekomplex der Klosteranlage, sind der 1708 von Franz Joseph Feuchtmayer prächtig dekorierte **Kaisersaal** und das Rokoko-Arbeitszimmer von Abt Anselm II., das von Johann Georg Dirr ausgestaltet wurde.

Feuerwehr-
museum ▶

Ferner kann man sich in der Prälatur das interessante Feuerwehrmuseum ansehen, das eine beachtliche Sammlung von historischen Feuerwehrfahrzeugen, Löschgeräten und Uniformen den Besuchern präsentiert.

Im Konventgebäude ist die berühmte Schule von Salem untergebracht.

Beachtenswert sind auch weitere zum ehemaligen Kloster gehörende Bauten: Den weiten ehemaligen Wirtschaftshof begrenzt nach Nordosten das barocke **Untere Tor** (1735) und nach Norden der ehemalige **Marstall** (1737–1750). Anschließend, jenseits des Stockacher Tors, folgt im sogenannten Langbau, einem Renaissancegebäude aus dem Jahr 1620, die noch in Betrieb befindliche **Schmiede** und das **Küfereimuseum** mit mächtigem Torkel von 1706.
Den Südwestteil der Anlage nehmen die folgenden Gebäude ein: das **Obere Tor** (1791); das **Gotische Haus**; der **Sennhof** (1562) mit einem **Brennereimuseum**, in dem man Einblick in die Verarbeitung von Obst zu Edelbränden und Branntwein früher und heute erhält; das **Neue Museum**, das Wechselausstellungen zeigt und schließlich in einem 1790 als Stiftsgymnasium erbauten Gebäude die markgräflich-badische Verwaltung (**Rentamt**).

Weitere Gebäude

In dem Salemer Ortsteil Mimmenhausen betrieb Joseph Anton Feuchtmayer im 18. Jh. über Jahrzehnte die größte Bildhauerwerkstatt Süddeutschlands. Im Mittelpunkt des hier eingerichteten Museums (Tüfinger Str. 10) stehen Arbeitstechniken des Künstlers vor dem Hintergrund seiner Zeit. So kann beispielsweise verfolgt werden, wie ein Puttenkopf entsteht. Öffnungszeiten: Apr.–Okt. Sa., So., Fei. 11.00–17.00 Uhr; www.feuchtmayermuseum.de.

Feuchtmayer-Museum

🕐

Im Affenberg Salem, westlich von Salem, leben in einem naturnahen Gehege 200 **Berberaffen** (Macaca sylvana) wie in freier Wildbahn. Auf einem 600 m langen Rundweg kann der Besucher die Tiere »hautnah« beobachten und auch füttern. Berberaffen leben in Marokko und Algerien in Höhen bis über 2000 m. Da sie an das raue Klima in ihrer Heimat angepasst sind, haben sie im Winter hier keine Probleme mit der Kälte. Auch in der Damwildanlage ist man mitten unter den Tieren. In dem Areal leben in bis zu 12 Horsten frei fliegende **Störche**. In einem Horst ist eine Videokamera angebracht, so dass die Besucher auf dem Monitor im Souvenirladen die Tiere ganz nah anschauen können (Storchenfütterung: tgl. 14.00 Uhr). Vor dem Eintrittsbereich gibt es einen Informationsraum zu den vom Aussterben bedrohten Berberaffen und eine Affengalerie, die verschiedene Affendarstellungen zeigt. Hübsch sind die Affenschattenspielfiguren aus Java und Indien. Öffnungszeiten: Mitte März–Ende Okt. tgl. 9.00–18.00, Ende Okt.–Anfang Nov.–17.00 Uhr; Internet: www.affenberg-salem.de.

★
Affenberg Salem

🕐

Weiteres Ziel in der Umgebung von Uhldingen-M.

Das Mauracher Schloss im im gleichnamigen Ortsteil war seit dem 13. Jh. Gutshof des Zisterzienserklosters Salem und wurde von dessen Äbten zum Schloss ausgebaut. Schließlich wurde es zu einem Fortbildungszentrum umgestaltet. Das Innere ist mit schönen Stuckdecken und Fresken aus dem 18. Jh. ausgestattet.

Mauracher Schloss

Heiligenberg Der Höhenluftkurort Heiligenberg liegt 19 km nördlich von Uhldingen-Mühlhofen am Steilrand des Oberen Linzgaus in herrlicher Lage, auf der »Aussichtsterrasse des Bodensees«, mit Blick zum Bodensee und zu den Alpen.

✶ ✶
Schloss ▶ Am südlichen Ortsrand erhebt sich weithin sichtbar das Fürstlich Fürstenbergische Schloss Heiligenberg, das in der Mitte des 16. Jh.s im Stil der Renaissance erbaut wurde. Seit 1567 leitete Jörg Schwartzenberger die Bauarbeiten, und ihm besonders verdankt das Schloss sein heutiges Gesicht. Schloss Heiligenberg wurde niemals verwüstet oder zerstört, von seinen Besitzern nur selten bewohnt und dann im jeweiligen Zeitgeschmack neu gestaltet. Es gilt heute als eines der besterhaltenen Beispiele deutscher Schlossbaukunst des 16. Jh.s. In dem überaus reich ausgestatteten Innern ist vor allem der von Jörg Schwartzenberger geschaffene **Rittersaal** sehenswert, der wohl mit der schönsten holzgeschnitzten Renaissancedecke Deutschlands geschmückt ist. 22 Jahre haben der Schnitzer und seine Helfer an diesem Prachtstück gearbeitet. Die beiden Sandsteinkamine an den Schmalseiten des Saals schuf 1584 wahrscheinlich Hans Morinck. Beachten sollte man außerdem die doppelstöckige **Hofkapelle** (1584 bis 1586) mit einer Decke von Hans Dürner. Führungen: Apr.–Okt. Di.–So. 11.00, 14.00, 15.30 Uhr; im Juli und August kann es wegen des Aufenthalts der fürstlichen Familie im Schloss zu kurzfristigen Schließungen kommen; Infos: Tel. (07554) 99 83-12.

Heiligenberg: ein hervorragendes Beispiel der Schlossbaukunst des 16. Jh.s

Von ganz eigener Schönheit: das Pfrunger-Burgweiler Ried

Die Drei-Seen-Gemeinde Illmensee liegt rund 30 km nördlich vom Bodensee im Oberen Linzgau. Die in Wälder und Wiesen eingebettete Gemeinde mit ihren drei Seen, dem Illmensee, Ruschweiler See und Volzer See, wird als ruhiger Ferienort geschätzt. **Illmensee**

Der Schulort Wilhelmsdorf (5 km östlich von Illmensee) wurde von der Herrnhuter Brüdergemeine Korntal gegründet und nach König Wilhelm I. von Württemberg benannt. Den Mittelpunkt der kreuzförmigen Ortsanlage bildet ein quadratischer Platz mit dem Betsaal. Sehenswert sind das Heimatmuseum im Benedikt-Nimser-Haus und das **Museum für bäuerliches Handwerk**. **Wilhelmsdorf**

Nördlich von Wilhelmsdorf breitet sich das 2600 ha große schöne Naturschutzgebiet Pfrunger-Burgweiler Ried aus. Über 1600 Tier- und Pflanzenarten sind hier beheimatet. Das Naturschutzzentrum (Wilhelmsdorf, Riedweg 3) des Rieds bietet Führungen durch das Gebiet an. Zurzeit entsteht ein Neubau des Zentrums. Öffnungszeiten: So., Fei. 13.30 – 17.00 Uhr; Tel. (0 75 03) 7 39; Internet: www.riedstiftung.de. **Pfrunger-Burgweiler Ried**

REGISTER

VERZEICHNIS DER KARTEN
& GRAFISCHEN DARSTELLUNGEN

BILDNACHWEIS

AKG S. 59, 62, 63 (2x), 148, 166, 227 (re. 3x), 261 (li. o., re. u.)
ap S. 58 (u.), 60
Beck S. 152, 169
Dieterich S. 14, 20, 25, 28, 40, 43, 74, 81, 119, 151, 159 (2x o.), 160, 193, 205, 217, 221
dpa S. 56, 58 (o.), 64, 73, 139, 226
epa apa/Gindl S. 122
Fieselmann S. 78
Dumont Verlag/Krüger S. 11 (Mitte, u.), 12 (u.), 23, 48, 51, 77, 91, 93, 100, 102/103, 125, 140, 142, 143, 147, 159 (u.), 161, 170, 173, 175, 191, 212, 214, 216, 222, 224, 228, 233, 234, 245, 247, 264, Umschlagklappe hinten
Herman-Hesse-Höri-Museum S. 146
Huber S. 10, 61, 66/67, 85, 114/115, 117, 145, 165, 182/183, 196, 198, 201, 202, 206, 241, 249, 262
ifa S. 18, 120, 208, 239

laif/Heeb S. 230, 237, laif/Heuer S. 12 (o.), 260, laif/Hub S. 187, laif/Raach S. 12 (Mitte), U 4 (Mitte)
laif/Tueremis S. 94, 105, 189
Mauritius S. 8/9, 111, 127, 129, 155, 219, 227
Otto S. 79, 115
Pfahlbaumuseum Unteruhldingen S. 254, 257
picture alliance/Bildagentur Huber S. 11
picture alliance/Seeger S. 171, 200
picture alliance/dpa/Seeger S. 55
Stadler S. 178, 265
Stadler Verlag S. 35
Strüber S. 44, 45, 46, 133, 261 (u.)
Touristeninformation Friedrichshafen S. 39, 52
Touristeninformation Stockach S. 244
Zeppelin Museum S. 134

Titelbild: Schapowalow/Bohnacker, Lindau

IMPRESSUM

Ausstattung:
124 Abbildungen, 29 Karten und grafische
Darstellungen, eine große Reisekarte

Text:
Carmen Galenschovski mit Beiträgen von Jutta
Buness, Helmut Linde und Reinhard Strüber

Bearbeitung:
Baedeker Redaktion
(Carmen Galenschovski)

Kartografie:
Christoph Gallus, Hohberg;
Franz Huber, München;
MAIRDUMONT, Ostfildern (Reisekarte)

3D-Illustrationen:
jangled nerves, Stuttgart

Gestalterisches Konzept:
independent Medien-Design, München
(Kathrin Schemel)

Chefredaktion:
Rainer Eisenschmid,
Baedeker Ostfildern

11. Auflage 2011

Urheberschaft:
Karl Baedeker Verlag, Ostfildern

Nutzungsrecht:
MAIRDUMONT GmbH & Co KG; Ostfildern
Der Name Baedeker ist als Warenzeichen
geschützt. Alle Rechte im In- und Ausland sind
vorbehalten. Jegliche – auch auszugsweise –
Verwertung, Wiedergabe, Vervielfältigung,
Übersetzung, Adaption, Mikroverfilmung,
Einspeicherung oder Verarbeitung in EDV-
Systemen ausnahmslos aller Teile des Werkes
bedarf der ausdrücklichen Genehmigung durch
den Verlag Karl Baedeker.

Anzeigenvermarktung:
MAIRDUMONT MEDIA
Tel. 0049 711 4502 333
Fax 0049 711 4502 1012
media@mairdumont.com
http://media.mairdumont.com

Printed in China
Gedruckt auf 100% chlorfrei gebleichtem Papier

atmosfair

nachdenken · klimabewusst reisen
atmosfair

Reisen bereichert und verbindet Menschen und Kulturen. Jedoch wer reist erzeugt auch CO_2. Dabei trägt der Flugverkehr mit bis zu 10 % zur globalen Erwärmung bei. Wer das Klima schützen will, sollte sich somit nach Möglichkeit für die schonendere Reiseform entscheiden (wie z. B. die Bahn). Wenn keine Alternative zum Fliegen besteht, kann man mit atmosfair handeln und klimafördernde Projekte unterstützen.

atmosfair ist eine gemeinnützige Klimaschutzorganisation unter der Schirmherrschaft von Klaus Töpfer. Die Idee: Flugpassagiere spenden einen kilometerabhängigen Beitrag für die von ihnen verursachten Emissionen und finanzieren damit Projekte in Entwicklungsländern, die dort den Ausstoß von Klimagasen verringern helfen. Dazu berechnet man mit dem Emissionsrechner auf **www.atmosfair.de**, wieviel CO_2 der Flug produziert und was es kostet, eine vergleichbare Menge Klimagase einzusparen (z. B. Berlin – London – Berlin 13). atmosfair garantiert die sorgfältige Verwendung Ihres Beitrags. Auch der Karl Baedeker Verlag fliegt mit *atmosfair.* Unterstützen auch Sie unser Klima. Alle Informationen dazu auf www.atmosfair.de.

BAEDEKER VERLAGSPROGRAMM

- ▶ Ägypten
- ▶ Algarve
- ▶ Allgäu
- ▶ Amsterdam
- ▶ Andalusien
- ▶ Argentinien
- ▶ Athen
- ▶ Australien
- ▶ Australien • Osten
- ▶ Bali
- ▶ Baltikum
- ▶ Barcelona
- ▶ Bayerischer Wald
- ▶ Belgien
- ▶ Berlin • Potsdam
- ▶ Bodensee
- ▶ Brasilien
- ▶ Bretagne
- ▶ Brüssel
- ▶ Budapest
- ▶ Bulgarien
- ▶ Burgund
- ▶ Chicago • Große Seen
- ▶ China
- ▶ Costa Blanca
- ▶ Costa Brava
- ▶ Dänemark
- ▶ Deutsche
  Nordseeküste
- ▶ Deutschland
- ▶ Deutschland • Osten
- ▶ Djerba • Südtunesien
- ▶ Dominik. Republik
- ▶ Dresden
- ▶ Dubai • VAE

- ▶ Elba
- ▶ Elsass • Vogesen
- ▶ Finnland
- ▶ Florenz
- ▶ Florida
- ▶ Franken
- ▶ Frankfurt am Main
- ▶ Frankreich
- ▶ Frankreich • Norden
- ▶ Fuerteventura
- ▶ Gardasee
- ▶ Golf von Neapel
- ▶ Gomera
- ▶ Gran Canaria
- ▶ Griechenland
- ▶ Griechische Inseln
- ▶ Großbritannien
- ▶ Hamburg
- ▶ Harz
- ▶ Hongkong • Macao
- ▶ Indien
- ▶ Irland
- ▶ Island
- ▶ Israel
- ▶ Istanbul
- ▶ Istrien •
  Kvarner Bucht
- ▶ Italien
- ▶ Italien • Norden
- ▶ Italien • Süden
- ▶ Italienische Adria
- ▶ Italienische Riviera
- ▶ Japan
- ▶ Jordanien
- ▶ Kalifornien

- ▶ Kanada • Osten
- ▶ Kanada • Westen
- ▶ Kanalinseln
- ▶ Kapstadt •
  Garden Route
- ▶ Kenia
- ▶ Köln
- ▶ Kopenhagen
- ▶ Korfu •
  Ionische Inseln
- ▶ Korsika
- ▶ Kos
- ▶ Kreta
- ▶ Kroatische Adriaküste
  • Dalmatien
- ▶ Kuba
- ▶ La Palma
- ▶ Lanzarote
- ▶ Leipzig • Halle
- ▶ Lissabon
- ▶ Loire
- ▶ London
- ▶ Madeira
- ▶ Madrid
- ▶ Malediven
- ▶ Mallorca
- ▶ Malta • Gozo •
  Comino
- ▶ Marokko
- ▶ Mecklenburg-
  Vorpommern
- ▶ Menorca
- ▶ Mexiko
- ▶ Moskau
- ▶ München

- ▶ Namibia
- ▶ Neuseeland
- ▶ New York
- ▶ Niederlande
- ▶ Norwegen
- ▶ Oberbayern
- ▶ Oberital. Seen • Lombardei • Mailand
- ▶ Österreich
- ▶ Paris
- ▶ Peking
- ▶ Piemont
- ▶ Polen
- ▶ Polnische Ostseeküste • Danzig • Masuren
- ▶ Portugal
- ▶ Prag
- ▶ Provence • Côte d'Azur
- ▶ Rhodos
- ▶ Rom
- ▶ Rügen • Hiddensee
- ▶ Ruhrgebiet
- ▶ Rumänien
- ▶ Russland (Europäischer Teil)
- ▶ Sachsen
- ▶ Salzburger Land
- ▶ St. Petersburg
- ▶ Sardinien
- ▶ Schottland
- ▶ Schwäbische Alb
- ▶ Schwarzwald
- ▶ Schweden
- ▶ Schweiz
- ▶ Sizilien
- ▶ Skandinavien
- ▶ Slowenien
- ▶ Spanien
- ▶ Spanien • Norden • Jakobsweg

- ▶ Sri Lanka
- ▶ Stuttgart
- ▶ Südafrika
- ▶ Südengland
- ▶ Südschweden • Stockholm
- ▶ Südtirol
- ▶ Sylt
- ▶ Teneriffa
- ▶ Tessin
- ▶ Thailand
- ▶ Thüringen
- ▶ Toskana
- ▶ Tschechien
- ▶ Tunesien
- ▶ Türkei
- ▶ Türkische Mittelmeerküste
- ▶ Umbrien
- ▶ Ungarn
- ▶ USA
- ▶ USA • Nordosten
- ▶ USA • Nordwesten
- ▶ USA • Südwesten
- ▶ Usedom
- ▶ Venedig
- ▶ Vietnam
- ▶ Weimar
- ▶ Wien
- ▶ Zürich
- ▶ Zypern

BAEDEKER ENGLISH

- ▶ Andalusia
- ▶ Austria
- ▶ Bali
- ▶ Barcelona
- ▶ Berlin
- ▶ Brazil
- ▶ Budapest

- ▶ Cape Town • Garden Route
- ▶ China
- ▶ Cologne
- ▶ Dresden
- ▶ Dubai
- ▶ Egypt
- ▶ Florence
- ▶ Florida
- ▶ France
- ▶ Gran Canaria
- ▶ Greece
- ▶ Iceland
- ▶ India
- ▶ Ireland
- ▶ Italy
- ▶ Japan
- ▶ London
- ▶ Mexico
- ▶ Morocco
- ▶ New York
- ▶ Norway
- ▶ Paris
- ▶ Portugal
- ▶ Prague
- ▶ Rome
- ▶ South Africa
- ▶ Spain
- ▶ Thailand
- ▶ Tuscany
- ▶ Venice
- ▶ Vienna
- ▶ Vietnam

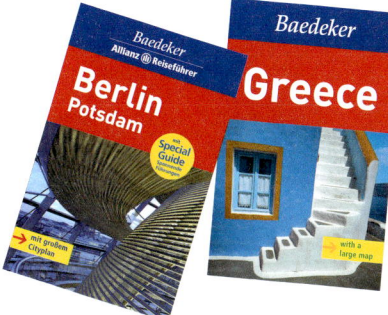

LIEBE LESERINNEN, LIEBE LESER,

ein herzliches Dankeschön, dass Sie sich für einen Baedeker Allianz Reiseführer entschieden haben. Er wird Sie zuverlässig auf Ihrer Reise begleiten und Sie nicht im Stich lassen.

Natürlich beschreibt er die wichtigen Sehenswürdigkeiten, aber er empfiehlt auch Feste, dazu Hotels für den großen und kleinen Geldbeutel, gibt Tipps für Restaurants, Shopping und für vieles mehr, was eine Reise zum Erlebnis macht. Dafür haben unsere Autoren und die Redaktion Sorge getragen. Sie sind für Sie regelmäßig an den Bodensee gereist und haben all ihre Erfahrungen und Kenntnisse in diesen Reiseführer gepackt.

Trotzdem: Die Erfahrung zeigt, dass Fehler und Änderungen nach Drucklegung, für die der Verlag keine Haftung übernehmen kann, nicht ausgeschlossen werden können. Für Kritik, Berichtigungen und Verbesserungsvorschläge sind wir Ihnen außerordentlich dankbar. Schreiben Sie uns, mailen Sie uns oder rufen Sie an:

▶ **Verlag Karl Baedeker GmbH**
Redaktion
Postfach 3162
D-73751 Ostfildern
Tel. (0711) 4502-262, Fax -343
E-Mail: info@baedeker.com

Besuchen Sie uns auch im Internet unter www. baedeker.com. Hier finden Sie jeden Monat den aktuellen Reisetipp der Redaktion und das gesamte Verlagsprogramm. Hier können Sie auch lesen, wer Karl Baedeker war und wie er seinen ersten Reiseführer geschrieben hat. Mit seinen über 180 Jahren ist der Karl Baedeker Verlag der älteste Reiseführer-Verlag der Welt.

www.baedeker.com

❯ ZU GEWINNEN: STADTREISE NACH LONDON

Unter allen Einsendungen verlost der Verlag am Jahresende – unter Ausschluss des Rechtswegs – eine Städtekurzreise für zwei Personen nach London.
Freuen Sie sich auf ein spannendes Wochenende in London. Natürlich ist ein Baedeker Allianz Reiseführer London auch dabei!